南开大学中外文明交叉科学中心资助

张友伦文集

美国农业革命与工业革命

张友伦 ◎ 著

南开大学历史学院 ◎ 编

天津出版传媒集团

天津人民出版社

图书在版编目（CIP）数据

美国农业革命与工业革命 / 张友伦著 ; 南开大学历史学院编 . -- 天津 : 天津人民出版社, 2022.2
（张友伦文集）
ISBN 978-7-201-17799-1

Ⅰ . ①美… Ⅱ . ①张… ②南… Ⅲ . ①农业经济史—研究—美国②产业革命—工业史—美国 Ⅳ . ①F371.29 ②F471.29

中国版本图书馆CIP数据核字(2021)第226759号

美国农业革命与工业革命
MEIGUO NONGYE GEMING YU GONGYE GEMING

出　　版	天津人民出版社
出 版 人	刘　庆
地　　址	天津市和平区西康路35号康岳大厦
邮政编码	300051
邮购电话	(022)23332469
电子信箱	reader@tjrmcbs.com

总 策 划	王　康　沈海涛
项目统筹	金晓芸　康悦怡
责任编辑	王小凤
特约编辑	燕文青
装帧设计	明轩文化·李晶晶

印　　刷	河北鹏润印刷有限公司
经　　销	新华书店
开　　本	710毫米×1000毫米　1/16
印　　张	19
字　　数	282千字
版次印次	2022年2月第1版　　2022年2月第1次印刷
定　　价	154.00元

前　言

张友伦先生是国内外知名的美国史、世界近现代史和国际共产主义运动史学家，1959年毕业于苏联列宁格勒大学历史系，回国后于南开大学历史系、历史研究所从事教学、研究工作。张先生曾任南开大学历史研究所所长、美国史研究室主任、校学术委员会委员，长期担任教育部人文社科重点研究基地南开大学世界近现代史研究中心学术顾问、教育部国别与区域研究（备案）基地南开大学美国研究中心学术顾问，主要学术兼职有中国美国史研究会理事长（1986—1996）及顾问（1996—　　）、中华美国学会常务理事、《美国研究》编委等。张先生撰写和主编的学术著作、教材和工具书有二十余种，在《历史研究》、《中国社会科学》（英文版）、《世界历史》、《美国历史杂志》等国内外重要的学术刊物上发表了数十篇论文。值得特别指出的是，张先生还曾参与历史知识的普及工作，由其编写的《共产主义者同盟》《第一国际》《第二国际》等通俗历史读物，行销百万册，甚至出版发行了少数民族文字版。张先生指导过近三十名硕士和博士研究生，其中数位已经成为中国世界史学界的栋梁之材和骨干力量。张先生在世界史尤其是美国史领域的学术探索、学科建设、人才培养等方面做出了卓越贡献，推动了中国世界史研究的纵深发展，堪称"老一代和新一代史学家之间的桥梁"。

由天津人民出版社编辑出版的多卷本《张友伦文集》，在张先生及其家人、众多张门弟子、南开师友与出版社众位领导、编辑的共同努力下终于问世。这套文集由南开大学历史学院主持编选，现就一些事项做说明如下：

《张友伦文集》收录张先生所著的多部学术著作及四十余篇学术论

文,这些论著写作时间跨度很长,难免带有时代烙印,并且著述体例规范各异,给文集的整理和编辑工作带来了较大困难。此次出版除对个别字句的误植进行订正和对人名、地名、译名的核改外,尽量保持最初发表及出版时的样貌,其间涉及俄文注释的篇章,保留了张先生对部分俄文的翻译,充分体现学术发展的脉络和时代性,以便后人更好地理解中国世界史研究的发展态势。

为保证文集的学术水平和编纂质量,南开大学历史学院与天津人民出版社密切合作,联手打造学术精品。经张友伦先生授权,由南开大学历史学院主持文集编选工作,成立以杨令侠教授、丁见民教授、张聚国副教授为主导的编选委员会,带领研究生收集旧版书稿、整理编选、核对史实、翻译注释,并拟定各卷顺序及目录。其中,美国研究中心的博士及硕士研究生杜卓阳、栗小佳、马润佳、赵航、郝晋京、陈阿莉、吴昱泽等同学出力尤多,在旧版书稿与扫描文稿间多次折校。东北师范大学梁茂信教授,北京大学王立新教授,复旦大学李剑鸣教授,南开大学杨令侠教授、赵学功教授和付成双教授,分别对各卷文稿进行专家审读,以避免年世浸远而引起的篇牍讹误。

感谢南开大学中外文明交叉科学中心江沛教授、南开大学历史学院余新忠教授为文集出版所做的努力和所提供的支持。中外文明交叉科学中心负责人江沛教授在担任历史学院院长时,启动了《张友伦文集》的出版工作,并指派专人负责文集资料的收集与整理工作。余新忠教授担任历史学院院长后,也十分关心文集出版的后续进展,提出了不少建设性意见。

天津人民出版社刘庆社长、王康总编辑和沈海涛副社长带领团队全力以赴,成立专门的编辑小组。小组全体编辑倾情投入,付出了艰巨的劳动,她们是金晓芸、孙瑛、张璐、王小凤、康悦怡、燕文青、康嘉瑄。在此向天津出版传媒集团和天津人民出版社表示衷心的感谢。

2021年,恰值张友伦先生九十华诞,这套历时三年精心打造的文集是献给张先生的寿辰贺礼!张先生长达半个世纪的学术生涯是在南开大学度过的,他对南开大学历史学院及世界史学科常怀眷眷之心,退休后依然关心历史学院的发展,希望南开史学后继有人。先生的殷殷嘱托,时常响于耳畔,勉励我辈奋发图强。

衷心祝愿先生健康长寿!

《张友伦文集》编选委员会

2021年11月18日

作者附言

天津人民出版社为我出的这套文集，差不多把我一生所写的文章和书都收进去了。过去，只有知名的老教授才能获得这样的机会，但获得的人数极少。我虽然也是退休老教授，却没有什么知名度。所以，从来没有出这种文集的奢望。

作为一名教师，出版文集也是心所向往却又不容易的事情。我有幸出过两本文集，但部头都不大。每本只有二十几篇文章，三十多万字。那时已有幸遇知己的感觉，满怀高兴和感谢之情。对于那些从未谋面或交往不多的知我者一直念念不忘。

这次的感受更不同了。当我听到要出多卷本文集的时候，立刻被震动了，喜出望外，深感出版社的知遇之情，同时也明白自己同"知名"还有距离。我被拔高了，心中有所不安。常言道实至名归，我却是实尚未至，名却归了。

出版社的工作抓得很紧。2019年初，金晓芸编辑就带着她的编辑出版计划到我家来商讨，时任南开大学历史学院院长的江沛教授和曾任中国加拿大研究会会长的杨令侠教授一直关心文集的出版，也参加了这次商讨会。大家都觉得，出版社的计划很具体，也很周密，按专题分卷，并列了每卷收入的著作和文章，可操作性很强。大家都同意这个计划，但觉得部头大，编辑工作很繁重，我应当配合出版社做的事情也很多，恐怕我这个耄耋老人承担不了。大家的担心不是多余的。只是查找和收集分散在外的文章这一项工作就得跑遍资料室和图书馆，是我无法办到的。我的听力不行，用电话和编辑沟通也比较困难，肯定会影响工作的进展。我确实有些为难了。江沛教授察觉到我的心情，当场就指定张聚国老师全力帮助我。

聚国是我的同事，办事认真、仔细。有他帮助，我就如释重负了。那段时间，在他的帮助下，我比较快地完成了应做的事情。现在工作已经到了校对阶段，离完成的日子不远了。可以说，聚国是此事的一大功臣。现任南开大学历史学院院长余新忠教授和副院长丁见民教授也为这部文集的出版费了不少心力，我谨在此对他们和所有关心、帮助过文集出版的先生、学友致以诚挚的谢意。对出版社的诸位领导和编辑除了深深的感谢以外，还要对他们为了事业，不计得失，果断出版多卷本、大部头史学文集的气魄表示由衷的敬佩。

在我的附言中不能不提到我那已经去世的老伴李景云。她也是南开大学历史系的教师。在我们共同生活的五十五年中，她总是主动承担着几乎全部的家务，否则我是写不出这些著作和文章的。这套文集背后有她的辛勤劳动和无限关心，没有她的支持也就不会有这套文集。我心里总觉得文集是我们两人共同努力的结晶，所以要在这里写上一笔。

张友伦

2021 年 11 月 10 日

目 录

第一编 美国农业革命

第二编　美国工业革命

第一编

美国农业革命

总　论

在美国历史上,农业的资本主义发展道路是一个值得研究的重要问题,它同当代美国农业所取得的高度发展是密切相关的。1940年美国农业年鉴有一段话说得好:"为了了解美国农业的形式和实质,成就和问题,必须回顾过去,从头研究它的历史,因为那些情况曾给我们的实践和制度打下烙印,而且从那时开始直到今天还在起作用。"①研究美国农业的资本主义发展道路是了解美国近代农业发展过程的钥匙,对于正确估价美国农业的成就和弊端是十分必要的。

在从封建制度向资本主义过渡的过程中,欧美的资本主义国家,由于各自的条件不同,发展资本主义农业所采取的方式和所经历的道路是很不相同的。同其他资本主义国家相比较,美国农业资本主义的发展道路是一条革命的道路,代表着当时资本主义社会的进步趋向,具有鲜明的典型性。列宁在充分研究资本主义国家发展农业不同情况的基础上,把那一时期资本主义农业的发展概括为两条不同的道路:一条是普鲁士的改良道路;一条是美国的革命道路。列宁写道:"消灭农奴制残余可以走改造地主产业的道路,也可以走消灭地主大地产的道路,换句话说,可以走改良的道路,也可以走革命的道路。按资产阶级方向发展,可能是逐渐资产阶级化,逐渐用资产阶级剥削手段代替农奴制剥削手段的大地主经济占主导地位,也可能是用革命手段割除农奴制大地产这一长在社会肌体上的'赘瘤'之后按资本主义农场经济的道路自由发展的小农

---

① Everett E. Edwards, *American Agriculture—The First 300 Years*, Washington: Government Printing Office, 1941, p. 171.

经济。

"这两种客观上可能存在的资产阶级发展道路,可以叫作普鲁士式的道路和美国式的道路。在前一种情况下,农奴制地主经济缓慢地转化为资产阶级的容克式经济,同时分化出少数'大农',使农民几十年内受着最痛苦的剥夺和盘剥。在后一种情况下,地主经济已不再存在,或者已被没收和粉碎封建领地的革命捣毁了。农民在这种情况下占着优势,成为农业中独一无二的代表,逐渐转化为资本主义的农场主。在前一种情况下,演进的基本内容是农奴制转变为盘剥,转变为在封建主-地主-容克土地上的资本主义剥削。在后一种情况下,基本背景是宗法式的农民转变为资产阶级农场主。"①

列宁这段话是具有高度概括性和准确性的科学结论,多年来一直是我们研究农业资本主义发展"美国式道路"的理论根据。然而,应当指出的是:列宁这段话是针对俄国革命,在一个无产阶级革命政党的土地纲领中讲出来的,侧重于谈生产关系的变革。如果用这一段话作为"美国式道路"的全面概括和最终结论,而没有同时了解列宁关于美国农业资本主义的全面论述,那么就很容易把"美国式道路"仅仅看成是改变旧生产关系所采取的方式、过程和结果,从而忽略了生产力变革在"美国式道路"中的地位和作用。事实上,列宁在这方面是讲过不少话的。例如,他在《十九世纪末俄国的土地问题》中就曾经明确指出:"农业中使用机器愈来愈多,使劳动生产率不断提高,结果必然会发展纯粹的资本主义关系。"②就是在上面我们所引的列宁那一大段论述中也包含有生产力变革的意思,因为宗法式的农民转变为资产阶级农场主的过程,同时也是从小生产转变为大生产的过程。假如没有农业机械化,资本主义农场是不可能得到广泛发展的。但是,这一点往往容易被忽略。

笔者认为,农业发展的资本主义道路同18、19世纪的工业革命一样

---

① 《列宁全集》第13卷,人民出版社,1959年,第219页。
② 《列宁全集》第15卷,第67页。

都是从封建制度向资本主义制度过渡所必须经历的生产关系和生产力的变革。简言之,就是对旧制度遗留下来的农业进行全面的资本主义改造。生产力和生产关系的变革缺一不可,两者之间是相辅相成的、不可分割的。"美国式道路"也应当包括这两个方面。但是,"美国式道路"又同工业革命有所不同。工业革命是从工具机的发明开始,而不是从生产关系的变革开始。马克思曾经明确指出:"工具机,是18世纪工业革命的起点。"①它是一场从技术革命开始,引起生产力飞跃发展和社会关系根本变革的革命。"美国式道路"却是从铲除封建土地制度残余,奠定资本主义的自由土地所有制开始的。

美国具有优越的历史条件和自然条件,对于"美国式道路"的形成有着直接的影响。

首先,美国是一个封建残余势力比较弱小的国家。美国历史上没有出现过封建社会,也没有形成像欧洲国家那样的封建土地所有制。正如恩格斯所说的,"美国是一个独特的国家,它是沿着纯粹资产阶级的道路发展起来的,没有任何封建的旧东西,但在发展过程中却从英国不加选择地接受了大量封建时代遗留下来的意识形态残余"②。同时,"所有积极主动移居美洲的人都是不愿意服从其他人支配的那一类人"③。他们渴望自由,根本不愿意容忍任何封建束缚。所以,要在这样一块土地上建立封建秩序是非常困难的。更何况当时英国已经爆发了资产阶级革命,西欧的封建制度也经历了衰落解体的时期。北美殖民地的大地主及英国王室不得不满足于保留某些封建残余:长子继承制、代役租等。当时北美殖民地的任何一个庄园都无法把农民牢固地束缚在土地上,只有通过收取低额地租的办法来维持庄园的劳动力。例如,弗吉尼亚公司

---

①《马克思恩格斯全集》第23卷,人民出版社,1972年,第410页。

②《马克思恩格斯全集》第36卷,第522页。

③ Everett E. Edwards, *American Agriculture—The First 300 Years*, p. 179.

为了吸引劳动力,把代役租定为每100英亩①2先令②。1637年公司撤销以后,英国王室也只能按这个数字征收。③

其次,北美殖民地人烟稀少,拥有大量未开垦的处女地。从1607年建立第一个殖民地开始,经过四十多年的时间,到1650年殖民地人口不过50368人,其中还包括黑人1600人。④就是在1770年也只有2500888人,其中包括黑人27817人。⑤在相当长时期内,只有沿海一带有比较稠密的居民点。广阔的内地很少有人定居和拓殖。为了进一步开发殖民地,新英格兰和弗吉尼亚等殖民地当局都不得不采取措施鼓励,甚至强迫向内地移民。1694年,马萨诸塞政府颁布法令,禁止边界市镇居民擅自离开居住地,返回东部沿岸地区。⑥新英格兰殖民当局还采取开辟西部边界市镇、建筑道路的办法来巩固边区的移民点。1701年,弗吉尼亚殖民政府也颁布法令,决定在西部边远地区建立"社团"⑦,实行武装移民。⑧

由于上述原因,殖民时期,美国的封建土地所有制不仅未能完全确

---

① 英亩,英美制地积单位,1英亩合4046.86平方米。

② 先令,英国旧辅币单位,20先令为1英镑,于1971年英国货币改革时被废除。

③ Anna Rochester, *American Capitalism: 1607–1800*, New York: International Publishers, 1949, p. 21.

④ U.S. Bureau of the Census, *Historical Statistics of the United States: Colonial Times to 1970*, Washington: Government Printing Office, 1975, Vol. 2, p. 1168.

⑤ U.S. Bureau of the Census, *Historical Statistics of the United States: Colonial Times to 1970*, Vol.2, p.1168.

⑥ Louis Bernard Schmidt and Earle Dudley Ross(eds.), *Readings in the Economic History of American Agriculture*, New York: The Macmillan Company, 1925, p. 109.

⑦ "社团"是一种同新英格兰边远市镇相近似的武装移民组织。每个"社团"拥有20名战斗人员,1万到3万英亩土地。"社团"的每个成员都可以获得一份宅地和200英亩农地,二十年内免交一切赋税。

⑧ Louis Bernard Schmidt and Earle Dudley Ross(ed.), *Readings in the Economic History of American Agriculture*, p. 115.

立起来，而且还不断遭到削弱。小农经济因而在许多地区取得了较快的发展。北美殖民地的封建庄园（南部种植园除外）并不是完全意义上的封建庄园，最多只能叫作半封建庄园，美国的一些历史著作也往往采用这个名称。[①]当然，这种情况对于进一步肃清封建残余、彻底改变土地制度是十分有利的，但并不能表明"美国式道路"已经正式开始。因为在整个殖民地采取暴力手段摧毁封建土地所有制、铲除封建残余的革命乃是1775年至1783年的独立战争。在战争进程中投靠英王的托利党人的地产被全部没收，并按500英亩一份出售。宾夕法尼亚大业主佩恩家族、纽约大地主约翰逊和菲利普斯的庄园及地产也都被没收充公。[②]长子继承制和代役租也在绝大多数地区相继废除。在美国东北部地区确立了资本主义的自由土地所有制，为农业资本主义的迅速发展创造了良好条件。

更为重要的是，独立战争的胜利把美国的边界向西推进到密西西比河，美国的领土因而差不多扩大一倍，在美国历史上第一次发展了广阔的西部国有土地，使当时国有土地的面积达到全国土地总面积的75%。此后，国有土地的面积又随着不断向西部扩张而迅速扩大。到19世纪60年代初，国有土地面积增加到1048111608英亩。[③]

广阔的西部国有土地的形成，使小农有可能在最有利的条件下，甚至无偿地获得土地，从而产生了大量的小土地所有者。这样，美国的农业资本主义就能够在自由的小土地私有制的基础上获得最纯粹的发展。这就是"美国式道路"的基本条件和主要特点。列宁说，土地国有化"是资本主义迅速发展的条件。从理论上来说，土地国有化就是保证资本主

---

① N. S. B. Gras, *A history of Agriculture in Europe and America*, New York: F. S. Crafts and Company, 1925, p. 259.

② Everett E. Edwards, *American Agriculture——The First 300 Years*, p. 194.

③ ［苏联］列·伊·祖波克：《美国史纲：1877—1918年》，庚声译，生活·读书·新知三联书店，1962年，第28页。

义在农业中得到'理想的'纯粹的发展"①。具体地说，就是要保证把"大量的后备土地"按"名义价格"分给农民，即无偿分配土地，使土地私有制在新的、完全资本主义的基础上发展起来。国有土地的存在和分配标志着"美国式道路"的开始。

然而富有讽刺意味的是，美国资产阶级政府并不愿意也不可能按照最有利于农业资本主义发展的方式来完成土地所有制的改造，即通过无偿分配的办法，把国有土地转变为自由农场主的自由土地。而这一转变是完全依靠美国广大农民的坚决斗争才得以实现的。用列宁的话来说，为新的资本主义的生产方式"创造新的土地制度这一使命，是由'美国平分土地运动'，由40年代的抗租运动（Anti-Rent-Bewegung），由《宅地法》等来完成的"②。

早在殖民地时期，美国移民就已经开始了争取自由土地的斗争。经常有相当数量的自费移民、逃亡契约奴和东部地区的破产小农，不顾英王室和殖民地的法律约束，跑到内地占用业主的闲置土地，成为实际上的小土地所有者。他们拒绝为自己所占用的土地支付任何地租和代价。据说，尽管宾夕法尼亚的大业主佩恩家族在"1719年仅以每英亩2先令和1732年以3先令的价格出售西部土地，但是这一时期仍然有将近2/3的土地是未经业主们准许而被占用的"③。公开同业主争夺土地的人在北卡罗来纳约占当地移民人数的一半，在弗吉尼亚约占1/3，在马里兰约占1/4。在北部各殖民地也有类似的情况。除此以外，从缅因到南卡罗来纳一带的偏僻地区，还出现过由小农和猎手组成的特殊的社会，他们财产很少，但相当勇敢和活跃，完全不受大地主的管辖。

毫无疑问，这种采取激烈形式的占地运动反映了美国小农争取民主

---

① 《列宁全集》第13卷，第296页。

② 《列宁全集》第13卷，第254页。

③ Curtis P. Nettels, *The Roots of American Civilization: A History of American Colonial Life*, New York: Appleton-Century-Crofts, 1938, p. 396.

解决土地问题的强烈要求,而且表现了农业资本主义发展的"美国式道路"的倾向。它在摧毁旧的封建土地所有制、建立新的资本主义土地所有制的过程中曾经起过重要的作用,对后来的土地运动产生了深刻的影响。正如美国著名学者柯蒂斯·P.内特尔斯所说,占地者"在美国革命最后摧毁佩恩、巴尔的摩、格兰维尔和费尔法克斯的大地产以前,一直采取无视领主权利占用土地和拒付代役租的办法毫不妥协地破坏着当时的领主制度"①。

独立战争的胜利使这场争取自由土地的斗争采取了新的形式并具有更大的规模。斗争的焦点集中到西部国有土地的分配问题上。斗争的形式也从过去自发地、分散地占地,转变为大规模地占地和争取民主的土地立法、取得无偿分配国有土地的权力。在相当长时间里,斗争基本上是围绕三个方面的问题进行的,即售地的最低限额、地价和支付条件。

美国资产阶级政府一开始就把西部国有土地作为国家的重要财政收入来源,宁愿把土地卖给投机商、大地主,而不愿意满足农民无偿分配土地的要求。1785年《土地法令》规定了不利于小农的出售西部国有土地的具体办法。出售土地最低限额为640英亩,售价为640美元,而且必须在一个月内交款。这就等于剥夺了小农和劳动人民购买土地的机会。在经过差不多半个世纪的斗争后,小农才在土地立法上取得了政府的某些让步。售地限额从640英亩降低到40英亩,每英亩价格从最高2美元下降到1.25美元。1841年又颁布了《先买法》,凡占地不满320英亩的垦殖者,均有优先购买所垦殖土地160英亩的权利。特别值得指出的是:第一个《宅地法案》已经由密苏里议员托马斯·哈特·本顿于1824年向国会提出。从那时起,历届国会就不得不讨论这个使资产阶级政府十分头疼的问题。

然而,内战爆发以前,辩论不过是一种表面文章,《宅地法》根本就没

① Curtis P. Nettels, *The Roots of American Civilization : A History of American Colonial Life*, p. 398.

有通过的可能。奴隶主首先不愿意放弃任意占领西部土地的机会,是《宅地法》的顽固反对者。资产阶级中的大多数人也企图在土地投机中捞取好处,对《宅地法》十分冷淡。只有内战爆发后的严酷现实才迫使林肯政府采取断然措施并通过《宅地法》。所以,《宅地法》首先是美国农民多年来争取无偿分配西部土地斗争的伟大成果。林肯的英明就在于他能够顺应潮流,满足农民的土地要求,从而把成千上万的农民动员到内战的第一线。

《宅地法》践行了无偿分配西部国有土地的原则,催生了数量众多的小农户,加强了自由农民在自由土地上的自由经济,从而奠定了美国资本主义农业的基础。它标志着"美国式道路"的形成。小农户的自由土地所有制的确立,使封建土地所有制的任何残余形式一扫而光,杜绝了旧的土地所有制复辟的可能性。正如列宁所说:"土地国有化等于由农民来破坏旧土地所有制,这是美国式道路的经济基础。"①从此以后,"美国式道路"就沿着确定不移的方向,迅速发展,直至终结。

但是,《宅地法》并不涉及南部的土地问题,南部的奴隶制种植园经济被内战摧毁以后,出现了大量分成制佃农,保留了一定的封建残余。就南部这个局部地区来说,农业资本主义发展道路基本上是属于改良的普鲁士道路的类型。

"美国式道路"作为对农业的资本主义改造而言,只能是一个特定时期的历史现象,有开头也有终结。在宗法式的小农转变为资本主义农场主,资本主义农场在农业经济中占主导地位以后,"美国式道路"就宣告结束。

就生产关系的变革而言,资本主义农场的普遍发展必须具备两个条件:第一,必须有一整批按资本主义方式经营农场的农场主,即农业资本家;第二,必须有更多的出卖劳动力的"自由的"雇佣劳动者。换句话说,这两个条件就是农业资产阶级和农业工人阶级的形成。农业资本家和

----

① 《列宁全集》第16卷,第117页。

农业工人从哪里来？一部分是从过去的大地主、佃农、工商业资本家、产业工人和移民转变而来，大部分是小农户的两极分化造成的。随之而来的就是激烈的竞争、大生产排挤小生产、兼并和破产。

土地集中的趋势在《宅地法》颁布以后就已十分明显。银行家、土地投机者和政客纷纷抢购西部土地，成为大地产拥有者。土地集中的情况在西部几个新州尤为突出。例如，加利福尼亚州就有成百万英亩土地集中在少数人手里。这里最大的地主查普曼一人就拥有近百万英亩土地。其他两个大地主米勒和米奇尔也各拥有 10 万英亩以上的土地。[1]达科他和内布拉斯加也有类似情况。达科他的 4 个土地投机者一共购置了9.6 万英亩土地。内布拉斯加的 27 个大地主在 1862 年到 1873 年间共购置了 25 万英亩土地。[2]

土地集中带来了两个后果：一是大农场和租地农场数目急剧增长；二是小农迅速丧失土地沦为佃农和农业工人。从 1860 年到 1880 年，面积在 1000 英亩以上的大农场增加了 2.3 万个。1900 年，大农场的个数达到 4.7 万，占地面积为 20032.4 万英亩，接近农场占地总面积的 1/4。[3]农业资本家和佃农从大地产所有者手中租用的农场也不断增长。1880 年租地农场占农场总数的 22.5%，1890 年增加到 28%，1900 年又增加到 35%。农民抵押土地的情况也十分严重。据统计，1890 年美国抵押农户占农场总数的 28.2%，1900 年上升到 31%。[4]这种情况在西部几个新州拥有大量宅地的地区尤为严重。据估计，1890 年堪萨斯的抵押地占纳

① *Agriculture History*，Vol. 33，No. 3，p. 134.

② Harry N. Scheiber（ed.），*United States Economic History：Selected Readings*，New York：Afred A.Knopf, 1964, p. 258.

③ U. S. Bureau of the Census，*Historical Statistics of the United States：Colonial Times to 1970*，Vol. 2，p. 467.

④《列宁全集》第 23 卷，第 87 页。

税土地的60%,内布拉斯加占55%,艾奥瓦占47%。①当然,这里不排除少数抵押农户是为了增加投资、改良土壤、提高耕作水平才抵押土地的。但大多数抵押农户都是负债累累,濒于破产。以上这些不完全的材料都可以表明宅地农民的状况在急剧变化,处于风雨飘摇、朝不保夕的困境中。《美国农业中垄断资本的统治》一书的作者在20世纪中叶做了一个有趣的调查,证明"在目前所有农场主中,其土地来源可以查明是由他的祖先经由《宅地法》取来的,不满2%"②,破产的宅地农民大部分留在农业部门,成为农业工人的后备军。1900年,全国农业雇佣工人约为200万人,1910年达到338.1万人,超过了农业总人口的10%。③

除此以外,在新英格兰和大西洋沿岸中部各州,许多被列为小农户的农场,由于集约化程度比较高,投资数额和生产规模都比较大,实际上是资本主义农场。

资本主义农场的大量涌现和雇佣劳动大军的形成标志着美国农业资本主义改造的完成,也即是"美国式道路"的最后完成。完成的时间大致在19世纪末期。

生产关系的变革是以生产力的发展为基础的。没有大机器生产就没有近代的资本主义制度。同样,没有农业机械化也就不会有"美国式道路"。很难设想,成批的资本主义农场能够长期建立在手工劳动的基础上。"美国式道路"之所以是革命的道路,归根结底就在于它同迅速发展生产力结合在一起。在这方面,它不仅比封建制度优越,而且比改良道路优越。在一个多世纪当中,美国的农业生产力一翻再翻,一直居于

---

① Ernest L. Bogart, *Economic History of the American People*, New York: Longmans, Green and Co., 1959, p. 507.

②［美］卡伦·弗雷特烈克斯:《美国农业中垄断资本的统治》,宋濂、黄炳辉等译,财政经济出版社,1956年,第27页。

③ U. S. Bureau of the Census, *Historical Statistics of the United States: Colonial Times to 1970*, Vol. 2, pp. 457-468. Harry N. Scheiber(ed.), *United States Economic History: Selected Readings*, pp. 252-258.

资本主义世界的前列。

但是,高度发达的美国农业也有着不可克服的矛盾。资本主义制度的生产"过剩"危机从19世纪后半期就已经开始,一直是美国农业发展的严重障碍。

"美国式道路"也是一条少数人发财致富、多数人贫困破产的道路。在美国由于历史上曾经疯狂剥夺印第安人的土地,驱赶和屠杀他们而带有更为残酷的性质。可以毫不夸大地说,美国的农业是在印第安人的累累白骨上,用小农的血汗浇灌发展起来的。马克思的名言"资本来到世间,从头到脚,每个毛孔都滴着血和肮脏的东西"①是何等正确啊!

---

① 《马克思恩格斯选集》第二卷,人民出版社,1972年,第265页。

第一章　历史条件

　　美国农业的资本主义发展道路是在特殊的历史条件下形成和发展起来的。美国是一个非常年轻的国家。它的前身是英国在北美洲的十三个殖民地。这里的外来居民基本上都是英国和欧洲的移民。移民当中除少数贵族、大地主和大商人以外，绝大部分都是为了摆脱封建压迫和宗教迫害来到北美洲谋求生路的小农和手工业者。他们希望在这个新大陆上建立一种新的社会关系。

　　北美洲原是土地辽阔富饶、人烟稀少的地区。世世代代居住在这里的北美洲的主人——印第安人还停留在原始社会阶段，过着氏族部落的生活。这里根本不存在封建制度的压迫，而且由于印第安人的分散和落后，也不存在抵抗移民扩张的强大力量。广袤的土地和丰富的资源吸引着成千上万的移民源源不断地涌向北美，涌向西部的空旷地区。广大西部土地的存在为农业资本主义的发展创造了十分有利的前提。

　　然而，北美洲土地的拓殖是建立在剥夺和屠杀印第安人的基础上的。随着拓殖地区不断向西延伸，屠杀和剥夺印第安人的规模越来越大。这在美国历史上留下了一个无法洗刷的污点。

一、美国土地上的印第安人

　　1492年哥伦布发现美洲大陆以前，这个大陆基本上是与世隔绝的。当时人们完全不知道，世界上，在亚洲、非洲、欧洲以外还有第四个大陆的存在。当哥伦布发现美洲的时候还把它误认为印度，并且把新大陆的居民叫作印第安人。在1493年1月哥伦布的书信里最早出现印第安人这个名称。1499年,意大利佛罗伦萨商人亚美利哥·韦斯普奇航行到南美洲北岸,两年后再度到达美洲大陆。从此欧洲人才知道,世界上还有第四个大陆存在。1507年,德国学者瓦尔德塞弥勒为了纪念亚美利哥的功绩,就用他的名字来命名新大陆。起初,美洲这个概念只包括巴西,随后扩大到整个南美洲。最后,美洲成了南美、北美、中美的共同名称。

亘古以来,美洲土地的主人就是印第安人。他们世世代代居住在这块土地上,创造着自己的文化和历史。至于印第安人又是从哪里来的?属于什么人种?众说纷纭,至今也还没有一个统一的看法。大多数人认为,印第安人属于蒙古人种,是从亚洲东北部经白令海峡移居美洲的。还有人认为印第安人中有一部分属于澳大利亚-美拉尼西亚人种,是与蒙古人同时或者更早移入美洲的。

关于蒙古人向美洲迁移的原因和时间还不大清楚。据人们推测,可能是由于追踪野兽、气候骤然变冷,或者敌对部落的追赶,印第安人的祖先被迫离开自己的家园,朝着太阳升起的方向前进,去找寻栖身的地方。他们动身的时间大概是在2.5万年以前,或者在1.5万年至1.2万年前。如果迁移的时间比较早,那时白令海峡的海面比现在低76米,在那里很可能有一个连接亚美两洲的地峡。迁移的人群就是通过这个地峡踏上美洲土地的。如果迁移的时间比较晚,白令海峡已经形成,人群大概是踏着坚冰或者划着独木舟横渡过去的。在此以后,印第安人的祖先就在北美洲定居下来,并且逐渐南迁,直达美洲最南端的巴达哥尼亚台地①。

印第安人在漫长的古代,创造了光辉的玛雅文化、阿兹特克文化和印加文化。他们在农业、天文学、医学、建筑学等方面都有重大的贡献。印加人的采石术是很高明的。他们能够从山岩上凿下巨大的石块,用来做建筑材料。他们堆砌的石台和石墙接缝吻合,连薄薄的刀片也插不进去。阿兹特克人所建筑的白色金字塔高耸入云,完全可以同埃及金字塔

---

① 巴达哥尼亚台地现分属智利和阿根廷。

相媲美。所不同的地方是阿兹特克人的金字塔不是帝王的坟墓,而是用来建筑神庙的高台。

在玛雅人居住的地区,现今墨西哥的尤卡坦半岛、帕帕斯和塔巴斯科州东部,危地马拉、英属洪都拉斯及洪都拉斯、萨尔瓦多西部边缘一带出现了一百多座城市。城市结构大体上相同。每座城市中心都有一个高台区,上面是庙宇、寺院、宫殿和公共建筑物。周围是一座座拥有几十个房间的石砌大厦,显然是贵人居住的宅邸。第三层是一圈规模较小但比较整齐的房舍。最外面一层是一些七零八落的简陋房屋。从城市的布局来看,玛雅人的社会已经出现了明显的分化。在1946年发现的博南帕克神庙9英尺①高的墙壁上也画着贵人、僧侣、战士向城市统治者献贡、押解和惩罚俘虏,进行祭事和战争的壁画。

然而,尽管玛雅人的社会已经具有了阶级社会的某些特点,但社会的基本结构仍然是氏族部落。生产资料基本上属于公有,奴隶只是家庭奴仆而不是主要的社会生产者。"国王"或酋长也是由部落议事会选举产生的。所以他们的社会还不是奴隶社会,而是从部落公社向奴隶制过渡的社会。一直到殖民者踏上北美土地的时候,仍然没有任何一个印第安部落超过了这个发展阶段。恩格斯在《家庭、私有制和国家的起源》里指出:"新墨西哥的所谓普韦布洛印第安人,以及墨西哥人、中美洲人和秘鲁人,当他们被征服时,已经处于野蛮时代中级阶段。"②同时,恩格斯也指出了印第安各部落发展不平衡的情况。恩格斯认为:"西北各部落,特别是住在哥伦比亚河流域的各部落,尚处于蒙昧时代高级阶段,他们既不知道陶器的制造,也不知道任何植物的种植。"③他还进一步具体分析说:"到发现美洲的时候,全北美洲的印第安人都已依照母权制组成为氏族。仅在某几个部落如达科塔人中,氏族才衰落下去了;在另外几

---

① 英尺,英美制长度单位,1英尺约为0.3048米。
②③《马克思恩格斯选集》第四卷,第20页。

个部落中间,如在奥季布瓦、奥马哈等部落中间,氏族已经是依照父权制组成的了。"①

根据著名的美国学者路易斯·亨利·摩尔根的计算,居住在北美洲的印第安人部族大致有70个,其中主要的大部族约有30个。如果按照语言的特点分类,居住在现今美国境内的印第安部族可以分为十大支系:阿尔冈钦人、易洛魁人、穆斯考格人、苏族人、卡杜安人、绍绍尼人、沙哈普田人、萨利斯瀚人、阿萨帕斯卡人和因纽特人。

阿尔冈钦人的部落分布很广。新英格兰南部、中部各州、弗吉尼亚、大湖区和密西西比河上游各支流沿岸、北卡罗来纳和落基山西部高地上,都散居着阿尔冈钦人的部落。

易洛魁人的部落主要分布在纽约、宾夕法尼亚西部、阿瑞湖和安大略湖西岸、南卡罗来纳东部和阿巴拉契亚山南端。穆斯考格人的部落分布在佐治亚大部分地区、佛罗里达、密西西比和田纳西的一部分地区。苏族人的部落则分布在密西西比河上游的西部地区,密苏里河流域,南、北卡罗来纳的西部和墨西哥湾海岸。在现今的路易斯安那、得克萨斯东半部、阿肯色和俄克拉何马,居住着卡杜安人的部落。绍绍尼人、萨哈普田人、萨利斯瀚人和阿萨帕斯卡人主要居住在广大西部地区。美国境内的因纽特人则居住在阿拉斯加一带。

北美印第安部落的人数通常不超过0.2万人。只有切罗基人的部落曾经达到2.6万人。部落下面一层组织是胞族,胞族下面是氏族。而在那些小部落里则往往没有胞族这种中间组织。每个部落都有自己的宽广的村落和打猎捕鱼的围场。部落之间一般都有一个中间地带,是为了防止部落间的冲突而设置的。但是往往由于自然条件的变化和食物来源的减少,印第安各部落争夺猎场和土地的战争时常发生。在频繁的部落战争中,为了适应进攻和自卫的需要,一些亲属部落开始结合起来,成为部落联盟。这种联盟在易洛魁人、阿尔冈钦人和穆斯考格人中都可以

①《马克思恩格斯选集》第四卷,第85页。

18

看到。部落联盟是比部落发展更高一步的社会组织。恩格斯曾经估计说："这样就朝民族(Nation)的形成跨出了第一步。"①

易洛魁联盟是印第安各个部落联盟中最发达的一种形式。相传15世纪初，易洛魁人摩霍克部落酋长海华沙把摩霍克、尤卡加、欧奈达、奥嫩多和塞纳卡五个部落联合起来，组成了一个部落联盟。易洛魁人称之为"永世联盟"。这个联盟就是历史上所谓的易洛魁联盟，或者海华沙联盟。1720年，从南方迁来的吐斯卡洛腊人也加入联盟，成为联盟的第六个成员。易洛魁联盟存在了差不多四百年。联盟在其存在的时期中，一再显示了自己相对于邻近部落的强大优势。它征服了四周的广大土地，迫使邻近部落归附纳贡，或者把它们赶走。

然而，易洛魁联盟远远不是一个国家。恩格斯认为："易洛魁人联盟是尚未越过野蛮时代低级阶段的印第安人（因而墨西哥人、新墨西哥人和秘鲁人除外）所曾达到的最进步的社会组织。"②在易洛魁联盟里，各个部落处于完全平等的地位。联盟的执行机关是由来自各个部落的50名地位权限完全平等的酋长组成的联盟议事会。此外还设有两个具有平等职能和平等权力的最高军事首领。

印第安人生活在十分单纯质朴的氏族制度下，都具有公正、刚强、勇敢的美德和强烈的自尊心。人与人之间的品德不存在明显的差别，社会秩序一贯稳定而宁静。正如恩格斯所说的："在没有分化为不同的阶级以前，人类和人类社会就是如此。"③但是这种质朴的关系是原始共产主义社会所特有的，是建立在生产极端不发达的基础上的。随着生产力的发展和生产关系的变革，这种关系一定要被打破，一定要被阶级社会所代替，而且"它是被那种在我们看来简直是一种堕落，一种离开古代氏族

---

① 《马克思恩格斯选集》第四卷，第89页。

② 《马克思恩格斯选集》第四卷，第90页。

③ 《马克思恩格斯选集》第四卷，第93页。

社会的纯朴道德高峰的堕落的势力所打破的"①。不过,美国境内印第安人的质朴关系不是被奴隶制度打破的,而是被资本主义打破的。印第安人首先是英、法、荷殖民者进行原始积累的牺牲品,随后又成为美国资产阶级的掠夺和屠杀对象。如果没有殖民者的入侵,印第安人的社会发展就不会被打断,定会沿着社会发展的阶梯走上更高的阶段。

印第安人从事农业、狩猎和捕鱼,有的地方还以采集为生。农业是印第安人对人类做出的一大贡献,对于美国农业的发展具有特殊的意义。印第安人培育的大豆、番茄、南瓜、马铃薯、玉米和烟草至今仍然是世界上的重要农作物。而这些农作物,特别是玉米在美国的农业生产中一直占有很重要的地位。在历史上,玉米在很长时期内曾经是欧洲移民的主要食物,使初次进入莽莽丛林和大草原的拓荒者得免于饥饿。

如果我们说印第安人的农业是建立在玉米种植基础上的,那也不算过分。因为这对印第安人的生存和发展实在太重要了。有人曾经这样说:"哪里停止玉米的种植,哪里的文明也就衰落了。"摩尔根在《古代社会》里也强调了这一点,他写道:"玉米生长在丘陵地带,因而便于直接种植。无论已熟未熟,它都可以食用,它的产量高,营养丰富。因此,所有其他谷物加到一起,也不如玉米这一资源对推动人类早期进步这样有利。这可以用来说明美洲土著虽没有牲畜却能达到异常进步的原因。"②

印第安人种植的土地有两种:一种是茅屋周围的菜园地;另一种是离家较远的玉米地。菜园地面积不大,一般约占地100至200平方英尺。印第安人在菜园地里种植甜瓜、葫芦、烟草和各种蔬菜来满足自己的需要。玉米地的面积比较大,占地自20英亩到100英亩不等。

印第安人没有犁,只会原始的耕作方法。他们在开垦的时候,通常选择一块林木稀少的地段,用石制的工具把小树挖掉,并堆积在一起焚

---

① 《马克思恩格斯选集》第四卷,第94页。

② [美]摩尔根:《古代社会》,杨东莼、张栗原、冯汉骥译,商务印书馆,1977年,第24页。

烧。大树不容易挖掉,印第安人就把大树的树皮剥去一圈,用火焚烧露出地面的树根,使大树枯死。耕地就是采取这种办法一块一块地清除出来的。在耕作的时候,印第安人用锄头在地上掘出许多4至6英寸①深的坑。坑与坑间的距离为4到6英尺。每一个坑里都撒播四粒种子。种子之间间隔约1英寸。有时在坑里还点播一两粒大豆。各坑之间的空地上间或种植一些豌豆、南瓜之类的农作物。当玉米苗长到手掌那样高的时候,印第安人就开始使用一种宽板锄锄草松土。等玉米苗长到一定高度后,就在根的四周培添土壤,到玉米扬花吐穗的时候,每一棵玉米的根部都堆起了一个小土堆。在地力耗损严重的贫瘠地段,印第安人往往在每株玉米的根部或附近埋几条鱼来提高玉米的产量。

印第安人播种玉米的时间大致在每年的4月和5月,收获季节是8月和9月。在收获季节到来的时候,印第安人就在玉米地中央搭一座高台,修造守望棚,派年轻人看守,还不懂得在地里安插草人吓唬鸟兽的方法。印第安人的妇女和小孩都参与收割玉米,他们拿着大麻、树皮、玉米秸编制的手提篮装运玉米,把玉米放在草席上晒干,然后储存起来。

许多印第安部落都有储存粮食的习惯,也有一些部落只生产一年所需的粮食。由于这个原因,一些印第安部落垦殖的玉米地已经达到相当大的面积。有的部落的玉米地面积差不多有3000英亩。在福尔斯附近就出现了大片经过垦殖的肥沃土地。②

尽管印第安人的农业还处于相当原始的状态,但它却是北美第一批移民在踏上这块大陆时所能找到的最宝贵的经验和财富。他们在相当长时间内都依靠了这种农业才能够生活下去而不致饿死。初到北美洲的移民中虽然有人从欧洲带来了农作物种子和先进的技术,但却无法适应这里的自然环境。要不是善意的印第安人教会他们种植玉米、南瓜等

---

① 英寸,英美制长度单位,1英寸约为2.54厘米。

② Louis Bernard Schmidt and Earle Dudley Ross(eds.),*Readings in the Economic History of American Agriculture*,p. 44.

当地农作物的技术、拓殖土地的方法,以及适应丛林生活的种种技能,他们就很难度过饥荒,在新大陆上生存下去。但是,白人殖民者在适应环境、站稳脚跟以后,就忘恩负义,开始驱赶和杀害印第安人,从他们手中夺取土地和财物,甚至把他们变卖为奴,索取高昂的赎金。英属北美殖民地的农业就是在这样的历史背景下发展起来的。

印第安人虽然勇敢善战,但是他们的社会太落后了,连一个统一的国家都没有形成。单靠分散的部落,或者部落联盟,使用原始的弓箭战斧,是无法同有资本主义制度做后盾、用先进火器武装到牙齿的殖民者相对抗的。印第安人万万没有想到,就是那些源源不断涌来的外地人给他们的民族带来了一场空前的浩劫,逼迫他们走上毁灭的道路。

二、英属北美殖民地的形成

英属北美殖民地是在欧洲几个殖民国家进行原始积累的高潮中出现的。15到16世纪新航路的开辟沟通了梗阻已久的东西交通,扩大了欧洲国家的海外市场,同时也揭开了大规模殖民掠夺的序幕。美洲新大陆的发现为殖民者提供了一个新的角逐场所。

最早在美洲殖民的国家是西班牙和葡萄牙。加勒比海的许多岛屿、中美和南美大陆的广大地区都被西班牙占领而沦为西属殖民地。葡萄牙也占领了整个巴西。西班牙还以它的广大美洲殖民地为基地不断向北部扩展。1512年,西班牙殖民者发现北美洲东南部的佛罗里达,并从这里出发向西北方向推进,终于建立了包括佛罗里达、得克萨斯、新墨西哥、亚利桑那等地在内的新西班牙殖民地。1540到1541年,西班牙探险家德·索托率领一支征剿队深入密西西比河流域,在佐治亚、亚利巴马、阿肯色和俄克拉何马一带屠杀印第安人。但是,这支征剿队遇到了印第安人的顽强抵抗,德·索托本人也在一次战斗中毙命,受到了应得的惩罚。

继西班牙、葡萄牙之后,在16世纪中叶勃然兴盛的荷兰成为当时欧洲最富裕的商业国和殖民强国。它也急起直追,准备染指北美洲这块广阔富庶的土地。1609年,英国航海家亨利·哈德逊受荷兰人的重资聘请到北美洲探查,发现了一个海湾。这个地方后来以他的名字命名为哈德逊湾。由于他当时的目的仅仅是探查地理,还没有使出殖民者的手段,所以受到了当地印第安人的欢迎。后来哈德逊回忆当时的情景说:"在我们走近房舍的时候,人们摊开两张席子让我们坐下,并且立刻端出用制作精良的碗盏盛着的食物。还有两个人被派出来表演弓箭,他们很快就带来一对被他们射中的鸽子……土著居民是非常和善的人,当他们见我不想留下来的时候,以为我害怕他们的弓箭,于是他们把箭拿出来折成碎段,并扔进火中。"[①]在哈德逊的探查完结之后,荷兰人派遣了殖民队伍在哈德逊河流域和特拉华一带建立了新尼德兰殖民地。1637年,瑞典人也在特拉华沿岸建立一块殖民地,但由于瑞典人在北美的力量薄弱,这块殖民地于1655年被荷兰人吞并。

法国人对北美大陆的探险是从卡地亚开始的。他于1534年至1541年间三次航行到北美沿岸,并曾进入圣劳伦斯河,经过一个多世纪的逐步渗透和扩张,到17世纪末,法国已经从土著印第安人手里夺取了加拿大东部地区和路易斯安那广阔地带。这一大片土地统称为新法兰西殖民地。

英国在北美洲的探险比上述几个国家都晚,一直到伊丽莎白时代才开始,最初只是在海上进行海盗活动。后来,1584到1585年间,沃尔特·雷利爵士才航行到北卡罗来纳河附近,并在那一带进行探险。他把所到的地方叫作弗吉尼亚,也即是处女地的意思。北美洲探险的成功使英国女王伊丽莎白感到十分高兴。于是她立即把在北美洲成立殖民地的特许状颁发给汉弗莱·吉尔伯特和雷利。但是,他们两人在北美洲开辟殖民地的计划都没有得到实现。1583年,吉尔伯特率领船队占领了纽芬

---

① Virginia I. Armstrong, *I Have Spoken: American History Through the Voice of the Indians*, Chicago: Sage Books, 1971, p. 1.

兰,但他不幸在返航途中死去。雷利在劳诺克岛上相继建立了两个殖民地,但都没有获得成功。1590年,当运送补给物资的船队到达殖民地时,已经找不到任何一个移民和他们留下的遗迹了。吉尔伯特和雷利的相继失败表明"靠私人的钱袋在远方建立殖民地是一件困难的事情"。

1606年4月10日,伊丽莎白的继承人詹姆斯一世把美洲殖民地的特许状颁发给伦敦公司和普利茅斯公司,规定将北纬34°至38°之间的地区划归伦敦公司,41°至45°之间的地区划归普利茅斯公司。这两个公司的大股东都是富有的商人,他们渴望在新大陆上找到黄金和财富,并获取高额的利润。两个公司获得特许状后就在英国出资招募到新大陆进行垦殖的移民。

第一批应募前往北美新大陆的移民大多数是没落的绅士、释放出狱的罪犯和失业流浪的手艺人。许多人以为到北美洲大陆去可以轻而易举地找到金银珍宝,没有做好长期辛勤劳动的思想准备。普利茅斯公司在缅因开辟的第一个移民点就是因为环境艰苦,"气候极端反常且多霜冻",很快就被移民抛弃了。公司不得不派船把他们接回英国。

伦敦公司开辟的殖民地也遇到很多困难,经常处于风雨飘摇、岌岌可危的状态。移民船队离开伦敦后就很不顺利,在航行途中死亡16人之多。 1606年圣诞节期间,船长克里斯托弗·纽波特率领"苏珊·康斯坦特号""幸运号"和"发现号"三艘船驶出泰晤士河的时候,船上乘载的移民一共有120人,能够到达北美大陆的只有104人。

1607年4月,这一支移民队伍拖着疲乏的步子走上了弗吉尼亚的詹姆斯河口,在阿尔冈钦人波瓦坦部落的土地上建立了一个小小的居住点,取名叫詹姆斯城。其实,它根本够不上一个城镇,当时只有几间薄板茅屋、一所教堂、一座炮台。

由于这些冒险家们一心惦念着淘金发财,把非常宝贵的时间耗费在探查宝藏上面,而没有及时修筑牢固的温暖的越冬住所,种植粮食蔬菜,储藏食物,做过冬的准备。隆冬降临以后,饥饿和疾病不断折磨着他们,差不多有一半人丧失了生命。第二年春天,幸免于死的移民不过53人,而且处境极为困难。要不是印第安人的救济和救援船队的及时到达,詹姆斯城这个移民点就会从此消失。

接二连三的挫折使人们的头脑逐渐清醒起来。依靠寻找金矿发财的美梦开始破灭。连伦敦公司的管理人员都意识到,"只有用劳动"才能在这块神秘的新大陆"得到某些东西"。伦敦公司的一份报告里有这样一段话:"新大陆上一旦有了能开发它的资源的更多的人手,美洲必将带来巨大的利润。"①于是,越来越多的农民和手工业者代替了那些冒险家被招募到北美殖民地来。移民的成分发生了明显的变化。这些移民定居下来以后,第一件事就是开垦土地,种植庄稼,并且向印第安人学习适合于当地气候、土壤和其他种种自然条件的耕作方法,以及种植印第安农作物的技术。移民们依靠自己的辛勤劳动顺利地解决了衣食问题,终于在北美洲站稳了脚跟,并且逐渐扩大自己的家园。1619年,弗吉尼亚地区沿詹姆斯河居住的移民人数超过了1000人。

移民们不愿意完全听凭公司摆布,要求按民主方式建立自己的权力机构。就在这一年,他们从居民中选出22名代表组成了弗吉尼亚殖民地议会。1624年,英王室将殖民地从公司手中收回,改为王室殖民地。不过殖民地议会却得以保存下来。

新英格兰殖民地的建立更加富有传奇色彩。1620年,102名流亡荷兰莱登的英国清教徒得到了英国商人的资助,并取得了弗吉尼亚公司的许可证,乘坐"五月花号"帆船向北美洲驶去,准备在弗吉尼亚靠岸,并在那里建立自己的家园。但是,他们在航行中屡遇风暴,"五月花号"偏离了航线。11月11日,航船抵达北美殖民地北部海岸,这个地方不属弗吉尼亚管辖。清教徒移民在船舱中经过热烈的讨论,决定就在这里建立移民点,并且签订了一项公约,确定了按照多数人意见对未来的殖民地进行管理的原则。历史上把这个公约叫作《五月花号公约》。这一批移民

---

① [美]方纳:《美国工人运动史》第1卷,黄雨石、陈大春译,生活·读书·新知三联书店,1956年,第29页。

登陆以后，在马萨诸塞的普利茅斯建立自己的移民点。这里的自然条件远比弗吉尼亚严酷，四周都是荒凉的沙丘和港湾，天气寒冷，食物匮乏，移民的处境十分困难。正如有的美国历史学家所说的："从来没有一伙来到美洲的移民，曾经像这一小群农民、城市工匠和小商人这样，一无经验，二无装备，赤手空拳，置身荒野。"但是，清教徒移民完全不同于詹姆斯城的冒险家们。他们是劳动人民，能够吃苦耐劳，以顽强的毅力经受了严冬的考验。尽管他们当中死亡了1/2的人，但却没有任何一个活下来的人对未来丧失信心。当"五月花号"于1621年4月起锚返航的时候，谁都没有上船返回欧洲去。他们在印第安人的帮助下学会捕鱼和种植玉米，在几乎没有外援的情况下，顽强地坚持着，度过了整整十年的艰难岁月。移民点人数发展到300人。

1629年，几个清教徒的领导人从查理一世手里取得了移民特许状。他们为了躲避日益加剧的宗教迫害，决定组成马萨诸塞海湾公司，并将特许状、公司管理机构和成员全部带到殖民地。1630年夏天，一支上千人的庞大的清教徒的移民队伍分乘17艘帆船到达马萨诸塞湾，建立了波士顿等7个城镇，形成了初具规模的马萨诸塞殖民地。海湾公司从伦敦迁移到新英格兰，对于殖民地的发展有着重要的意义。许多重大事情都能够就地得到解决，不必再同远在海外的伦敦发生联系，马萨诸塞殖民地的独立性也因而得到增强。然而就在这以后不久，新英格兰清教徒移民内部发生了分裂。掌握马萨诸塞管理机构和经济大权的分离教派对其他教派实行宗教迫害。一部分人被迫分离出去，另行组织管理机构。1639年，康涅狄格从马萨诸塞分离出去单独建立殖民地。1650年和1679年，又先后成立了罗德岛和新罕布什尔。

马里兰、两卡罗来纳①、特拉华、佐治亚都是英王封赐给贵族、军人的业主殖民地。其创建的经过略有不同。1632年，英王查理一世把波托马克河南岸到新英格兰的一大片土地的特许状颁发给死去不久的巴

---

① 两卡罗来纳，南卡罗来纳和北卡罗来纳的统称。

尔的摩勋爵。1634年,他的继承人派出移民在波托马克河河口圣玛丽斯地方定居下来,建立了马里兰的第一个移民区。1663年,英王查理二世又向八个大业主颁发特许状,将北纬31°至36°30′的广大北美洲地区划为卡罗来纳殖民地。1711年,卡罗来纳殖民地又划分为北卡罗来纳和南卡罗来纳。宾夕法尼亚和特拉华两个业主殖民地是分别在1681年和1682年建立的,业主都是威廉·佩恩。1733年,最后一个业主殖民地佐治亚建立。

1664年,在北部地区建立了新泽西殖民地。同年,荷兰殖民地新尼德兰被英国人夺取,改建为纽约。这两个地区后来都成为英国王室殖民地,由英王直接委派总督管理。

英属北美殖民地的建立和发展是在各殖民强国的激烈争夺和连绵不断的商业战争中进行的。16和17世纪,英国先后打败了西班牙和荷兰,一跃而为海上强国。英国和法国的矛盾开始尖锐化。双方在北美洲、印度、非洲、西印度群岛和欧洲大陆都展开了激烈的争夺。结果在18世纪前半期,英法之间爆发了三次大规模的战争。

第一次战争是1702年到1713年的西班牙王位战争。在这次战争中,法国和西班牙为一方,英国、荷兰、奥地利为另一方,争夺西班牙国王查理二世死后留下的王位和广大的殖民地。战争结果是法国失败。1713年4月,双方在乌特勒支签订和约。根据和约规定,英国取得了地中海的"锁钥"直布罗陀、米诺卡,北美洲的纽芬兰,以及哈德逊湾沿岸地区,并获得为期三十年的贩卖奴隶的专利权。《乌特勒支和约》加强了英国在北美洲的阵地,为英国进一步扩大北美殖民地创造了条件。

第二次战争是1740年到1748年的奥地利王位继承战争。在这次战争中双方各有胜负。英国没有获得更多的殖民地。不过,由于法国在战争中损失了大量战舰,海军力量被严重削弱,英国实际上已经取得了海上的绝对优势。这对第三次英法战争的进程具有决定性影响。1748年,英法双方签订的《亚琛和约》,只不过是一个临时休战的协定。双方都在摩拳擦掌准备决一死战。

第三次战争是1756年到1763年的七年战争。北美洲和印度是这次战争的两个主要战场。战争一开始,英军的海上优势就发挥了巨大的作用,使两支远离国土的法军不能及时得到援助,在军事上处于劣势地位。在北美战场,法国军队虽然曾经一度攻进俄亥俄河流域,把英军从安大略湖一带赶走,但由于兵力不足,终于在英军优势兵力的反击下向密西西比河和加拿大方向退却。1759年,法军要塞魁北克陷落,法军主力被击溃。法国在西印度群岛的属地也相继落入英国人手中。在印度战场,形势对法军更为不利。法军在普拉西和布克萨等战役中节节败退。战争最后以法国的全面失败告终。

1763年3月,交战双方在巴黎签订和约。和约规定,将加拿大和密西西比河以东的法属殖民地划归英国,将新奥尔良和密西西比河以西的土地划归西班牙。法国在印度只保留五个沿海城市而且不能设防。法属非洲殖民地塞内加尔也被英国占领。

对于北美殖民地来说,七年战争的影响是颇为深远的。这场战争使法国的势力从北美洲撤走,形成了英国独霸的局面。尽管西班牙还占有密西西比河以西的广大地区,但由于它已经国力衰微,无力同英国竞争。西班牙最后退出北美洲只不过是时间的问题。只要北美十三个殖民地能够推翻英国的殖民统治,取得完全的独立,在它们面前就会展现出一片浩瀚无垠的耕地、森林和牧场。源源不断的移民就可以在这里建立家业,开垦越来越多的土地,把北美大陆变成一个世界的大粮仓。

北美洲,特别是现今的美国地区确实是一个得天独厚、有利于农业发展的地域。根据不同的地形和自然条件,现今美国境内的北美地区大致可以分为八种类型不同的地区。

一、大西洋沿岸和海湾平原地区。这个地区从科德角沿大西洋岸一直延伸到墨西哥湾。它包括马萨诸塞、罗德岛、康涅狄格的一部分,南部诸州的大部分和整个佛罗里达,平均海拔不超过100英尺。这里原来到处都覆盖着茂密的丛林,盛产贵重木材。大部分土地都比较肥沃,宜于耕种。在中部和南部有许多适宜谷物、棉花、烟草和经济作物生长的土地。这里有富饶美丽的密西西比河三角洲，也有美国最大的沼泽地带。北卡罗来纳的迪斯默尔沼泽地、佛罗里达的埃弗格莱兹沼泽地、密西西比和阿肯色的长沼都位于这个地区。这里也有贫瘠的沙土带。大西洋和海湾平原的西部边界是天然形成的瀑布线。所有从西部流入大西洋的河流，在这里骤然下泄，形成一道道十分壮观的飞瀑。在瀑布线以下直到大西洋岸水路平坦，船运十分方便。由于这个原因，印第安人曾经沿瀑布线建立过许多村庄。后来，纽约、费城、华盛顿、巴尔的摩等大城市也是大体上顺着这条线建立起来的。

二、古老的东部高原地区。这个地区包括新英格兰的大部分地区，皮德蒙特、湖滨高原、密歇根、威斯康星和明尼苏达的北部，以及海岸平原和阿巴拉契亚山脉之间的地带。东部高原从海拔100英尺到1000英尺不等。土地比较贫瘠，多砂石，不宜于耕种，以出产北方白松为主。但是，高原上有许多河谷地带，土地肥沃，是种植谷物的良田。康涅狄格河河谷就是出产小麦的重要基地。

三、阿巴拉契亚山脉、阿列根尼高地和欧扎克地区。这个地区主要是山地和高原，原来是森林地带，间或也有一些肥沃的谷地分布其间。例如历史上著名的阿巴拉契亚谷地就是西进移民在翻越阿巴拉契亚山脉的路途中所能找到的第一个比较适宜的居留地。

四、湖滨平原地区。这个地区位于大湖区沿岸，包括纽约西部、俄亥俄北部、密歇根大部和威斯康星、明尼苏达的一部分。整个地区都覆盖着森林，是重要的木材产地。

五、大草原地区。这个地区从密西西比河上游向西南延伸，直抵格朗德河，包括俄亥俄、威斯康星、明尼苏达、达科他、内布拉斯加、堪萨斯、俄克拉何马和得克萨斯的大部分地区，以及印第安纳、伊利诺伊、艾奥瓦等地。整个地区的海拔都在1000英尺以下，土壤肥沃，雨量适中，是美国的大粮仓，有"美国花园"之称。

六、大平原地区。这个地区东起大草原西部边界，西迄落基山，北至达科他北部和蒙大拿，南抵墨西哥边界。大平原地区土地肥沃，但雨量稀少,年降雨量在20英寸以下,只能种植耐旱作物和牧草。过去,人们曾把这个地区叫作大荒原。但是,这个大荒原潜力很大,它不但可以成为畜牧业基地,而且随着水利工程的兴建很快就会变成千里沃野。

七、落基山脉和西部高原地区。它包括大平原以西,喀斯喀特和内华达山脉以东的山岳地带。境内森林密布,河流纵横,形成许多肥沃的河谷,水利资源极为丰富。

八、太平洋沿岸地区。从喀斯喀特和内华达山脉往西直到太平洋沿岸一带都属于这个地区。这个地区多山,山间有较大的河谷地带和平原。著名的加利福尼亚大平原就在这个地区。太平洋沿岸地区的自然条件适宜于种植水果。加利福尼亚就是以盛产水果而闻名于世的。

上述八个地区都有各自的特点,为发展农业、畜牧业、林业提供了极其优越的自然条件,无论在殖民时期还是在美国独立以后,都是农民和牧民广阔的活动天地。

三、拓荒者的农业

移民们到达北美洲新大陆的第一件事情就是解决吃饭问题。他们从欧洲带来的粮食和各种物资都是非常有限的,不定期的船运也很难提供足够的补给品。所以他们在刚刚安顿下来以后,立刻就得清除树木,开垦一小块土地,播下种子,等待来年的收获。幸亏印第安人教会他们垦殖土地简易而又有效的方法,并且向他们提供玉米种子,否则他们将面对丛林,一筹莫展。但是,移民们还得在获得第一次收成以前寻找食物来维持几个月的生活。所以,他们必须拜印第安人为师,学会捕鱼打猎、采集野果的本领。在这方面,大自然也给移民们帮了不少忙,为他们准备了丰富的食物。大西洋沿岸一带的森林中有丰富的野生植物资源。单是野生浆果就有许多品种。黑莓、木莓、越桔、醋栗、酸果蔓、草莓都是营养丰富的上等食品。其中以草莓的数量最多,不但有野生草莓,而且还有人工种植的草莓。一位目击者罗杰·威廉斯曾经描写说,在罗德岛,草莓是最好的野生水果，"当地人在有些地方种植草莓，我曾经多次看到那样多的草莓，方圆几英里①内的草莓就可以装满一艘货船……"②除此以外，还可以找到胡桃、栗子之类的坚果。在森林中和沼泽里聚居着成群的火鸡、野鸭和野鸽。野鸽的数量多得惊人，有时候结队飞行，犹如一大片灰黑的云彩铺天盖地而来。鱼也数量很多而且容易捕获。

拓荒者也像印第安人一样，脱掉从欧洲穿来的衣服，换上猎装，扛着火枪到森林中和沼泽边猎取野禽，有时也在森林中挖掘陷阱，捕捉野兽，在河流和沼泽里围堰捕鱼。他们就是这样靠采集和渔猎为生，度过了最初的日子。在《拓荒者》这本书中有一幅版画，名字叫作《终于住下来了》。画面上的中心部分就是两个拓荒者抬着猎获的鹿、火鸡和各种野禽回家的场面。但是，狩猎往往受到气候变化和季节的限制。拓荒者免不了要受到饥饿的威胁。这时就全靠印第安人的接济来维持生活了。

最初的拓荒者居住在帐篷和薄板房屋里，勉强能够遮蔽风雨。人们想象中的舒适温暖而又牢固的原木小屋是后来瑞典移民按照家乡房屋式样修造的。早期移民的生活条件极差，经常受到疾病的侵袭，死亡率很高，往往超过五成。例如，1609年托马斯·盖茨爵士率领的救援船队到达弗吉尼亚以后，曾经使该地移民人数增加到大约500人。但只有60人度过了1609年到1610年的"饥荒时期"，而且是"依靠树根、野草、胡桃、野果、蛇，有时也夹杂少许鱼类"维生才度过的。其余400多人都死于疾病和饥饿。

对于第一批移民来说，根本谈不上什么农业。直到成批移民踏上北美土地以后，才开始出现了拓荒者的农业。那时移民的成分也有很大的变化。从爱尔兰、英格兰、德国，以及其他欧洲国家迁来的移民，绝大多

---

① 英里，英美制长度单位，1英里合1.6039千米。

② Percy Wells Bidwell and John I. Falconer, *History of Agriculture in the Northern United States 1620–1860*, Washington: the Carnegie Foundation of Washington, 1925, p. 5.

数是农民和手工业者。他们主要是为了躲避国内的封建压迫和各种灾难才到北美大陆谋生的。来自英国的移民中，有在圈地运动中失去家园和土地的农民，有爱尔兰的大批失业毛纺工人和由于种种原因离乡背井失去工作的流浪者。来自德国的移民经历更加悲惨。昆西在他所著《宾夕法尼亚殖民地的德国和瑞士移住地》一书中指出："纵横往来于土地的种种军队，把马与家禽拿走了。房屋庐舍，以及收获物等全被烧毁，不仅如此，发现金钱的藏匿所，或无物可予，则往往遭极凶的殴打以为刑罚。敌军来到的时候全村逃避，几周之内住在森林池沼或洞窟之中。敌去，那悲惨的生存者，仍回到他们荒芜的房子，以他们从前的极少的残存财产来继续那惨淡的生活，直至新的侵略的到来，再事逃亡为止。"来自其他欧洲国家的普通移民也都有不同的不幸遭遇。

这批移民抵达北美洲大陆后都只有依靠务农为生。他们一般都随身带来简便的农具和农作物种子，在到达北美殖民地以后就立即开垦土地，种植庄稼。他们不得不胼手胝足，披荆斩棘，在丛林中建立自己的家园。他们当中也有一些人幸运地发现了适宜于种植的开阔地，不需要进行繁重的清理工作就可以播种。这样的开阔地在河流沿岸和东海岸平原地带经常可以见到。《种植者的要求》（1630）一书的作者曾经谈到新英格兰一带开阔地的情况，他描写说："这块土地提供的空旷地可以容纳比这个地域现有人数更多的人，而且这些空旷地不光是森林地带和其他现时用处不大的土地，在许多地方有不少经过清除，适宜于耕作的土地和出产干草和牲口饲料的广阔的沼泽地带……"[1]这类开阔地大小不等，最大的达到500英亩。

在康涅狄格的哈特福德、马萨诸塞的惠特利一带，拓荒者曾经发现过许多开阔的草地。根据记载，在哈德逊河流域及其南面的特拉华、宾夕法尼亚、新泽西等地都有相当数量的大小不等的开阔地。1685年，定

---

[1] Percy Wells Bidwell and John I. Falconer, *History of Agriculture in the Northern United States 1620-1860*, p. 5.

居在新泽西东部的一个移民,在一封家信中谈到了他在找到一块开阔地以后的喜悦心情,他写道:"这里,我靠着大平原(几乎完全没有树木)的边沿,在一个靠近水源很近的、非常美妙的地方定居下来,所以我可以随心所欲地耕种土地。"①

开阔地的形成有多方面的原因。有的是天然的开阔地,有的则是印第安人遗弃了的玉米地,或者是由于印第安人每年11月份烧荒造成的空地。在通常情况下,开阔地发现以后很快就住满了拓荒者,形成了星罗棋布的移民点。

拓荒者们最初种植的主要农作物是玉米。玉米是印第安人的主要粮食作物,经过世世代代的培育和种植,完全适应了北美洲大陆许多地区的自然条件,不仅产量高,营养丰富,而且容易种植。虽然拓荒者在欧洲从未见过这种农作物,但从踏上北美洲大陆那一天起就不得不靠着它度过最初的饥荒,所以很快就懂得了它的优越性。最初定居下来的拓荒者几乎都从印第安人那里学会了种植玉米的技术,并且把它作为赖以维生的主要粮食。根据比较早的文字记载,曾经有人对埃塞克斯某个移民点的50家农户的粮食储存进行过调查。结果是这样的:在50家农户的仓库里储存着六种谷物,总数为660蒲式耳②。其中玉米为275蒲式耳,远远超过了其他五种谷物的储存量。③从欧洲带来的小麦、大麦、豌豆、燕麦、黑麦的储存量不大。主要原因在于这些谷物的移植需要一个过程,并非一下子就能成功的。拿欧洲种植最普遍的小麦来说,1621年在普利茅斯的移植试验就未能获得成功。所以在这个地区差不多整整一代移民都不种植小麦。在康涅狄格河流域和中部地区的几个殖民地,自然条件比较好,小麦的移植最先获得成功。我们从1641年哈特福德移

---

① Percy Wells Bidwell and John I.Falconer, *History of Agriculture in the Northern United States 1620-1860*, p. 7.

② 蒲式耳,英美制容积单位,1蒲式耳合36.3688升。

③ Percy Wells Bidwell and John I.Falconer, *History of Agriculture in the Northern United States 1620-1860*, p. 9.

民仓库存单中可以看到这种情况。那个时候当地的每一个农户差不多都种植小麦，而且有相当的储存量。到17世纪后半期，康涅狄格河流域已经成了新英格兰的重要产麦区。这个地区出产的大量小麦运销波士顿，从那里转口运往其他地方。

新尼德兰种植小麦的历史比英国的殖民地更早一些。1626年，它就把当地出产的小麦货样运往荷兰。

从农作物的品种和种植情况来看，拓荒者的农业包含有印第安人的农业和欧洲农业两方面的成分。有人指出："如果说美洲印第安农业和欧洲农业的结合是美国农业的开端，并且奠定了美国农业取得巨大发展的基础，这是不算过分的。"①直到今天，美国农作物的许多品种都是从印第安人那里留传下来的。

印第安人只养狗，而不饲养家畜。因此，拓荒者无法吸取当地饲养家畜的经验，在这方面遇到了不少困难。移民们除了自己猎取野味以外，肉食供应和家畜来源在最初一段时间完全依靠从欧洲开来的船舶运送。但是，遥远的航程往往造成牲畜的大批死亡，而在新的移民点又不具备饲养牲畜的起码条件。虽然经过殖民当局的帮助和提倡，但效果甚微。约翰·史密斯船长是一位目击者。他曾经回忆说，温斯罗普总督为马萨诸塞湾殖民地一次运来200头牲畜，可是在航行途中就死去了70头。差不多每一次运载牲畜都要遭受不同程度的损失。假如有哪一次不损失牲畜，那就简直是一个奇迹。移民在得到牲畜后仍然存在许多困难。他们缺乏坚固的围栏，无法保障牲畜不遭受野兽的袭击。有的移民饲养的猪甚至翻过低矮的围栏，跑进森林和荒原。等到几个月后再发现它的时候，猪已经变成一头野兽了。在这样的条件下饲养家畜，付出的代价太高了，对于一个小农户来说，是很难担负得起的。所以拓荒者的家里在相当长一段时间内是没有家畜的。例如，普利茅斯殖民地在最初的几年里连牲畜的影子都看不到，直到1627年也还没有见到马和羊。

① Everett E. Edwards, *American Agriculture—The First 300 Years*, p. 174.

1647年，普利茅斯总督普林茨曾经做过统计。他宣布，在整个殖民地只有25头牲畜，而且大部分是从邻近殖民地得到的。

在一些条件优越的殖民地情况稍好一些。例如，马萨诸塞海湾公司力量比较雄厚。它在17世纪30年代开头几年就为所管辖地区的移民运来了30头奶牛、12头牝驴和相当数量的猪、羊。以后，差不多每一次航船都载运有数量不等的公司托运的牲畜。到30年代中期，在马萨诸塞殖民地出现了一些饲养大群牲畜的富裕农户。例如，约翰·梅森船长的农场在1635年就已经拥有58头牛，92只绵羊和羊羔，27只山羊，64头猪，22匹马、驴和驹子。[1]这个数字在当时的条件下要算是非常可观的了。不过，从整个殖民地来说，肉食品和奶制品的主要来源还是欧洲。

17世纪中叶是殖民地畜牧业的一个转折时期。从这个时候开始，畜牧业才初具规模，在拓荒者的生活中占据了一定的地位。一般农户都有自己的牲畜，可以自给肉食和奶制品，有时还可以向城市出售。从英国引进的优质饲草也开始推广种植，牲畜围栏得到改进和加固，牲畜的数量大幅度增长。到17世纪后半期，殖民地不仅能够解决自己的肉食问题，而且还向西印度群岛输出大量咸肉和奶制品。

拓荒者的耕作方法是古老落后的，使用的农具也极其简陋。虽然当时欧洲，特别是英国的农业技术已经有了很大的进展，但是由于缺乏资金，移民们无法采用先进的农业技术。好在当时的北美殖民地到处都有空旷的土地。他们完全可以采取印第安人的办法垦殖土地。他们从不施肥，在把耕地的地力耗尽以后就重新在别的地方开垦一块新地。拓荒者采取这种粗耕办法所花费的代价要比固定在一块土地上进行精耕细作少得多。

犁在早期移民那里是根本找不到的，锄头和鹤嘴锄就是耕耘土地的主要农具了。直到1836年，犁也是极其罕见的东西，整个马萨诸塞湾殖

---

[1] Percy Wells Bidwell and John I. Falconer, *History of Agriculture in the Northern United States 1620–1860*, p. 18.

民地一共才有30张犁。所以掌犁成了一种特殊的职业,受到各方面的重视和奖励。拥有耕犁的掌犁手一年四季决不愁失去工作或得不到优厚的报酬。许多城镇议会还向购买耕犁并能经常注意保养的农户颁发补助金,鼓励他们充分发挥耕犁的作用。

移民们缺乏农业科学技术知识,完全没有抵御天灾、病虫害的能力。1660年前后发生在马萨诸塞东部田野里的"小麦枯萎病"给当地和附近地区的移民带来了巨大的灾难。"小麦枯萎病"即我们所说的小麦黑锈病,传播很快。当时这种黑锈病在完全没有控制的情况下传遍了整个康涅狄格河流域小麦产区,几乎没有一家农户能够幸免。移民们遇到这种情况,只有唉声叹气地祷告上苍,完全处于束手无策的困境。

无论就耕种技术还是就农民的生活状况来说,拓荒者的农业水平都远远低于当时的欧洲国家。但是,拓荒者至少拥有两个方面的优越条件,那是欧洲国家农民望尘莫及的。第一,他们基本上摆脱了封建束缚,获得了人身自由。他们为自己生产,生产积极性很高。第二,北美洲有广阔的"自由土地",移民们有极大的活动场所。经过一代人的辛勤劳动,拓荒者的农业取得了显著的发展。农产品的品种数和产量都大幅度增加。到17世纪末18世纪初,北美殖民地不仅能够出口小麦,而且还出口大米。据统计,1698年出口大米量为10407磅[①],1708年增加到675327磅,1728年又增加到12884950磅。[②]

烟草的种植和大量出口是南部农业的一大财源。烟草是印第安人传给移民的财产。据传说,弗吉尼亚移民约翰·罗尔夫为了学会种植烟草的技术娶当地印第安人酋长之女波卡洪塔斯为妻,并于1613年从西印度群岛运来优质烟草种子,扩大了烟草种植规模。从此以后,烟草就成了弗吉尼亚移民的主要农业经济作物。

---

① 磅,英美制质量单位,1磅合0.4536千克。

② U. S. Bureau of the Census, *Historical Statistics of the United States: Colonial Times to 1970*, Vol. 2, p. 1192.

由于弗吉尼亚气候温和湿润,土地肥沃,适宜于烟草的生长,同时又由于种植烟草的利润很高,殖民地的许多大地主纷纷从非洲运来大批奴隶,建立烟草种植园,发展奴隶制度的种植园经济,使南方的农业走上了完全不同的发展道路。

　　总的来说,拓荒者的农业在技术水平上还落后于欧洲。他们在殖民时期曾经经历了单是为了解决吃饭问题而生产的谋生农业阶段,后来才逐步卷入到商品生产中。但是,这种农业同土地小私有制联系在一起,表现出了明确的资本主义方向,为美国的农业资本主义发展道路奠定了基础。

四、北美殖民地的土地制度

　　北美殖民地是一个以农业经济为主的社会。土地制度集中反映了这个社会生产关系的性质。在这块土地上原来只有印第安人的公有土地制,不存在任何形式的私有土地。封建土地制度在这里完全没有根基。这对于资本主义土地所有制的形成是极为有利的。

　　北美殖民地开拓以后,按照英国殖民者的逻辑,所有的土地自然都属于英国王室和政府。但是,北美殖民地远离英国,而且人烟稀少,极端缺乏劳动力,要是没有某些自由和廉价土地的吸引,是不会有人问津的。因此,不仅殖民地的业主和官吏拥有很大的权力,就是普通移民也有相当的独立性。名义上殖民地的土地都属于英王,实际上掌握着土地支配权和使用权的是殖民地的业主和大地主。他们当中有许多人是英国的大商人和新贵族,倾向于资产阶级的土地私有制。殖民地的广大移民是坚决反对封建土地所有制的,他们渴望得到无条件属于自己的一小块土地。所有这些因素对北美殖民地土地制度的形成都有相当的影响。

　　企图在北美殖民地建立封建秩序的是英王和大贵族。但是,他们始终没有达到目的,只是保留了某些封建残余,例如代役租、长子继承制和嗣续法。同当时欧洲的封建社会相比较,这些封建残余是微不足道的。

英殖民者为了吸引资金和劳动力开发北美殖民地,通过分封采邑的办法是绝对办不到的,只有通过赐授、出售和颁发特许状把土地转交给业主、股份公司和资本家,由他们出钱招募人员来开垦这片人烟稀少、广阔无垠的土地。业主、股份公司和经营大地产的资本家为了吸引大量劳动力到自己这里来,不得不以土地为诱饵,并出资招引移民。因此,他们在发展大地产的同时也不可避免地造成了大量的中小地产,在北美殖民地形成了大土地所有制和中小土地所有制并存的局面。

大地产的形成大致有六种途径:

一、赐授土地。英王为了表彰战功或者抵偿债务,往往从北美殖民地划出大片土地赐授给某些贵族和将领,使这些受地业主成为殖民地的大地主。在马里兰、两卡罗来纳、宾夕法尼亚等业主殖民地,业主们不仅掌握着支配整个殖民地的大权,而且都从赐授地中为其本人和亲信划出大片土地作为私产。例如,两卡罗来纳的约翰·科利顿爵士、安东尼、阿什利·库柏等八个业主都在1663年取得赐授地以后,立即为自己划出2万英亩土地作为私田,随后又于1669年将整个地区1/5的土地作为私田。[1]此外,英国王室为了发展殖民地的贸易,增加税收,往往把土地直接赐授给伦敦的富商。例如,1729年卡罗来纳改划为皇家殖民地,分为南北两个殖民地以后,英王曾经将那里的大片土地赐授给大商人。单是以亨利·马卡罗为首的伦敦商人就获得了300万英亩土地。

二、殖民地的大地主和资产阶级勾结官吏,侵占大量未经测量的土地,来扩大自己的产业。例如,两卡罗来纳的莫尔和摩尔斯家族就是采用这种手段侵占了50万英亩土地。[2]

三、私人购置土地。英国教友派资产阶级准备在北部地区大量购买

---

① Curtis P. Nettels, *The Roots of American Civilization: A History of American Colonial Life*, pp. 137–138.

② Curtis P. Nettels, *The Roots of American Civilization: A History of American Colonial Life*, p. 522.

土地,建立"教友派共和国"。17世纪末,他们先后从新泽西业主手里购买了该殖民地西部和东部的土地,使新泽西成为教友派资产阶级大地产最集中的地区。[①]宾夕法尼亚也是教友派资产阶级的一个重要基地。宾夕法尼亚业主威廉·宾本人就是教友派分子。他主张建立资本主义大农场,认为这是使殖民地经济得到发展的好办法。所以他愿意以每1000英亩100英镑的低廉价格大量出售土地,来推动资本主义大农场的发展。据估计,1681年到1682年间,约有40名教友派资产者购买了威廉·宾出售土地总数的一半。[②]

四、股份公司的大股东获得公司按股份分配的大量土地。例如,弗吉尼亚公司曾经规定,在其辖地范围内,以12镑10先令为一股计算,每持有一股股份的股东,除去可以分得公司的红利以外,还可以获得100英亩土地。当时该公司主要股东的投资大约为200至500英镑,所以他们每人可以分得土地1500英亩至4000英亩。除此以外,公司还规定,如果某个股东能够在所分得的土地上移民垦殖,就可以再获得一份土地。

五、商人和土地投机者利用股份公司和业主们规定的"人头权利",通过招募移民获取大量土地。1618年,弗吉尼亚开始实行"人头权利"。每运进1名移民授田50英亩。后来条件进一步放宽,连"帮助"移民到弗吉尼亚定居的也可以按人头获得50英亩土地。这样一来,许多商人、船主和安置移民的地主都得到了大量土地。于是在弗吉尼亚,输入移民获取土地顿时成为一桩有利可图的买卖。弗吉尼亚公司的大股东们都纷纷出面组织"殖民会",大量招募移民。1619年到1624年间,公司的"殖民会"和私人一共颁发了78张特许状。"殖民会"的成员都由于招募了大批移民,而一跃成为弗吉尼亚的大地主。在这期间,最大的"殖民会"获

---

① ② Curtis P. Nettels, *The Roots of American Civilization: A History of American Colonial Life*, pp. 127-128.

得的土地多达 20 万英亩。^①

马里兰、两卡罗来纳的业主也曾经采用"人头权利"这个办法来吸引移民，不过授地标准随着情况的变化而有所不同。在马里兰，最初每输入 5 名移民即可获得 1000 英亩土地，1636 年又增加到 2000 英亩，而在 1649 年以后则减少为 500 英亩。在两卡罗来纳凡招募 7 到 20 名或者更多劳动力的人均可按每名劳动力 100 至 150 英亩的标准获得土地。这些地区的许多大地主都是通过这个途径获得大片土地的。例如，1675 年，一个名叫塞思·塞塞尔的人以在五年内建立 30 处住宅，"安置" 120 名移民为条件，一次就得到 1.2 万英亩土地。彼得·科利顿爵士从 1675 年到 1684 年间，通过分期"安置"移民的办法，总共得到 3.58 万英亩土地。^②

不久以后，一些富商和土地投机者勾结殖民地官吏通同作弊，攫取土地。"人头权利"完全失去了原来的意义，简直成了一种骗取土地的幌子。船主们可以把全体船员的名字登记成册作为领取土地的凭证。有的土地投机者从旧人口册上，从墓志铭上抄录人名上报。甚至殖民地政府的秘书也公开以 1 到 5 先令的价格出售"人头权利"。^③1715 年，弗吉尼亚当局干脆收起了"人头权利"这个幌子，直接把土地划拨给某些大地主。

六、"巴脱龙"制度。这个制度是在荷属西印度公司占领纽约时期（1624—1664）形成的。根据该公司规定，公司的股票持有者每运进 5 名成年劳动力即有权占有东起大西洋，西至无限远，南北宽 4 英里的土地。这就是所谓的"巴脱龙"制度。这种制度在纽约造成了许多大地产所有者。其中有的地产达到了 70 万英亩。英国政府夺取这块殖民地以后，不仅承认了荷兰统治时期大地主的土地所有权，而且继续把土地赐授给

① Curtis P. Nettels, *The Roots of American Civilization: A History of American Colonial Life*, pp. 134–135.

② Curtis P. Nettels, *The Roots of American Civilization: A History of American Colonial Life*, p. 139.

③ Everett E. Edwards, *American Agriculture—The First 300 Years*, p. 177.

官吏和地主。一个总督的亲信约翰·伊万斯就获得了35万英亩以上的土地。

北美殖民地的大地产有两种经营方式。在南部主要是使用奴隶劳动的种植园。种植园发展烟草、蓝靛等经济作物的栽种,其经营目标是为国外市场提供商品。从这一点看,它不同于封建社会的自然经济。但另一方面,它使用的是奴隶的强制劳动,这一点又同封建制度相似。从这个意义上说,种植园也是一种封建残余。中部和北部地区的大地产一般是划分小块出租,佃户每年向地主缴纳一定数量的代役租。代役租是殖民者从英国带来的封建残余。它产生于中世纪货币地租开始盛行的时期,当时封建领主需要越来越多的金钱来满足自己的欲求,要求维兰①用货币代替实物和徭役每年一次交清,这就是代役租的开端,以后越来越流行。

在北美殖民地推行代役租制度是英国王室维护封建权利,加强对殖民地控制的一种手段。有人认为:"在北美殖民地征收代役租,就犹如王室的采邑一样,加强了殖民地同宗主国的联系。"②本来,按照封建社会的观念,普天之下,莫非王土,殖民地也不例外,当然应该属于英王。缴纳代役租自然也就是理所当然的事了。所以,英王在早期颁发的特许状中一般都没有专门提出代役租的问题。征收代役租的权利自然而然地随着土地的赐予而转到了殖民地业主手中。例如,在颁发给汉弗莱·吉尔伯特爵士、沃尔特·雷利爵士和罗伯特·希思爵士的特许状中都只注明英王把任意处置和管理土地的权利授予了土地获得者,而没有提出转让征收代役租权利的问题。但是,由于小农自行占地、拒付代役租的事件越来越多,从1632年颁发马里兰特许状开始,以及在其后发给缅因、两卡罗来纳、约克公爵和宾夕法尼亚的特许状中都专门提到代役租

---

① 在中世纪的英国,农奴被称为"维兰"(villein)。

② Louis Bernard Schmidt and Earle Dudley Ross(eds.), *Readings in the Economic History of American Agriculture*, p. 55.

的问题。在佐治亚特许状中甚至规定代役租的数额为每100英亩4先令。[1]

代役租的数额各地不同,各个时期也有所不同。最初,有的地方只交付一定数量的红玫瑰花或者几捆小麦,完全是象征性的。后来,多数地区的代役租都规定在2先令到4先令之间。马里兰的代役租原先是2先令,1671年增加到4先令。弗吉尼亚从1618年以后一直是每50英亩1先令。宾夕法尼亚的代役租1713年以前为每100英亩1先令,1719年以后普遍提高到2先令,1732年改为每英亩0.5便士,1768年增加到1便士。北卡罗来纳的代役租1669年以前为每英亩0.5便士,以后改为1便士。在西部地区,威廉·伯克利爵士规定代役租为每100英亩2先令。[2]

从数额上来说,代役租不算过分苛重。然而,对于为了寻求自由土地远涉重洋来到北美的广大移民,这种封建剥削是完全不能容忍的。他们一开始就坚决反对代役租。这种反对力量在新英格兰、中部殖民地等小农众多的地区最为强大。在新英格兰殖民地,代役租根本征收不起来。1650年,马萨诸塞正式废除了代役租。周围地区也受到影响。例如,缅因的业主高吉士就曾经企图建立封建领地而遭到了彻底失败,代役租也被废除。1664年,他的孙子又一次试图恢复代役租,结果还是没有成功。新罕布什尔的业主约翰·梅森几乎从来没有成功地收取过自己领地上的代役租。他的继承人于1661年和1680年两次试图恢复收取代役租的权利,后来还得到总督卡特的支持。卡特甚至下令强迫罗伯特·梅森的佃户同他签订协议,但依然毫无结果。康涅狄格河流域和罗德岛的情况大体上也是这样。当那里的业主乔治·芬威克准备征收租税的时候,立刻发现移民们都起来反对他,使他处于非常困难的境地。有人曾

---

① Louis Bernard Schmidt and Earle Dudley Ross(eds.), *Readings in the Economic History of American Agriculture*, p. 55.

② Louis Bernard Schmidt and Earle Dudley Ross(eds.), *Readings in the Economic History of American Agriculture*, p. 59.

经对当时的形势做过这样的估计："只要有任何一个殖民地的人民获得建立自由土地的权利,附近地区的代役租就会废止。"①

在其他殖民地,抗缴代役租的斗争也很普遍。中部殖民地的抗租斗争甚至发展为多起小型武装冲突。移民离开业主土地,到西部边界地区垦殖"自由土地"来摆脱代役租的事件越来越多。留在业主土地上的移民也经常采取种种办法抗交和少交代役租。所以,实际上,从来没有哪一个殖民地或者业主能够按照规定数字征收代役租的。据不完全的统计,宾夕法尼亚1701年到1778年的代役租预定数为182248镑12先令10便士,而实际征收数却只有63597镑8先令3便士,约相当于预定数的1/3。在纽约,1698年代役租的预定数为3000镑,但实际上只收到200镑到300镑,不超过预定数的1/10。在南部抗缴代役租的斗争不像北部和中部那样激烈,实际征收数字要大一些。但业主们仍然无法把全部代役租征收到手。就拿形势最稳定的马里兰来说,1690年预定征收的5000镑代役租中将近1/3不能兑现。②

抗缴代役租斗争的必然结果就是争取不附带任何条件的自由土地。也可以说这是争取"自由土地"斗争的第一步。这当然是北美殖民地小农对封建残余势力的一次重要挑战。这场斗争对于发展小农的土地所有制和资本主义经济都曾经起过重要的作用,已经初步显示出农业资本主义发展"美国式道路"的趋势。

同大土地所有制并存的还有小土地所有制。北美殖民地的小土地所有制是通过"人头权利"、契约奴制、占地和武装移民等途径形成的。

最早实行"人头权利"的是弗吉尼亚公司。根据该公司1618年规定,凡为该公司工作满七年的移民,每人可以获得100英亩土地;每一个

---

① Louis Bernard Schmidt and Earle Dudley Ross(eds.), *Readings in the Economic History of American Agriculture*, p. 57.

② Louis Bernard Schmidt and Earle Dudley Ross(eds.), *Readings in the Economic History of American Agriculture*, pp. 67−68.

自费到弗吉尼亚的移民的家庭成员均可获得50英亩土地,在该公司辖地内服役期满的契约奴也可以得到25英亩到50英亩土地。

占地是殖民时期造成小土地所有制的最激烈的,而且是相当普遍的一种形式。一部分自费移民、东部地区的逃亡契约奴和破产小农为了得到一小块"自由土地",往往深入内地,在偏僻地区占用某个业主或地主尚未垦殖的荒地,或者侵占印第安人的耕地和猎场,成为小土地所有者。占地在美国早期农业史上是占有重要地位的,它往往是由东部沿海地区人口稠密,土地价格和地租上涨所引起的,也是抗缴代役租斗争的继续发展。占地是移民向西部涌进的开端,它反映了广大贫穷移民渴望获得自由土地、彻底消除封建残余势力的要求,同抗缴代役租相比较,进一步体现了农业资本主义发展"美国式道路"的趋向。当然,占地也有其阴暗的一面,那就是它直接剥夺了印第安人的土地,严重地侵犯了印第安人的利益,不断造成移民同印第安人之间的流血冲突。

武装移民主要是在边境地区实行的一种制度,在佐治亚比较流行。在通常情况下,每一个移民都可以从信托局获得50英亩土地和一年内所需的衣物、粮食和武器。武装移民可以自由耕种这块土地,但无权转卖。

新英格兰的土地制度是北美殖民地的一种独特的小土地所有制。这里的土地不是直接由个人取得的,而是由移民团体向总督和立法机构申请得来的,所以它包含有某些集体所有的成分。按照规定,提出申请的移民团体经过批准后,可以得到一个6到10平方英里的地段,这就是一个"市镇"。"市镇"的管理人员从移民团体中产生。他们的第一项任务就是建立市镇,分配土地。"市镇"的中心地区是村庄所在地。牧场、森林和荒地为公共所有。每一个居民都可以根据自己拥有财产的数量分得一份相应面积的宅地、耕地、草地和沼泽地。分配的标准在不同地区有所不同。从马萨诸塞某一地区1662年的规定来看,每拥有100镑财产就可以分得150英亩土地,其中宅地30英亩、耕地105英亩、草地10英亩、沼泽地5英亩。由于新英格兰移民基本上都是小农和手工业者,拥有财产的数量很少,所获得土地的面积当然也非常有限。所以新英格兰也就成了小土地所有制占绝对优势的地区。根据统计材料,1664年在康涅狄格的哈特福德地区,每个农户平均只拥有27英亩土地。1635年到1664年,埃塞克斯地方的农户有75%是50英亩以下的小农户。

然而,在殖民时期,除新英格兰的情况比较特殊以外,其他地区的小土地所有制是没有得到英国政府和殖民当局的法律承认和保护的。经过千辛万苦获得一小块土地的农民,不仅经常受到大地主、种植园主和土地投机商的逼迫和剥夺,而且还要受到殖民当局的打击和排挤。他们不得不继续向内地推进去寻找新的"自由土地"。就是在新英格兰采取"市镇"制的地区也出现了土地集中的现象。从1725年起,马萨诸塞、康涅狄格和新罕布什尔三个殖民地政府都停止开辟新的"市镇",而把土地卖给商人。1737年,康涅狄格拍卖了六个"市镇",随后马萨诸塞和新罕布什尔也把1762年新划定的"市镇"卖给了私人。①由于这个原因,还在殖民时期,北美殖民地的小农就不得不采取各种形式,广泛地展开争取"自由土地"的斗争。而斗争的主要矛头始终是指向封建残余势力的。正是这一斗争在独立战争摧毁封建大地产以前,毫不妥协地破坏着当时的领主制度。

五、向内地移民

北美殖民地第一代移民的登陆点是东部大西洋沿岸。因此最早的移民点都分布在东部沿岸地区。当时人烟稀少,土地广阔,人们寻找土地并不困难。困难倒是在于就地站稳脚跟,顽强地生存下去。在最初一段时间里,殖民地的人口增长缓慢。直到1650年殖民地的总人数也只

---

① Curtis P. Nettels, *The Roots of American Civilization: A History of American Colonial Life*, p. 529.

有50368人,其中还包括黑人1600人。①所以在这以前,基本上没有出现向内地推进的趋势。各个殖民地实际管辖的土地是非常有限的。17世纪后半期,北美殖民地的情况发生了比较大的变化。移民人数不断增长,到1700年,人口已经达到2500888人,其中包括黑人27817人。②这个数字差不多相当于1650年移民人数的五十倍。同时,殖民当局的控制也有所加强,并且迫切要求扩大自己的实际管辖范围。所以不仅移民自己需要寻找新的土地,而且殖民当局也采取措施来推动移民去寻找新土地。于是开始出现向内地推进的浪潮。居住在内地的印第安部落不得不向西方退却。他们世代相传的家园成了拓荒者、土地投机商和大地主的乐土。

最早开始向内地推进的是新英格兰和弗吉尼亚。新英格兰殖民当局在1676年菲利普王之战结束后就鼓励人们向内地移民。当时新英格兰所说的内地包括莫哈弗克流域、宾夕法尼亚大平原、谢南多厄河流域,以及怀俄明地区。它采取在紧靠内地的地区建立新"市镇"的办法,步步向西推进。许多新到新英格兰的移民都被分配到那里去,并且不能擅自抛弃那里的土地,退回东部老殖民地区。1694年,马萨诸塞殖民当局还专门颁布法令,列举了十一个容易受到印第安人袭击的边界"市镇",并且规定,在未经总督和参事会许可的情况下,该十一个"市镇"的居民不能擅自迁出。③

这样,一个又一个新"市镇"就在新英格兰的西部内地相继建立起来,形成了许多较大的移民点。1835年,新英格兰殖民当局还在韦斯特菲尔得和胡萨托尼克移民点之间修筑了道路,逐步把康涅狄格河流域及其支流地带的新老移民点连成一片。

---

① ② U. S. Bureau of the Census, *Historical Statistics of the United States : Colonial Times to 1970*, Vol. 2, p. 1168.

③ Louis Bernard Schmidt and Earle Dudley Ross(eds.), *Readings in the Economic History of American Agriculture*, p. 109.

在整个 17 世纪,新英格兰都是采取这种"市镇"分配土地办法来吸引移民开发内地的,所以小农一直占有绝对优势,而且堵死了土地投机的门路。1940 年《美国农业年鉴》在谈到这个问题的时候曾经指出:"1725 年以前,新英格兰地区不存在土地投机。"[①]但是,在这以后,新英格兰殖民当局改变了传统做法,拒绝为新来移民提供土地,并且把新划出的"市镇"土地卖给私人。土地投机商日益猖獗,土地集中兼并的趋势越来越明显,出现了相当数量的破产和无地小农。他们同许多新移民一起涌向内地,进行"占地"活动。大概经过半个世纪,特别是在七年战争以后,新英格兰的内地差不多开发殆尽,并且有人离开这里进入佛蒙特,使佛蒙特的移民人数超过了 1 万人。

弗吉尼亚的情况稍有不同。这里的地理条件对西进不利,延缓了推进的速度。弗吉尼亚西部有一道"瀑布线",同"瀑布线"相平行的还有一条宽 8 英里的松林带,好像两道天然屏障挡住了向内地推进的道路。在殖民时期的条件下,移民携家带口越过这一道道天然屏障是很难设想的事情。所以当时弗吉尼亚移民推进的地区主要在"瀑布线"以东。由于弗吉尼亚土地肥沃,气候适宜,境内居住着许多强大的印第安人部落。因此,弗吉尼亚当局采取武装边界移民的办法不断把边界向西部内地推进。1665 年,弗吉尼亚通过法令,从老殖民地区抽调 500 人组成军队,并将其中大部分人配置在"瀑布线"一带,在那里修筑堡垒,长期驻扎。其余部分人用来监视和攻击"瀑布线"以东的印第安人部落。

1701 年,弗吉尼亚议会准备进一步武装边界移民点,决定在靠近西部的边远地区建立武装"社团"。每一个"社团"都配备有 20 名战斗人员来保障移民的安全。每一个"社团"可以获得 1 万到 3 万英亩土地。"社团"的每一个成员又可以从"社团"获得一份宅地和 200 英亩耕地,而且在二十年内免交一切赋税。弗吉尼亚殖民当局所采取的推进办法是颇为奏效的。到 18 世纪初,弗吉尼亚的平原地区差不多已经住满移民。

---

① Everett E. Edwards, *American Agriculture—The First 300 Years*, p. 176.

一些移民开始进入北卡罗来纳,寻找靠近水源的耕地,使那里的地价达到每50英亩5先令。土地投机活动随着也开始盛行起来。更多的移民进入了"瀑布线"以西、阿勒格尼山以东的皮德蒙特高地。

皮德蒙特高地大致是在17世纪中叶被发现的。最早进入这块高地的是皮毛商。那时他们发现了一条通向詹姆斯河西南400英里处的小道,沿着这条小路可以抵达卡托巴和切罗基,进入皮德蒙特高地。皮毛商人虽然不关心土地的状况,却也对高原的肥沃土壤感到诧异,并且在他们行踪所到之处向人们述说那里的情况。于是皮德蒙特高原就逐渐成为移民们向往的地方。继皮毛商之后,流动性比较大的牧民接踵而来。他们把一群群的牛羊赶进高地,选择水草丰茂的地方定居下来,建立起星罗棋布的移民点。小农的行动比较困难和迟缓,是最后进入高地的居民。他们在这里垦殖土地,建立村镇,形成了一些永久性的移民点。

还有一支移民按照弗吉尼亚总督斯波茨伍德的要求沿拉帕汉诺克河向内地推进。斯波茨伍德于1720年声明,殖民当局准备建立斯波特塞尔瓦尼和布伦瑞克两个边界城镇,并将向两镇的教堂提供500美元的资助费。除此以外,殖民当局还将拨出1000美元作为该地移民的武装费用。为了吸引更多的移民到这个地区进行垦殖,弗吉尼亚殖民当局于1723年规定了相当宽的土地限额和优厚的使用条件。根据规定,这里的每户移民可以获得不超过1000英亩的土地,并且在七年内不交付代役租。

其他殖民地开始向内地推进的时间要比新英格兰和弗吉尼亚晚得多。直到1730年以后才有较多的移民进入西部边界地区。宾夕法尼亚的移民主要是朝着大平原和南部高原推进。纽约的移民则沿着哈德逊河向西北方向拓殖。各殖民地移民向内地推进的结果,"在偏僻地区,从缅因到南卡罗来纳出现了由小农和猎手组成的特殊的社会,他们财产很少但相当勇敢和积极"[①]。在他们的后面接着出现的是一些较大的农

---

① Everett E. Edwards, *American Agriculture—The First 300 Years*, p. 192.

场和种植园。

种植园发展最快和数量最多的地区是弗吉尼亚和马里兰一带。这里适宜于烟草和经济作物的种植,容易牟取厚利。许多大地主在这里开辟了规模很大的种植园,开始大量使用黑人奴隶。每年都从非洲以及其他奴隶市场买进成批黑奴,使黑人人数大幅度增加。根据统计材料,1715年,黑人人数达到弗吉尼亚人口总数95500人的1/3。种植园所占用的土地大多是海滨和河流沿岸的肥沃地带,开始的时候,规模并不大。1626年到1632年这段时间,弗吉尼亚中等种植园的面积平均大约为65英亩,到17世纪末也只有280英亩。进入18世纪以后种植园的面积才迅速扩大,出现了许多成千上万英亩土地的种植园。例如,大种植园主威廉·柏德的种植园面积达到18万英亩。里士满城的地基就是从他的种植园划出来的。

种植园经济在两卡罗来纳也得到发展。不过,这个地区种植园的规模比弗吉尼亚和马里兰小得多。

在整个南部地区,由于种植园经济的发展,小农受到无情的打击和排挤。正如福斯特所说的那样,"为数众多的小农被排挤到山区和不能生产的松林地带去"①。因此,最先到皮德蒙特高地安家落户的移民大部分来自弗吉尼亚和两卡罗来纳。必须指出,南部地区的移民对于种植园主的排挤曾经进行过长期的激烈的抵抗,经常发生武装起义。1682年,弗吉尼亚的许多县同时发生毁坏种植园农作物的事件。弗吉尼亚总督十分惊恐,立即出动军队进行镇压,处死了两名参与者。

北部和中部的许多移民也同样受到大地主和土地投机商的盘剥和打击,不得不忍受困苦,冒着同印第安人血战的危险,纷纷到内地寻找"乐土"。但是,英国政府不允许移民过于深入西部,使它同印第安人的毛皮贸易受到损害。1683年,英国政府颁布法令,禁止私人向印第安人

---

① [美]威廉·福斯特:《美国历史中的黑人》,余家煌译,生活·读书·新知三联书店,1960年,第31页。

购买土地。18世纪30年代,英国枢密院又颁布了禁止擅自迁移至新地区,擅自夺占土地和越过边疆移民区边界的法令。

殖民地当局则驱使小农西进,借口保护边界小农的利益,对印第安人进行残酷的屠杀,夺取他们的土地。一些殖民地政府还陆续颁布了割取印第安人连发头皮的奖励条件。例如,1723年马萨诸塞政府规定每取得一个印第安人头皮,赏金100英镑。1756年,宾夕法尼亚政府规定,每取得一个十二岁以上男性印第安人头皮可以获得赏金130枚西班牙银元,每取得一个印第安妇女头皮可得赏金50枚西班牙银元。但是,在夺得印第安人的土地以后,殖民地政府往往又限制移民垦殖,并且附加种种苛刻的条件,迫使移民继续西进。与此同时,殖民地政府在西进移民损害到皮毛贸易和政府本身利益的时候,又唆使印第安人杀戮边界移民,挑起连绵不断的流血冲突。有的时候,殖民地政府甚至亲自出面把移民赶走。例如,1750年,宾夕法尼亚政府曾经驱赶了62名占地小农,并把他们新建的房屋烧毁。可以毫不夸大地说,殖民地政府的挑动是边界移民和印第安人流血冲突的一个重要原因。

殖民政府欺骗政策所产生的严重后果不可避免地激起了边界移民的愤怒。1676年弗吉尼亚的培根起义就是一个例子。起义正好是由边界移民同印第安人的流血冲突引起的。培根代表边界农民要求弗吉尼亚殖民政府在这个地区修筑堡垒,并派兵驻守。但是,弗吉尼亚总督伯克莱不愿意影响他个人同印第安人的毛皮贸易,不但拒绝了培根的要求,而且向印第安人提供武器弹药,煽动他们攻击边界农民。在这种情况下,培根不得不依靠自己的力量,亲自组织和指挥边界农民武装打退印第安人的进攻。在这以后,培根和他的伙伴布兰德发动起义,并于1676年8月率领起义队伍直奔詹姆斯城。沿途有许多农民、自由民和奴隶加入了培根的起义队伍,使这次起义越来越具有鲜明的社会性质。

事实上,培根起义的根本原因要比单纯的防务问题深刻得多。它是由边界小农、自由民和奴隶同沿海地区大种植园主、土地投机商,以及殖民政府矛盾激化所引起的。因此起义的矛头一开始就对准殖民政府。

弗吉尼亚总督伯克莱是英国王党代表人物。他长期同大种植园主相勾结，控制着殖民地的参事会和议会。伯克莱为了加强自己的势力，在1666年到1676年的十年间禁止改选议员，并于1670年通过提高选举权的财产限制的法令。法令规定除不动产所有者外，其他居民均无选举权。但是，在征收人头税的时候却是不分贫富，人人有份。伯克莱还同大种植园主随意瓜分弗吉尼亚的肥沃土地，并向小农课取种种赋税。

除此以外，烟草价格下跌、经济萧条、疫病流行和对农民的敲诈勒索都加速了这次起义的爆发。培根曾经这样说过："由于一切权势都在富有者手里，他们享有敲诈性的利益，使一般贫民对他们负债，用一切方式约束和压迫他们。"

起义的进展十分迅速，沿途势如破竹。詹姆斯城被起义军一举攻克。弗吉尼亚顿时成为"平民的弗吉尼亚"。总督及其随员的财产均被没收充公，参事会也被解散。弗吉尼亚全体人民都获得了选举权，并重新选举了自己的议会，建立了自己的政权。但是，起义军的力量还是比较薄弱的。这支军队纪律松弛，又曾几次同印第安人交战，力量受到严重削弱，因此在同伯克莱率领的种植园主武装和英国援军的交战中处于不利地位。这年的10月1日，培根病死。起义军随即瓦解溃散。37位农民起义领袖惨遭杀害，许多起义者被剥夺了财产。

培根起义是北美殖民地移民在争取自由土地和政治权利的长期斗争中的一次重要运动，其影响是颇为深远的。在它以后，马里兰、北卡罗来纳等殖民地都发生了类似的事件。但是，应当指出的是，这次起义的背景是同印第安人作战，因而不可避免地留下了一道暗影。

六、对印第安人的屠杀和掠夺

拥有广阔的、肥沃的西部自由土地，是北美殖民地农业资本主义取得迅速发展的重要因素。但是，整个殖民地的每一寸土地都是从印第安人手中抢夺和骗取来的，沾满了印第安人的血和泪。可以说，农业资本主义发展的"美国式道路"就是在这样令人诅咒的条件下逐步形成的。

屠杀和掠夺印第安人在殖民时期就已开始，而且越来越厉害。从第一批殖民者踏上北美土地开始，就存在着占用印第安人土地的问题。不过，由于印第安人对待殖民者比较友善，同时，殖民者人数不多，力量弱小，在一段时间内没有发生重大的流血冲突。北美第一个英属殖民地的情况就是这样。这里的土著居民是印第安部落的阿尔冈昆人。在沿海一带居住着阿尔冈钦人最大的部落联盟波瓦坦的各个部落。联盟的首脑波瓦坦是一个很有权势的人物。他手下有30多个酋长，管辖着1万多印第安人和5000平方英里土地。开始，弗吉尼亚殖民当局面对着这样一支力量有点望而生畏，不敢轻举妄动。弗吉尼亚的第一任秘书斯特拉奇曾经这样描述他谒见波瓦坦时的心情："当我们立在他前面的时候，他顿时使我们惊惧，使我们相当敬畏。"[1]而波瓦坦也于1609年在格洛斯特接见约翰·史密斯队长的时候向他提出警告，要求他停止抢劫和杀害印第安人，他说："你们可以用友爱向我们索取的东西，为何一定要用武力夺取呢？我们一向以食物供给你们，为什么要用武力毁灭我们呢？你们通过战争能够获得什么呢？……我们没有什么武装，如果你们采取友好态度，我们愿意供给你们所需要的东西……收起你们那些引起我们戒惧的枪刀吧，否则你们也会同样遭受灭亡的。"[2]

英王詹姆斯甚至曾经企图利用波瓦坦的力量控制弗吉尼亚境内的印第安人。1608年，英王詹姆斯封波瓦坦为国王，并派遣纽波特队长带着丰厚的礼物和敕令到弗吉尼亚为他加冕。礼物清单中有豪华的英国服饰和家具，还有一个铜质王冕。

波瓦坦加冕后的第二年，弗吉尼亚殖民地的力量对比发生了变化。

---

[1] W. C. Macleod：《印第安人兴衰史》，吴泽霖、苏希轼译，商务印书馆，1947年，第139页。

[2] Virginia I. Armstrong, *I Have Spoken: American History Through the Voice of the Indians*, p. 1.

殖民军立即发动了对印第安人的征讨。殖民军的总指挥是史密斯,他指挥队伍分两路进军。一路由韦斯特带领,共120人,直接奔袭波瓦坦辖地边界上的波瓦坦村。波瓦坦村的居民毫无准备,等他们清醒过来的时候已经成了殖民者的俘虏。韦斯特的殖民军队伍占领波瓦坦村的消息传到詹姆斯城以后,史密斯立刻向波瓦坦施加压力,要求他承认英国移民是波瓦坦边界的守卫者,并由该部落联盟给予酬劳;还要求他将这个村落的200多人、300多英亩耕地和100多平方英里的猎场划归弗吉尼亚殖民当局管理和征收赋税。但是,波瓦坦拒绝了殖民者的无理要求,调动各部落的印第安战士同殖民军作战。殖民军孤军深入,陷入重围。韦斯特被击毙,其余残兵败将仓皇逃回詹姆斯城。

另一路殖民军由马丁带领,攻打楠西蒙德。一路上这支军队像匪徒一样,肆意屠杀和平的印第安人,抢走他们的玉米,并迫使他们的酋长答应第二年向殖民者缴纳400蒲式耳玉米的贡赋。但是,这支殖民军在楠西蒙德也处于孤立无援的境地,无法长久占领下去。在那里建立新殖民地的计划因而也不能实现。殖民者只好暂时收兵,准备窥伺时机再大举进犯。

1618年,波瓦坦去世,他的弟弟奥培昌堪娄继任为联盟首脑。奥培昌堪娄对殖民者的野心有所警惕,开始认真准备抵抗英殖民者的侵略。果然不出所料,殖民军在经过几年的准备和策划以后,终于在1622年倾巢出动,大举进犯。这一年的3月,双方在詹姆斯河一带发生激战。开始,形势对印第安人有利,印第安战士在圣马丁移民点和约翰·伯克利农庄发动的袭击都取得了胜利,殖民军被迫后退。但是,殖民军趁印第安人收获谷物、放松警戒的机会,突然向所有的印第安村落发动偷袭,把许多村庄和粮食烧毁,杀死了许多印第安人。但是,印第安人虽然遭受了重大损失,仍然顽强奋战,持续抗击了十二年。交战双方互有损伤,有一些印第安部落遭到毁灭。1634年,英王同奥培昌堪娄订立和约。大规模的战争暂告停止。

1644年,殖民者经过了十年的准备,又重开战端。当时,印第安人的力量已大为削弱，奥培昌堪娄也年逾九十，不能行走。但他在殖民者面前仍然不甘示弱，打起精神坐在床上，由几个印第安战士抬上战场，亲自指挥战斗。经过激烈的战斗，印第安人战败，惨死者达300余人，奥培昌堪娄被俘，并被一个英国士兵从背后开枪射死。弗吉尼亚境内最大的阿尔冈钦人部落联盟遭到彻底摧毁。印第安人的各个部落被迫从詹姆斯河和约克河之间的土地上撤走。残留在当地的少数印第安部落，直接由弗吉尼亚殖民当局管辖。

在新英格兰，屠杀和掠夺印第安人的情况也很严重。在这里居住的有佩克特人、那拉甘塞人和望潘诺格人。佩克特人和那拉甘塞人是势均力敌的两个大部落，多年来一直在互相残杀。新英格兰殖民者利用两个部落的纠纷，不断挑起部落战争，从中捞取好处，侵占他们的财产和土地。1636年，马萨诸塞总督温思罗普派遣恩提科特、安得黑尔、特纳三人率领一百名士兵血洗布洛克岛的印第安村庄。

在一连串血的教训中，印第安人的部落酋长中有人开始对殖民者的挑拨离间有所警惕，初步提出了联合两个部落共同抵御殖民者的想法。佩克特人的酋长萨萨库斯派人同那拉甘塞人讲和，共同对抗英殖民者。萨萨库斯的使者说："英吉利人对于我们都是外人，他们正是向着我们的领土侵占，假如容许他们的势力扩张，人数一天天增加的话，他们一定会占领我们的土地。假如你们……帮助他们征服我们，这正是你们自取灭亡之道，因为我们被诛灭后，他们的第二步就是要征服你们……"[1]但可惜这次建立印第安联盟的努力没有取得成功。新英格兰殖民者仍然能够在1637年煽动那拉甘塞人和摩黑甘人向佩克特人进攻。

1637年6月初，梅森和安得黑尔带领40名普利茅斯士兵、37名康涅狄格士兵，在70名摩黑甘战士和1000名纳拉甘塞特战士的支持下向佩克特人发动偷袭。6月5日凌晨，佩克特山上一个印第安村庄里，四五百居民正在熟睡，完全没有打仗的准备。可是，死亡的威胁却一步步接近

---

[1] W. C. Macleod：《印第安人兴衰史》，第139页。

他们。在村庄周围出现了一群手持武器的黑影,悄悄地包抄过来。打头阵的殖民军在村庄的寨墙前停下来探视。梅森和安得黑尔觉得寨墙坚固难攻,决定"采取能够保存自己和伤害对方的方法"。于是。梅森上尉冲进棚屋的西墙,用一段燃烧的木头把棚屋点燃。而安得黑尔则在南边放火。两处的大火一直烧到村庄的中央。火势惊人,在半小时内把一切都烧成灰烬,村庄里的男女老少多半被活活烧死,奋力逃出火海的人又立即遭到殖民军的杀戮,只杀得佩克特人尸横遍地,无处逃生。这场大屠杀的指挥者安得黑尔曾经回忆说:"据他们自己说,村庄里有400人,逃出我们手掌的不超过5个人。"①

6月底,马萨诸塞殖民军又向萨萨库斯进攻,在康涅狄格的沼泽地区消灭了佩克特人的最后一支力量。所有虏获的印第安男子一律处死,妇女和儿童或者被运到西印度群岛变卖为奴,或者押回马萨诸塞当婢女奴仆。

经过1637年的两次大屠杀,佩克特人被杀害和被卖为奴隶的共约700人,为整个部落总人数的1/5。幸存的印第安人当中一部分逃往特拉华安身,一部分进入弗吉尼亚的穷乡僻壤,重建家园。残留的佩克特人和摩黑甘人,由恩卡斯带领归附新英格兰殖民者,人数不到500。

萨萨库斯说得很对,消灭佩克特人不过是殖民者的第一步,下一步就轮到攻打那拉甘塞人了。殖民者对那拉甘塞人的进攻最初是利用恩卡斯的部落来进行的。1643年,在双方的一次激烈战斗中,纳拉甘塞特的一个酋长被俘处死,仇恨越结越深。双方的关系非常紧张,随时都有发生一次大决战的可能。然而出乎人们的预料,这样的大规模战争并没有首先在那拉甘塞人同新英格兰殖民者之间开始,而却发生在势力并不强大的望潘诺格人和普利茅斯殖民者之间。战争爆发于1675年,延续了一年的时间,并且很快就发展为新英格兰殖民者同印第安人许多部落

① Fred A. Shannon, *American Famer's Movement*, New York: M. E. Sharpe, 1957, p. 100.

的大决战。在美国历史上这次战争叫作菲利普王之战。有人认为："实际上这次战争就是把新英格兰的印第安人的势力及印第安的种族彻底消灭。"①这种说法是有充分根据的。

菲利普王是殖民者给望潘诺格酋长美达科姆取的名字。1662年，他就任酋长的时候只有二十三岁。普利茅斯殖民当局对这个年轻力壮、精明能干的印第安领袖人物很不放心，公开表示怀疑他的"忠诚"，不断向他提出无理要求，几次逼迫他到普利茅斯殖民地长官面前表明态度。与此同时，普利茅斯殖民当局还派人到阿尔巴尼去请求易洛魁联盟帮助他们攻击望潘诺格人。但是，易洛魁人拒绝了他们的要求，只答应保持中立。

1675年6月下旬，菲利普王之战终于开始。越来越多的印第安部落相继卷入了战争。纳拉甘塞特的诸部落也参加了反殖民者的印第安人阵营。1675年11月2日，新英格兰殖民地联合委员会又向那拉甘塞人宣战。在印第安人的坚决抵抗下，殖民军伤亡惨重。仅在12月19日的一次战斗中，就有20名清教徒士兵当场毙命，150人受重伤，其中因伤势过重于几天后死去的有75人。

但是，由于军事力量对比的悬殊，印第安人逐渐败退。一向以人道主义标榜自己的清教徒在屠杀印第安人的过程中也是非常残忍的。他们肆意屠杀放下武器的印第安人，用战刀砍杀毫无抵抗能力的老人和儿童。他们把俘获的纳拉甘塞特的酋长车裂分尸。1676年8月，美达科姆的妻子和幼儿被俘，立即被卖到西印度群岛当奴隶。不久以后，美达科姆也成为新英格兰殖民者的俘虏，并且遭到了残酷的杀害。他的身体被肢解，头被割下悬挂在普利茅斯的一根高竿上示众达二十四年之久。

菲利普王之战的结果对印第安人来说是极为悲惨的。1.2万名印第安人死于战争和饥饿，被卖为奴隶的不计其数，具体数字已无从考

---

① W. C. Macleod：《印第安人兴衰史》，第188页。

查。①新英格兰的印第安部落就这样消失了，只剩下少数印第安人被圈禁在印第安人的居留地里，犹如大海里的点点孤岛，显得格外凄凉和孤独。

在马里兰也出现了驱赶印第安人的事件，当地的土著印第安人被迫迁移到波托马克河上游寻找新的居住地。

居住在北卡罗来纳沿海大河流一带的塔斯卡洛拉人在18世纪初遭到了两卡罗来纳和弗吉尼亚军队的联合进攻。当时塔斯卡洛拉人拥有4000名居民，1200名战士，同殖民军进行了两年的激战。1713年3月20日，塔斯卡洛拉人的最后一个村落被攻破。幸存的印第安人一部分逃往纽约，加入易洛魁人的部落，一部分留在当地，进入指定的专门居留地，过着十分困苦的生活。

在东海岸居住最久的印第安部落是易洛魁联盟。这个联盟有相当悠久的历史，它的各个部落分布在纽约一带的广阔土地上。极盛时期，它的人口曾经达到3万多人。但是，由于易洛魁人长期同周围部落进行战争，实力日益削弱。1754年，联盟的人口减少到7000。英法七年战争进一步使联盟发生分裂，一部分部落支持英国，一部分部落支持法国，一部分部落保持中立。七年战争结束后，易洛魁联盟日益趋于瓦解。当时在易洛魁联盟举行礼仪时唱的一首诗歌中有一段词反映了人们的沮丧心情。

> 祸患啊！请听！我们是微弱不振了，
> 一片纯洁的土地，变成了荆棘丛林，
> 那许多清澄的场所，也成为荒墟草野。
> 啊呀！祸患！祸患！
> 他们长眠不起，
> 他们是创造了这个

---

① W. C. Macleod：《印第安人兴衰史》，第195页。

创造了这个伟大的联盟，

但是，他们说：

那个伟大的联盟，

永远的存在呀！

但是，祸患！

这个联盟已达高年，

所以我们是危险极了！①

纽约一带原来是荷兰人的殖民地。荷兰人在其统治时期，就已经开始屠杀和驱赶当地的印第安人，其手段之残忍不亚于英殖民者。例如，荷兰总督基夫特于1643年曾经企图消灭曼哈顿附近的印第安人。他在某一天晚上派兵偷袭拉利村，蓄意制造一场大屠杀。当晚同基夫特一起过夜的荷兰移民首脑大卫·德·夫利斯这样描写说："我听到一片巨大的惨叫声，于是跑到堡垒的防御工事里……我只看到一片火海，听到蛮子在梦中被杀害的惨叫声……天明以后，士兵们回到堡垒中来，他们已屠杀80个印第安人，并认为自己做了一件富有罗马人勇气的事……婴儿被拖出母亲的怀抱，当面撕成碎片，然后丢进火中和水中，其他的乳娃娃则被捆在小板上，用一种铁石心肠也难以忍受的方式，砍、戮、刺，乱杀一气。有的婴儿被丢到河里，当父母亲拼命去营救时，士兵们又不许他们上岸，使他们和小孩一起淹死。"②

大约在英法七年战争结束的时候，大西洋沿岸一带印第安人的土地基本上都落入了殖民者手中，战争逐步向内地延伸。1763年至1765年发生了庞蒂亚克战争。庞蒂亚克是俄塔瓦部落的世袭酋长。1762年，俄塔瓦、怀恩多特、波塔瓦托米、俄基布韦四个部落实行联合。庞蒂亚克

① W. C. Macleod：《印第安人兴衰史》，第235—236页。

② ［美］赫伯特·阿普特克：《美国人民史》第1卷，全地、淑嘉译，生活·读书·新知三联书店，1962年，第13页。

成为这个部落联盟的酋长,他决心联合周围地区的印第安人阻止英殖民者继续向内地推进。1762年秋天,庞蒂亚克向北方大湖区各部落和南卡罗来纳以北诸部落派出使者商量共同抗击殖民者。这个倡议得到了一些部落的支持。但是,要把分散的部落团结成为一支统一的力量,几乎是不可能的事情。所以在即将到来的激战中,印第安人各部落一如既往,只能各自为战,至多也只能形成少数部落的暂时协同作战。

1763年5月2日,一些印第安人部落按照商定的时间,同时向英国分布在内地的炮台发动进攻。桑达斯基炮台、韦瑙戈炮台、圣·约瑟炮台,迈阿密的普累斯魁岛、勒柏夫等地的要塞相继为印第安人所占领。战争超出了俄亥俄河流域,波及宾夕法尼亚、马里兰和弗吉尼亚的一些地区。战争持续了两年多,殖民者在战争中受到了应有的惩罚,但印第安各部落由于缺乏协调一致的统一行动而最终被各个击破。1766年,庞蒂亚克被暗杀。

庞蒂亚克战争是独立战争以前最后的一次大规模印第安战争。战争结束后,印第安人部落继续西迁,他们留下的广阔土地成为北美殖民地发展农业的雄厚基础。殖民地的农业就是在这样的历史背景下迅速发展起来的。

第二章　开端和发展

　　所谓的农业资本主义发展的"美国式道路",其实就是美国农业进行资本主义改造的途径和整个过程。所以其基本内容应当包括两个方面,即生产关系的变革和生产力的革命。从生产关系方面说,就是用革命手段铲除农奴制大地产这一长在社会机体上的"赘瘤",然后按资本主义农场的道路自由发展,最后从宗法式的农民转变为资产阶级农场主,形成农业资产阶级和雇佣农业工人阶级。从生产力方面说,就是进行农业技术改革,实行农业半机械化和机械化,使劳动生产力不断提高,为资本主义农场的大生产奠定物质技术基础。

　　"美国式道路"是从铲除封建土地制度残余,形成广阔自由土地开始的。它的起点是独立战争。独立战争摧毁了东北部地区的封建残余。在战争过程中效忠派分子的地产被全部没收,并按500英亩一份向私人出售。长子继承制和代役租在战争结束后不久也相继废除。1784年《土地法令》、1785年《土地法令》和1787年《西北土地法令》确定了西部自由土地国有化的原则,为"美国式道路"开辟了广阔的前景。

　　独立战争的胜利标志着美利坚民族在政治上的独立。政治上的独立自主是年轻共和国在这一时期在经济上和其他方面取得进展的根本保证。工业革命和科学技术教育事业都是在独立战争以后开始获得迅速发展的。而在这些方面所取得的成就对于"美国式道路"的形成和发展又都有着直接的推动作用。正是在这一段时间里,"美国式道路"随着西进运动和农业技术改革的不断开展而逐步形成。

一、独立战争和"美国式道路"的开始

独立战争以前,北美殖民地的经济虽然取得了相当的发展,而且在农业中也显示了"美国式道路"的趋势,但是,只有在独立自主的资产阶级国家的保护下,美国的经济才能够逐渐摆脱对英国和欧洲的依赖,取得迅速的、全面的发展,"美国式道路"才可能在进一步铲除封建残余的条件下趋于形成。毫无疑问,1775年到1783年的北美独立战争不仅在美国历史上是一个极其重要的转折点,而且也是"美国式道路"的开端。

众所周知,北美独立战争是具有双重性质的。一方面它是一次民族解放战争,另一方面它又是一次资产阶级革命。而两者之间的关系又是相辅相成的。争取民族独立和发展资本主义紧密地结合在一起。因此,在整个战争过程中,革命阵营和反革命阵营的划分都是同经济利益密切相关的。

反革命阵营中有依靠英王室的大地主,同英国经济利益有密切联系的大商人,依附这些人的上层知识分子、富农,英王委派的殖民地官吏,以及同他们有密切关系的人员,大多数教会牧师、信徒和一些受骗的群众。这些人就是所谓的效忠派。他们当中有封建残余势力的代表人物和支持者,而大多数人则是不自觉的旧社会秩序的维护者。

革命阵营中有受英国殖民压迫和经济剥削最深重的城市平民、水手、码头工人、手工业者、农民;有受英国资本排挤、打击的工商业资本家;也有南部的种植园主。这些人大部分都属于同资本主义发展有直接关系的阶层。他们同英殖民者的统治、殖民地的封建残余势不两立。他们当中以农民和其他劳动人民反对封建残余势力最坚决,对英作战最勇敢,是独立战争的主力军。

从总的情况看,独立战争的领导力量是北部工商业资本家和南部种植园主。但是由于各个殖民地的具体情况不同,各地工商业资本家和种植园主所持的态度和所起的作用有很大的差别。新英格兰是北美殖民地工商业最发达的地区,受英国资本的排挤、打击最严重,因此这个地区的工商业者是反英斗争中最积极的一支领导力量。中部和南部的工商界情况比较复杂。有些商人是依靠经营英国货物发财致富的,往往投靠反革命阵营,成为保王军的支持者。例如,马里兰的大商人丹尼尔·杜拉尼和宾夕法尼亚的大商人约瑟夫·盖洛韦,在独立战争中都站在英殖民者一边。

在南部,弗吉尼亚种植烟草最早,受英国压制最严重。英国对北美殖民地烟草课税极重,而且不断提高。到17世纪末18世纪初,英国向北美殖民地烟草征收的赋税已经相当于当地售价的四至六倍,而在革命前夕甚至高达十五倍。由于这个原因,北美殖民地的许多大种植园主负债累累,成为英国商人的债务人。同时,1763年《魁北克条例》的颁布扩大了加拿大的管辖区,堵塞了弗吉尼亚种植园主向西部扩展的道路。弗吉尼亚种植园主因而深深陷入困境,他们迫切需要摆脱英殖民者的束缚,因此在独立战争中态度坚决,并同新英格兰的资产阶级一道,共同掌握独立战争的领导权。南部其他几个殖民地的种植园主由于在经济上同英国有千丝万缕的联系,态度不坚决,甚至有人公开支持英殖民者。

效忠派的公开投敌,使殖民地的地方政权摆脱了封建残余势力和最保守阶层的控制,转入了比较富有民主思想的新团体的手里,效忠派的大地产也随之失去了法律上的保护。这就为彻底摧毁封建残余势力提供了一个极好的机会。但是,当时的大陆会议并没有明确地认识到这一点,它只是为了吸引广大农民投入独立战争,才于1777年11月建议各州政府没收和变卖效忠派的财产。这个建议很快就为各州政府所接受。新罕布什尔政府没收了包括总督文德沃斯在内的28家大地主的地产。马萨诸塞政府没收了所有参加英方作战人员的全部财产。其中包括威廉·倍倍累尔沿海30英里的大地产。纽约州政府没收了59家大地主的财产,其中最大的两家是菲利浦斯的300平方英里的庄园和约翰·约翰逊公爵的5万英亩的地产。宾夕法尼亚政府仅靠没收佩恩家族的财产一项就获取将近100万英镑。马里兰从出售没收地产中也得到近50万英镑。弗吉尼亚费尔法克斯勋爵的地产,佐治亚詹姆斯·赖特勋爵的地产,也都被当地政府没收。更为重要的是:大地产被没收后,一般都分小块出售给私人,面积不超过500英亩,这样就在封建大地产的废墟上建立起了资本主义的中小地产所有制。

但是由于南部大部分种植园主作为领导者参加了独立战争,而且在独立后的政府中同北部资产阶级分享权力,种植园奴隶制经济不仅得以原封不动地保存下去,并且还不断得到发展。这样就在美国形成了北部资本主义经济和南部种植园奴隶制度两种社会经济制度并存的局面。当然,这种局面只是一种暂时的妥协,内部包含着极其尖锐的矛盾,后来的南北战争就是这种矛盾发展的必然结果。

在战争进程中,各地的农民都提出了废除代役租和长子继承制等封建残余的要求。这些要求在战争结束后不久相继得到实现。代役租和长子继承制先后于1786年和1791年被宣布废除。如果以独立战争前代役租的总额来计算,那么农民们每年大概可以免交10万美元的地租。①

独立战争的主要战场在阿巴拉契亚山脉以东。但是,由于部分拓荒者已经越过这道山脉,在旧西部地区建立了几个移民点,并且同英殖民者作战,战争因此也越出了北美十三个殖民地的疆域,而且带有浓厚的土地革命的色彩。

跨越阿巴拉契亚山的移民活动早在独立战争以前就已开始。尽管英国于1763年颁布法令禁止北美殖民地向阿巴拉契亚山以西地区移民,但是许多富有冒险精神的移民根本不予理睬,在英王法令书墨迹未干的时候,就带着农具、牲畜,翻过高山,闯入禁区建立了几个移民点,在那里垦殖土地,放养牲畜。

1769年,詹姆斯·罗伯逊和约翰·塞维尔带领一队弗吉尼亚边疆农民到达瓦拉珈河流域,并在那里建立了一个移民点。随后又陆续迁来一些移民,定居在附近地区。第二年,沿田纳西河支流居住的几百户人家

---

① Ernest L. Bogart, *Economic History of the American People*, p. 205.

自动联合起来组成瓦拉珈联盟。瓦拉珈联盟是按照独立国家的形式组织起来的,有自己的宪法和议会。联盟的宪法是参照弗吉尼亚宪法写成的,是旧西部地区的第一个成文法。联盟的议会由全体武装移民选举产生,拥有立法权和司法权。瓦拉珈移民点的创建人罗伯逊和塞维尔都当选为联盟的领导人。联盟完全不受英殖民者的约束,是最先脱离英国的统治而取得独立的地区。1776年,北卡罗来纳把这个地区组成一个县,不过实际上联盟仍然拥有充分的自主权。

瓦拉珈联盟曾经有效地抵御切罗基人的进攻,同他们签订了和平协议,并且能够维持联盟内部的社会秩序,调节经济生活,管理农业生产,对于巩固这个新的移民区发挥过很大的作用。在独立战争中,瓦拉珈联盟也是一支非常重要的军事力量。瓦拉珈联盟的民兵经常同卡罗来纳和弗吉尼亚的爱国党人并肩作战,狠狠打击南部的效忠派,曾经使南部的形势转危为安。1780年反对效忠派的战斗是瓦拉珈民兵战史上最光辉的成就。这一年,南卡罗来纳效忠派武装在帕特里克·弗格森少校的率领下十分猖獗,屡次打败爱国党人的军队。弗格森的气焰十分嚣张,扬言要打到田纳西河上游摧毁沿岸的移民点。但是,还没有等到弗格森的军队打到田纳西,瓦拉珈的民兵就在伊萨克·谢尔比的率领下兼程东进。这支民兵很快同查尔斯·麦克道尔上校和威廉·坎贝尔上校的军队会合,在吉尔伯顿和查尔拉特之间向效忠派的军队发起突袭。激战仅仅进行了一个小时,效忠派的指挥官弗格森战死,900名效忠派士兵死伤过半,其余的人全部缴械投降。这次战斗的胜利不仅使南部战区形势发生了有利于爱国力量的转变,而且巩固了西进的前哨阵地。

另外一个移民点是由丹尼尔·布恩带领移民队伍开辟出来的。布恩是一个年轻的巡猎手。1769年夏天,他同几个巡猎手越过坎伯兰山口在肯塔基河的一条小支流岸边建立起一个营地,这个营地就是他们所谓的克里克营地。布恩为了寻找更多更好的土地,决定独自一人继续西进。他出发后不久就进入了丛山。他在翻过一座高山以后,发现了一望无边的富庶土地,据说有8000平方英里左右。这块土地上布满了原始森林和平坦的草地,简直可以说是拓荒者的乐园。肯塔基的秘密就这样被揭开了。不过,当时布恩所带领的那支不大的巡猎队是无法开垦这片新发现的土地的,再加上他们在丛林中还要不断遭受印第安人的袭击,所以不久以后就退走了。四年后,布恩带来了第一批到肯塔基的移民,开始侵犯印第安人的领土,造成了不断的流血冲突。1775年,理查德·汉德森创立了"横贯宾夕法尼亚公司",用几千英镑的代价从印第安人手里购买了肯塔基和坎伯兰之间的大片地区。这一年,在坎伯兰山口以西建立了一座堡垒,名叫布恩斯巴诺。离这里不远,在肯塔基河沿岸还出现了一些星罗棋布的小移民点。

汉德森把这块土地置于"横贯宾夕法尼亚公司"的管理之下,总称为特兰西瓦尼亚。1775年5月23日,汉德森在布恩斯巴诺的一棵大榆树下,举行了各移民村的代表会议,会议正式决定成立特兰西瓦尼亚殖民地,并请求大陆会议予以承认。但是,特兰西瓦尼亚是一种优良美洲牧草——兰草的出产地,弗吉尼亚政府一直想将之据为己有。独立战争爆发后,弗吉尼亚革命政府坚决拒绝承认公司对特兰西瓦尼亚的土地所有权,并要求将该地区划归弗吉尼亚管辖。在这种情况下,大陆会议只好对汉德森的申请置之不理。同时,当地移民对公司按每百英亩2先令的数额征收代役租极为不满,从内部反对汉德森的控制。于是弗吉尼亚政府就利用这个有利时机,于1776年把特兰西瓦尼亚改组为肯塔基县,从中出20万英亩土地给予公司作为补偿。

驻底特律的英军指挥官亨利·汉密尔顿认为特兰西瓦尼亚很重要,企图从美国移民手中夺走这个地区。他自己没有力量进行这场战争,就煽动迈阿密人、肖尼人和特拉华人等印第安部族进攻特兰西瓦尼亚的各个移民点。战争十分残酷,时断时续达一年之久,致使1777年成为当地移民和印第安人互相残杀的流血年。布恩斯巴诺被长期围困,生活日用品极度匮乏,移民的处境极为困难。英殖民者一手造成的残酷战争虽然使移民的生命和财产受到严重的威胁和损失,但却没有能够彻底摧毁移民点并把移民赶走。恰恰相反,特兰西瓦尼亚的移民更加团结一致,坚守待援,誓死保卫自己的家园。

弗吉尼亚州长帕特里克·亨利对西部的战事感到忧虑,准备采取对策。1777年秋季的某一天,他接见了一个名叫乔治·罗杰斯·克拉克的年轻人。两人经过密谈以后,商定由克拉克出面招募350名来福枪手,远征西部地区,打退英军的进犯,由弗吉尼亚政府提供武器、船只和给养。经过半年多的准备,克拉克率领的军队于1778年5月兵分两路向西部进发。一路由他亲自带领,约150人分乘5艘船沿莫农加希拉河驶向匹兹堡和俄亥俄。另一路约200人的队伍取道陆路,预定在穿越肯塔基以后在科恩岛同克拉克会合,但是这支队伍未能按计划行军,如期到达的只有25人。克拉克认为兵贵神速,立刻决定带领这175名来福枪手奔袭卡斯卡斯基亚。

卡斯卡斯基亚是法国人修建的堡垒,七年战争后才落入英国人手中。英国殖民者把它作为一个重要的军事据点,从这里不断派出军队袭击移民。当地守军完全没有想到美国军队会如此神速地从天而降,丝毫没有战斗准备。袭击是在夜间进行的,克拉克的军队只用了15分钟就占领了卡斯卡斯基亚。接着他又夺取了这个地区的其他英军堡垒,并迫使印第安首领议和,解除了他们对各移民点的包围。第二年,克拉克又带领队伍经过艰苦的230英里的冬季行军,穿过"湿地",在文森斯活捉英国总督汉密尔顿中将。这样,整个俄亥俄河流域地区就都置于大陆会议的管辖之下了。

绿山地带的移民也组织起来召开了会议。并于1777年宣布成立佛蒙特共和国。佛蒙特人民在独立战争中英勇抗击英军,做出了自己的贡献。但是由于纽约州和新罕布什尔州都企图夺取绿山地带的土地,不愿意承认佛蒙特为独立州,佛蒙特的地位迟迟未能确定。

总之,独立战争时期,移民的西进使战争范围扩大到北美殖民地以外,使殖民地实际控制的边界越过了阿巴拉契亚山脉。农业地区也随之扩大到旧西部地区的肥沃土地上,引起了这些地区的变化。肯塔基和田纳西一带的变化最明显。从人口的增长情况就可以看出这一点:1770

年肯塔基和田纳西的移民人数分别为1.57万人和0.1万人,10年后翻了几番,增加到4.5万人和1万人。[1]

战争当然会给农业造成一定的损失。但是这种损失同铲除封建残余和确立农业的资本主义发展方向比较起来是微不足道的。革命时期,在275万人中大约只有1/16的人经常作战,大部分劳动人口在从事工农业生产。农业直接遭受破坏的地区局限在战场附近和双方军队行军路线两侧。大部分地区的农业生产不但没有中断,而且由于封建残余势力的挫折和失败而欣欣向荣。例如,新英格兰地区经过一年战争,农业受到损害的只有新港和少数地区。南部的切萨皮克湾和詹姆斯河、波托马克河等河流的河口虽然受到英国人的监视和侵扰,生产却蒸蒸日上。英国的封锁促使弗吉尼亚出产的烟草突破封锁线转运到欧洲市场销售,赚取更大的利润。结果在18世纪的最后二十年,迎来了美国烟草生产的黄金时代。1790年,弗吉尼亚生产的烟草达到了1.3亿磅。[2]大米的出口也有所增长。1778年,桑提河畔建成了第一座磨米的水碾。南部的羊毛生产和棉花种植由于战争的刺激而取得了较快的发展。正如《美国农业——第一个三百年》所指出的:"总的来说……战争对美国农业所起的积极作用比所带来的破坏更大。"[3]如果从长远看,独立战争对美国农业发展所起的作用是极为深远的。它奠定了农业资本主义发展"美国式道路"的开端,使美国农业进入了迅速发展时期。

二、西部土地问题和土地法令

北美独立战争的一个直接成果是美国疆土的成倍扩大。根据1783

---

[1] U. S. Bureau of the Census, *Historical Statistics of the United States: Colonial Times to 1970*, Vol. 2, p. 1168.

[2][3] Everett E. Edwards, *American Agriculture—The First 300 Years*, p. 193.

年美英《巴黎和约》，英国正式承认美国独立，并且把加拿大以南、佛罗里达以北、密西西比河以东的地区划归美国。这一大片新的空旷的土地为美国移民提供了更为广阔的活动场所，对于美国农业的发展具有非常重要的意义。英国当然不愿意让美国成为一个强大的国家，在签订《巴黎和约》以后不久，就立即设法限制美国向西扩张。1784年，它同法国和西班牙签订条约，承认西班牙占领密西西比河以西和东佛罗里达的广大地区，在美国西部边界筑起一道围墙，阻止美国的移民跨越密西西比河。不过，英国的这一遏制政策并未奏效，因为刚刚获得独立的美国在相当一段时间内是没有力量向西扩张的，而等到它准备进行扩张的时候，那就绝不是一个业已衰落的、远离北美的西班牙所能阻止的了。

　　事实上，独立战争结束后，年轻的共和国所面临的一个重要问题，就是确定处理密西西比河以东、阿巴拉契亚山以西大片土地的原则。围绕这个问题，各个州、各个地域之间发生了激烈的争执。纽约、弗吉尼亚、佐治亚、南北卡罗来纳等州都援引殖民地时期特许状的规定，提出向西部扩展土地的要求。相邻各州为了争夺边界地区进行了无休止的争吵。宾夕法尼亚和马里兰的边界纠纷持续时间很长，最后在殖民时期找到了一个临时解决办法，两个殖民地的业主分别雇佣梅逊和狄克逊两名英籍测绘员对两个殖民地的边界进行测量，结果在北纬39°43′的地方划出一条分界线，来解决边界纠纷。这条线就是历史上有名的梅逊-狄克逊线。但是，独立战争后双方的边界纠纷仍在继续。直到后来北部自由州和南部奴隶州的矛盾日益明显的时候，梅逊-狄克逊线就成了自由州和奴隶州的分界线。纽约州和康涅狄格州对佛蒙特的争夺相持不下，一直到1791年佛蒙特作为独立州加入联邦，争夺才告完结。弗吉尼亚坚持它对俄亥俄河以北的大片土地拥有所有权，其理由是：第一，英王在颁发特许状时曾经注明这片土地的名称也是弗吉尼亚；第二，独立战争时期弗吉尼亚人克拉克曾带领军队到达这个地区，弗吉尼亚州长帕特里克·亨利还曾经派遣军队占领过这个地区。

　　弗吉尼亚的野心太大，不仅遭到共和国政府的反对，而且也引起了其他州的不安。马里兰州为了抵制弗吉尼亚的扩张,拒绝批准邦联宪法,并且在大陆会议上提出议案,特别强调西部土地是十三州人民用自己的鲜血共同从敌人手里夺取过来的,它应当被当作公共财产,"议会有权将这些土地划分给自由的和独立的政府"。

经过激烈争吵,从18世纪80年代初开始,弗吉尼亚、纽约、南北卡罗来纳等拥有西部土地的州才陆续将西部土地交给邦联政府。于是,美国政府第一次真正掌握了一大片可以自由支配的土地。接踵而来的就是需要确定一个处理土地的原则。邦联政府于1784年、1785年和1787年连续制定和颁布了三个土地法令,基本上确定了西部土地国有化和可以向私人出售的原则。

1784年《土地法令》是以1780年10月大陆会议通过的关于联邦土地的决议为基础制定出来的。该决议规定:"可能割让或转让的与合众国尚未分配使用的土地……其日后的处理应符合合众国的真正利益,在那里安置移民而组成的各个共和制州,应成为邦联的成员,并享有与其他州相同的主权权利、自由和独立。"①1784年《土地法令》的起草人是杰斐逊,所以这个法令反映了一定的民主要求。法令明确规定西部土地是属于全体美国人民的公地。在这块公地上建立的新州应当拥有同原有各州相同的平等权利。在建州以前,当地人民可以在邦联政府指导下享有一定限度的自治权。根据杰斐逊的建议,准备在俄亥俄和密西西比之间建立十个新州。杰斐逊在起草法令的时候还曾经建议:"1800年以后,在上述任何一州中,将不允许奴隶制和强制服役的存在。"②然而可惜的是,这个建议被七票对六票的差数否决了。1784年《土地法令》确定了在西部土地上建立新州,并赋予新州平等权利的原则。尽管这个土

---

① S. E. Morison, H.S.Commager and W.E. Leuchtenburg, *The Growth of the American Republic*, New York: Oxford Unicersity Press, 1960, p. 230.

② H. S. Commager, *Documents of American History*, New York: Englewood Cliffs, NJ, Prentice-hall, 1973, p. 122.

地法令由于各州土地划拨工作尚未完成,西部土地人烟稀少等客观原因未能付诸实施,但它所确定的原则却成为以后建立新州和新州加入联邦的依据。

1785年《土地法令》是关于西部土地测量和出售的规定。该法令规定,在西部各个交通方便的地区设立土地局来经办土地的出售和转让事宜。而土地测量则应从宾夕法尼亚南部边界线西端开始,在这里按南北走向画出一条基线,基线以西的土地依次测绘为长方形,每个方形土地内又按36平方英里为单位划分镇区,每个镇区又将土地划分为面积为640英亩的地段36个。其中划出一个地段归合众国所有,一个地段作为兴办公立学校的土地,其余地段则按编号顺序以每英亩不少于1美元的价格向私人出售,每次出售土地不得少于640英亩,地价必须在一个月内付清。

1787年的法令直接涉及俄亥俄以北的西北土地的处理,所以又叫作《西北土地法令》。法令确定了土地国有的原则,并对西北土地的建州问题做了具体规定。根据这个规定,西北土地先组成一个单独的特区,由国会指派一名州长和三名法官进行管理。等到特区内达到选举年龄的自由居民增至5000人,就可以选出一个相当于次级殖民地议会的立法机关,并且可以向国会派出一个无表决权的代表。西北特区将再划分为三个到五个州,其中任何一州在人口达到6万自由居民时,即可"在一切方面均与原有诸州平等的地位上"加入邦联。

三个土地法令的最重要成果是确立了西部土地国有化的原则。土地国有化无疑是解决西部土地问题的民主措施,当然也是广大移民争取西部土地斗争的一次重大胜利。这同"美国式道路"的形成和发展有着直接的关系。后来,随着美国不断向西部扩张,国有土地面积也迅速增加,到19世纪上半期达到了14.65亿英亩。[1]有人还做过这样的估计,认

---

① Louis Bernard Schmidt and Earle Dudley Ross(eds.), *Readings in the Economic History of American Agriculture*, p. 339.

为美国在19世纪初期掌握的国有土地相当于全国土地面积的75%。土地国有化为农民提供了大量后备土地,使得土地私有制有可能在新的、完全资本主义的基础上发展起来。列宁曾经说过:"从理论上来说,土地国有化就是保证资本主义在农业中得到'理想的'纯粹的发展⋯⋯土地国有化不仅是资本主义迅速发展的结果,而且也是资本主义迅速发展的条件。"①

然而,国有土地的存在对于发展农业资本主义尽管十分重要,但这仅仅是问题的一个方面。同样重要的是,这些国有土地将通过什么途径?落到什么人手中?形成什么性质的土地所有制?按照"美国式道路"的要求,土地应当按名义价格,实际上是无偿地分配给小农,形成自由农民在自由土地上的自由经济。这是资本主义条件下民主解决土地问题的唯一办法,同时也是促进资本主义农业迅速发展的最好办法。从实际情况看,最有资格无偿取得西部国有土地的是小农拓荒者。他们当中有农民、破产农民、退伍士兵和失业工人,是垦殖旧西部土地的先驱。他们冒着生命危险,历尽千辛万苦,用自己的双手披荆斩棘,在极其艰苦的条件下开辟出一块又一块的耕地,每一块土地都浸透了他们的血汗。他们理所当然地要求无偿取得属于自己的一块土地。

然而富有讽刺意味的是,美国资产阶级政府对于发展"美国式道路"毫无兴趣,而且采取了完全相反的做法。它的着眼点在于增加国家财政收入,在于扶持资产者和土地投机商。它把大批国有土地拍卖和赠送给他们,使他们大获其利,而且帮助他们驱赶垦殖土地的移民,甚至放火焚烧移民的家园。例如,俄亥俄同人公司以平均每英亩低于9美分的价格购买了150万英亩土地,成为当地最大的土地所有者之一。尽管1785年《土地法令》规定任何人都有权购买西部国有土地,但却没有哪一个普通移民能够拿出640美元来购买一个地段。他们只能等待土地投机商购买土地以后,再用高价从投机商手中购买少量土地进行耕种。所以

---

① 《列宁全集》第13卷,第296页。

1785年《土地法令》实际上只是对资产者和土地投机商打开了攫取西部国有土地的绿灯。不过,在西部土地上确立不附带任何条件的资本主义私有制,以及土地持有者可以通过书面或口头遗嘱确定土地继承人的做法,对于移民仍然有巨大的吸引力。越来越多的人连续不断地攀越高山峻岭,跨过茫茫草原,渡过急流险滩,从水陆两路向西部进发。据记载,1788年11月,有搭载18370名男人、妇女和儿童的967只船沿俄亥俄河南下。还有上万的移民从陆路向南方进发去寻找未经开垦的处女地。

在当时的条件下,拓荒者可以选择的余地是不大的。他们辛辛苦苦开辟出来的土地往往被政府拍卖出去落到土地投机商手里。他们被迫不断西进,很难找到一块长期落脚的土地。只有极少数的幸运者能够在杳无人烟的丛林里找到世外桃源,过着与世隔绝的生活。1840年,一个旅行者在威拉米特河流域的某个地方偶然发现了一个引人入胜的地方。那里风景如画,一片村庄坐落其中,大约居住着120户小农,也有一些印第安人。村庄周围阡陌纵横,牛羊遍野,骡马成群,确实是一派和平宁静的景象。

联邦政府成立后,情况仍然没有改善。国会根据财政部长汉密尔顿的建议,通过了1796年《土地法令》。这个土地法令更加有利于资产者而不利于劳动人民。该法令规定,售地限额仍然为640英亩,每英亩土地价格从1美元增加到2美元。只是支付条件稍微做了一点变动,购地人可以先在一个月内付清1/2的价款,另外1/2的价款在一年内付清。

广大移民对于资产阶级政府制定的历次土地法令是不满意的。他们要求无偿取得西部国有土地的呼声越来越高,并且展开了日益激烈的斗争。正是由于他们的斗争,国有土地最后才通过无偿分配的办法转变为自由农场主的自由土地,"美国式道路"才得以形成。正如列宁所说的,为新的资本主义的生产方式"创造新的土地制度这一使命,是由'美国平分土地运动'由40年代的抗租运动……由《宅地法》等来完成的"[1]。

---

[1]《列宁全集》第13卷,第254页。

事实上,广大移民争取无偿土地的斗争早在殖民时期就已开始。"占地""抗租"等手段都被采用过。美国取得独立后,由于政府的土地政策不能令人满意,斗争仍然存在。到19世纪二三十年代,"占地"之风又盛行一时。艾奥瓦和旧西部其他州的一些地区就是在这个时期被"占地人"住满了的。平分土地日益成为当时农民运动的主要斗争目标。

农民争取土地的斗争在19世纪上半期美国的土地立法中有深刻的反映,表现在售地最低限量、每英亩的价格、支付条件的不断变化上。

1800年,联邦国会通过的新土地法把售地最低限额降低到320英亩,支付条件也有较大的改变。地价的1/4交现款,1/4在四十天内交清,1/4在两年内交清,剩下的1/4可以在四年内交清。1804年《土地法令》又把售地限额减少到160英亩,每英亩售价为1.25美元。1820年的《土地法令》进一步将最低售地面积降为80英亩,每英亩售价不少于1.25美元,同时也取消了延期付款的支付办法。1820年以后,联邦政府还曾通过了一系列《土地法令》,售地限额一度降到40英亩。1841年通过的《先买权法案》又使"占地人"获得了按最低价格优先购买所垦殖土地的权利。

每一个《土地法令》的通过都是美国人民争取按民主方式解决土地问题斗争的成果,同时也是"美国式道路"形成过程中的路标。当然,这些路标距离无偿分配西部国有土地还有很长一段路程,对于贫苦的小农来说无异于画饼充饥,根本得不到实惠。就连资产阶级学者也认为:"总的来说,这个制度对富有购地者比对贫穷移民更为有利。"[1]实际上,这些法令助长了土地投机活动,许多西部土地都落入了土地投机商手中,成为他们用来剥削压榨移民的手段。在密西西比、路易斯安那等州情况尤为严重,几乎有3/4的拍卖土地被土地投机商买走。除此以外,联邦政府还把大片土地赠送给私家公司。仅1828年一年,联邦政府赠予运河公司的土地就达到4224073英亩。无地和少地农民往往被迫从

---

[1] N. S. B. Gras, *A history of Agriculture in Europe and America*, p. 259.

私家公司手中用高价购买小块土地,或者成为它们的佃农。许多小农自发组织起来集体抵制政府和投机商夺取他们的土地,为争取无偿分配西部国有土地而继续斗争。

三、西进运动

西进运动同美国农业的资本主义发展道路紧密相关。美国的广大西部国有土地就是通过不断的扩张而形成的。美国在获得独立的时候,它的西部疆界只到达密西西比河,领土面积不过827844平方英里,约相当于现有领土的1/4。但是,在半个多世纪中,经过几次明火执仗的掠夺和所谓的"购买",它的西部边界一下子就推进到太平洋沿岸,领土面积增加到3025600平方英里(不包括阿拉斯加),顿时成为世界大国。这为美国的农业发展提供了广阔的天地。西进运动的一个重要内容,就是在这片浩瀚无垠的西部土地上建立了小农的自由土地和自由经济,使"美国式道路"向横广方向迅速发展。如果从独立战争算起,西进运动大约用了一个世纪的时间,就把几百万平方英里荒原和草地改变为欣欣向荣的农业地区。这在历史上是空前的壮举。

但另一方面,我们绝对不能忘记,西进运动是同屠杀和掠夺印第安人联系在一起的。印第安人沉痛地把西进的道路比喻为"眼泪的道路"。可以毫不夸大地说,西进的人流是踩着印第安人的累累白骨行进的。关于这一点,历史是最好的见证人,就连美国资产阶级史学界也不乏揭露和谴责西进运动暴行的进步作者。早在一百年前,美国著名女作家海伦·亨特·杰克逊就曾愤起痛斥殖民者屠杀印第安人的罪行。她搜集了大量无可辩驳的史实,用她特有的犀利的笔锋写成《可耻的世纪》一书。作者自己出资于1881年印出了该书的第一版。海伦还把这本书分发给国会的每个议员。《可耻的世纪》一书问世以后在国会内外引起了极大的轰动。美国国会在强大舆论压力下不得不过问这件事情,只得任命海伦为国会特派员,专门调查印第安人的情况。她在任职期间又搜集了许多宝贵的资料,进一步充实了自己的著作,并印出了第二版。她在书中对西进运动的掠夺者表示了无比的义愤。她揭露说:"只要我们的边疆还剩下1平方英里土地掌握在弱小的、孤立无援的主人手里,就总有一个强壮无耻的移民企图去夺取它,而且还会有一个文质彬彬的无耻的政客为了获得选票和金钱在背后支持那个移民。"①她认为,纠正这个可耻的历史错误的唯一希望就是"依靠美国人民的良心发现"②。所以她向国会呼吁,希望应届国会挺身而出制止这个"国家的暴行和篡改历史的行为",从而清除"可耻的世纪在美国这个名字上留下的污点!"③

西进这个概念,在美国历史上从建立殖民地伊始就出现了。这是因为第一批移民都是在东海岸登陆的,最初的移民点都建立在东部沿岸。所以随着移民点的扩展,自然而然地出现了移民西进的趋势。不过在整个殖民地时期,西进的规模是不大的,垦殖的范围也极其有限,基本上没有越过阿巴拉契亚山,还谈不上西进运动的问题。那么,西进运动究竟是从什么时候开始的呢? 当然,要确切地回答这个问题是十分困难的,甚至是完全不可能的。不过,我们大致可以把独立战争和《西北土地法令》的颁布作为西进运动开始的两个重要标志来看待。因为独立战争使美国的疆界跨过了阿巴拉契亚山,而《西北土地法令》又确定了西部土地国有化的原则。这两件事情都是推动大批移民西进的必要前提。

最早跨过阿巴拉契亚山脉的移民是沿着拓荒者先驱的足迹,从俄亥俄南部进入肯塔基和田纳西的。他们大多数是被沿海大农场主和种植园主挤走的自耕农和无地农民。那时候,阿巴拉契亚山脉以西森林密布、河流纵横,交通极为困难。在俄亥俄河以南只有三条羊肠小道通往西部。一条路是所谓的荒原路,是汉德森雇人在原有小道上开辟出来的一条崎岖山路。这条路东起阿巴拉契亚山脉丛山中霍尔斯顿河和瓦拉

---

① ② Helen Hunt Jackson, *A Century of Dishonor*, Minneapolis: Ross & Haines, 1964, p. 30.

③ Helen Hunt Jackson, *A Century of Dishonor*, p. 31.

加河汇合处,途中经过坎伯兰山口,然后转向西北,穿越洛根移民点直达俄亥俄河。这条小道顺着山势、水流和荒原的地形蜿蜒曲折,极难辨认。所以只得在沿途设置许多简陋的路标,指引行人沿着正确的方向前进。当时有一位名叫威廉·卡尔克的行人曾经专门留下一段记载来说明这条小道荒凉险阻的情况,他写道:1775年4月一个早晨,"帐篷上的冰有半英寸厚。我们一早启程,沿着一条十分崎岖的山路走了一天。这条路穿过一段河滩,马匹几乎都在那里陷入泥沼,把驮载的东西也弄湿了。我们渡过了克林奇河,一直走到深夜,才在河湾地带宿营"①。从坎伯兰山口往北还有一条印第安人小道通往俄亥俄河的上游,实际上是荒原路的一条分支。

第二条路是所谓的老沃尔顿道路。这条路起于大云雾山区,直达坎伯兰河口的纳什维尔。第三条路沿俄亥俄河支流卡瑙卡河往西,经过莱姆斯通到辛辛那提。

正是这些崎岖的道路把独立战争后的第一批成群结队的移民输送到旧西南部的广大地区。据1790年的人口调查,移殖肯塔基的人达到7万多,移殖田纳西的人也超过了3.5万。工业革命开始以后,特别是1793年轧棉机的发明给予了西进运动又一个推动力。不过,这次移民的成分有所变化。在移民的队伍中不仅有小农和手工业者,而且有种植园主和他们的奴仆,以及黑人奴隶。轧棉机的发明使清棉效率提高几十倍,棉花的需求量因而大幅度增加。南部的种植园主都竭力发展棉花的栽培技术,扩大种植面积。原有沿海地区的土地数量不够,而且地力日益耗竭,不能满足种植园主的需要。弗吉尼亚和两卡罗来纳的种植园主都纷纷赶到西部寻找新的肥沃土壤。在赶着布篷马车的拓荒者的队伍里,往往夹杂着一些豪华的、引人注目的家用马车,成队的仆人、黑人奴隶,以及一群群牲畜、猎狗。种植园主有钱有势,用不着自己去垦殖荒

---

① Malcolm J. Rohrbough, *The Trans-Appalachian Frontier*, New York: Oxford Unicersity Press, 1978, p. 29.

地,往往使用金钱和权势占据旧西南部的肥沃土地,而把原来居住在当地的小农户赶进山区和荒原。一部分小农被迫继续西进,跨过了密西西比河,一部分小农沿俄亥俄河北上到西北地区寻找新的自由土地。1795年,美国同西班牙签订了《平克尼条约》,美国获得在密西西比河航行的权利,并且可以在密西西比河河口新奥尔良寄存货物。这个条约为美国移民跨越密西西比河,进入西班牙管辖地区提供了方便。

在旧西北部,情况比较复杂。尽管俄亥俄河以北,密西西比河以东的西北土地已经被宣布为国有。但是许多土地还掌握在一些州的州政府手中。联邦政府不得不一再要求有关各州政府交出所占据的西部土地。但是,康涅狄格州和弗吉尼亚州在交还土地的时候,以偿付独立战争中蒙受损失的居民和奖励革命军人为由划出了大块土地作为州的保留地。康涅狄格的保留地位于北纬41°和伊利湖之间,宽约120英里,人们称之为"康涅狄格西部保留地"。弗吉尼亚的保留地叫作"弗吉尼亚军事区",位于西阿托河与小迈阿密河之间,面积约6000平方英里。除此以外,联邦国会也划出一块由国会控制的保留地。这些保留地都不能由联邦政府按照《土地法令》加以拍卖,而只能由国会和有关州政府处理。

除去上述保留地以外,私家公司和私人手中还掌握了大量土地。1787年,由马萨诸塞州投机商组成的俄亥俄公司就拥有位于马斯金格姆河与俄亥俄河汇合处的土地200万英亩。西姆斯法官和其他几个人的百万英亩购买地则位于大迈阿密河和小迈阿密河之间。密西西比河东岸的大片土地也于1789年分别为田纳西、弗吉尼亚和南卡罗来纳三家公司所购买。这些地区的移民完全受到公司和大地主的控制。1787年,俄亥俄公司组织第一批移民从马萨诸塞的伊普斯威奇出发,到达公司的购买地,第二年春天在这里建立了马里塔城和移民区。在这之后,由西姆斯法官和几个大地产持有者组织起来的新泽西移民在哥伦比亚和辛辛那提建立了移民点。旧西部地区印第安人的力量比较强大,反抗也比较激烈。美国政府公开出面,调动军队,屠杀和驱赶印第安人,使他们向密西西比河以西和西南部偏僻地区退却。独立战争结束时,西北地区印第安人的边界线本来划定在俄亥俄河和宾夕法尼亚西部边界交接处,可是就在这年12月,国会的一个委员会突然宣布把边界线向西推移到伊利湖以西,并且宣称,这是"公正的和必要的"。1784年,印第安人在力量对比悬殊的情况下被迫签订《斯坦韦克斯要塞条约》,有六个印第安人的部落被迫从边界线以西的土地上撤走。1784年《土地法令》制定以后,印第安土地的边界线又退缩到休伦湖和辛辛那提以西。根据1785年《麦克讷诺西要塞条约》,又有四个印第安人的部落从边界线以东和西南部土地上被赶走。在这以后的几年中,印第安土地的边界线不断向西推移,一大片又一大片的印第安土地落入政府手中。

1787年《西北土地法令》颁布后,西北土地的行政管理机构正式建立,驱赶印第安人的暴行变本加厉。西北地区的第一任总督亚瑟·圣克莱尔调兵遣将对西北土地上的印第安人进行征剿。圣克莱尔是华盛顿麾下的一位将军,曾在司令部任职,他到任后不久就采取了军事行动。但是,圣克莱尔组织的征剿并不顺利,到处遭遇到印第安人的顽强抵抗,连吃败仗,军威不振。1790年,圣克莱尔手下的乔赛亚·哈马将军的讨伐队被打得落花流水,大败而逃。圣克莱尔本人不得不亲自出马以挽回败局。1791年,总督的军队也连遭伏击,一败涂地,死伤近600人。

圣克莱尔接连败北的消息很快传到了首都。华盛顿总统大为惊恐。于是他立即下令委派安东尼·韦恩将军负责训练一支讨伐队,专门对付印第安人。经过两年的准备,韦恩亲自带领军队一步一步向印第安诸部落军事力量集结地区推进。1793年,韦恩在格林维尔建立了冬季营地,准备把这里作为进攻印第安人的前哨阵地。这时他的队伍大约有2000人。第二年春天又有一支数百人的肯塔基骑兵队伍加入韦恩的军队。一切准备停当以后,韦恩就带领他的军队突然进入伊利平原,在印第安人村落密布的中心地区修筑一个带有棱堡的栅栏作为军队的驻扎地。韦恩这个行动的军事目的十分明显。如果他能够用自己的优势兵力迫使印第安人退让和投降,那就实现了上策。如果达不到这一点,他也可以从印第安人居住地的中心发动进攻,使自己处于有利的地位。但是,当地印第安人的部落勇敢善战,力量强大,而且又得到了英国人的支持,丝毫不甘示弱,准备同韦恩决一死战,用生命和鲜血捍卫自己的家园。

双方经过紧张的准备,1794年8月20日终于在莫米河急流附近的法伦廷贝斯打了一次大仗。印第安战士为了防御骑兵的攻击,把作战路线两旁的大树砍倒作为路障,然后集中火力向韦恩的步兵进攻。但是印第安人没有估计到,韦恩的骑兵居然能够飞骑跨越重重路障,直取印第安战士的作战指挥中心。印第安人战士的阵脚被这突如其来的袭击冲得落花流水,无法收拾。韦恩只用了40分钟时间就取得了完全的胜利。这场战争就是美国历史上有名的"倒树之战"。

韦恩利用这次胜利所造成的有利时机,迫使印第安人议和。按照韦恩的安排,1795年夏天,大湖区、密西西比河与俄亥俄河之间几乎所有的印第安人部落都派出代表在格林维尔举行会议,正式同韦恩谈判。参加这次会议的印第安人代表和酋长多达1130人。8月3日,双方正式签订了《格林维尔条约》。该条约规定,印第安人必须让出西北地区东南角上的土地和文森斯、底特律、芝加哥等16个被包围的地区,政府则将付给印第安人每年约1万美元的年金作为交换。这样,马斯金格姆河谷和西奥托河谷一带的土地就成了拓荒者大量移居的地方。被迫迁移的印第安人只好离开故土,退往密西西比河以西的地区,或是南下,寻找一个荒凉地区暂时安身。

"倒树之战"以后,联邦军队在莫米河岔口筑起了一座堡垒,用韦恩的名字命名,叫作韦恩堡。在这里留有军队驻守以防备印第安人的部落卷土重来。

然而,西北地区的北部基本上还是印第安人的天下。摩霍克河下游和以西地区,特别是大湖区南岸,仍然有许多印第安人的村落。这一带丛林密布,交通梗阻,拓荒者的人数很少。当时进入这个地区的唯一较好的通道是从加拿大蒙特利尔经圣·劳伦斯河和安大略湖直达尼亚瓜拉的水上航路。对于移民来说,这依然是一条耗费巨大而又不安全的道路。许多移民宁愿长途跋涉继续向西部探险,也不愿意到北部去。因此,位于伊利湖南岸的"康涅狄格保留地"一直很少有人问津。举目四望,一片荒凉。康涅狄格州自己无力开发,不得不把大部分保留地卖给康涅狄格土地公司。1796年,该公司的代理人摩西·克利夫兰将军才带领一队移民进入公司购地,建立一个城镇。这就是后来的克利夫兰。

美国联邦政府还对西班牙的管辖地路易斯安那和佛罗里达有扩张野心。早在18世纪90年代末期,已经有小股移民越过边界进入上述两个地区。但是,法国的介入使得情况日益复杂化。1800年10月,法国独裁者拿破仑从西班牙手中取走路易斯安那,并且准备建立一个新的法属殖民帝国。这样一来,美国的西进道路就可能被堵死,而且眼看着路易斯安那这块令人神往的殖民地不翼而飞。路易斯安那的确对移民有巨大的吸引力,当时,在它广阔的土地上只有不到1%的地区有移民的居住点。居民连同奴隶在内不过4万人,大部分集中居住在密西西比河西岸。在圣·路易斯和新奥尔良之间有几处要塞和贸易点。其余的广大地区都是荒无人烟的处女地,间或有印第安人的村落和猎场点缀其间。美国政府是绝对不会放弃对这千里沃野的要求的。所以,法国的一举一动都使美国政府惴惴不安,双方的矛盾日益加剧。

1801年春,拿破仑曾经派遣一支3万多人的军队到海地镇压人民起义,然后准备进驻新奥尔良和路易斯安那。不过,由于这支军队在海地被打得落花流水,在撤退途中全军覆没,拿破仑进军路易斯安那的计划未能实现。美国总统杰斐逊决心趁这个机会采取坚决手段来扫除西进道路上的障碍。1802年4月18日,杰斐逊写信告诉美国驻法公使说:"法国占据新奥尔良之日……我们就一定要同英国政府和英国舰队联合起来。"并且还授意美国驻法公使罗伯特·利文斯顿就路易斯安那的归属问题同法国政府接触。1803年3月,杰斐逊又派遣詹姆斯·门罗作为特使前往法国同利文斯顿一起开始和法国政府谈判购买路易斯安那。

美国谈判代表曾经受权在1200万美元限额内出价购买新奥尔良和东、西佛罗里达,在这个方案遭到拒绝的情况下可以在900万美元限额内购买新奥尔良或法国在密西西比河东岸的土地。至少必须得到密西西比河的航行权和港口存栈权的绝对保证。如果法国拒绝满足美国的最低要求，那么美国谈判代表应立即同英国公使进行秘密接触，共同反对法国。

起初，拿破仑根本不准备考虑美国提出的条件。但是，拿破仑不得不防备英美联盟的可能性，并从讨伐海地军队全军覆没后不可能再派军队进入路易斯安那的现实出发，终于决定把整个路易斯安那以1500万美元的代价卖给美国。1803年4月30日，《路易斯安那割让条约》签字。于是东起密西西比河、西抵落基山、北至加拿大、南迄墨西哥湾的1171931平方英里的土地并入了美国的版图。这是美国历史上最大的一次土地购买，对美国的西进运动是又一次巨大的推动。

与此同时，对远西部的探查也已经开始。在杰斐逊的授意下，梅里韦瑟·刘易斯上尉和威廉·克拉克中尉领导一支由32名士兵和10名平民组成的探险队，以寻找"横贯本大陆的水道"并取得俄勒冈地区的领有权。1804年5月14日，探险队乘坐的小小船队从圣路易斯出发，向密苏里河上游驶去，直达现今蒙大拿州境内的南福克。经过一年多的长途跋涉，1805年11月7日，探险队终于进入了离太平洋海岸不远的潮水区，连太平洋的怒涛声都可以隐约听见。探险队就在太平洋岸边宿营，人人都沉浸在欢乐的气氛中。克拉克在他的日记中这样写道："宿营地上群情欢腾，我们望见了……这么长久以来我们渴望看到的这个雄伟的太平洋。"探险队在这里度过了冬季，并且建立了克拉特索普堡。

第二年，探险队分两路踏上了归途，约定在今天的尤尼恩堡所在地会合，然后返回圣路易斯。刘易斯和克拉克的探险为未来远西部的开发打开了通路。

1810年和1812年，美国趁西班牙帝国趋于瓦解，两次兼并佛罗里达的土地。1819年，美国政府用很少的代价从西班牙手里购买了佛罗里达的其余地区。美国政府还从英国购买了属于现今北达科他州的一部分土地。

新墨西哥的探险这时也已经开始。最早到达新墨西哥首府圣菲的是圣路易斯的两个商人。1817年,当他们在阿肯色河上游宿营的时候,偶然被西班牙巡逻军队发现,随即押往圣菲。他们在圣菲受到西班牙殖民当局的审讯,结果商品被没收,人被驱逐出境。这两个商人回到圣路易斯后向人们述说了自己的遭遇和圣菲的情况。从此以后,人们就知道在新墨西哥有一座繁华的城市叫作圣菲。对商人来说,圣菲具有很大的吸引力,不少人打算沿着圣路易斯商人的道路到那里探险。1821年9月1日,密苏里商人威廉·贝克内尔组织了一支二三十人的商队,从富兰克林出发,取道阿肯色河进入圣菲。那时,墨西哥已经独立,贝克内尔的商队受到热烈的欢迎。他们顺利地销售了运来的商品,获利而归。第二年,贝克内尔又组织了一支更大的商队,沿着一条新路到达圣菲附近的圣米格尔。在他之后,陆续有许多商队到达圣菲。由于贝克内尔是圣菲商道的开辟者,他得到了"圣菲贸易之父"的称号。[1]美国政府为了进一步向新墨西哥渗透,1825年专门拨款改善这条商道,并加强对商道的军事保护。

1845年,美国侵占墨西哥的得克萨斯,接着又发动对墨西哥战争,迫使墨西哥"出售"亚利桑那、新墨西哥和加利福尼亚。1853年,墨西哥又被迫把现今亚利桑那州南部、新墨西哥西南部的一块土地割让给美国。1846年,英国在美国不断施加压力的情况下放弃俄勒冈英美共管地,以北纬49°作为新的分界线。第二年,分界线以南的俄勒冈地区加入联邦成为一个新州。至此,美国的西部边界已经扩展到太平洋沿岸。空旷的中西部和远西部地区成为农业资本主义自由发展的天地。

但是,要在这样广阔的土地上进行拓殖,依靠几条羊肠小道和战争时期开辟的临时通道是根本不行的,所以新的移民浪潮是在19世纪初交通运输飞速发展的情况下出现的。当时陆路交通主要是发展收费公路。这种道路在一定历史时期内起过非常重要的作用。最早出现的是

---

[1] Ray Allen Billington, *The Far Western Frontier: 1830-1860*, New York: Harper Brothers, 1956, p. 24.

独立战争后一些私家公司筹资修筑的收费公路。1794年,费城—兰卡斯特公路竣工。在此以后出现了一个筑路热潮,各州都有不少私家公司筹资修筑道路。到1838年为止,单是宾夕法尼亚一个州的私家公司就筹集了3700万美元,筑路2500英里。[①]联邦政府也曾拨款修建一些交通干线。其中最著名的是坎伯兰大道。这条大道穿越马里兰、宾夕法尼亚和俄亥俄等州,使东西交通的条件大为改善,旅途消耗的时间显著缩短。从巴尔的摩到惠林的路程从八天缩短到三天。西进移民可以取道惠林,再改由水路沿俄亥俄河航行。

在大规模修筑铁路以前,对西进移民来说,水路交通是更为重要的通道。许多大小河流都可以利用通航,在河流之间还可以通过开挖运河形成一个贯通的交通网。早在18世纪后半期就曾经有人提出过开挖运河的计划,但是这个计划由于缺少资金长期未能实现。在独立战争后的二十年里,也只完成了一些小型运河,还不能起到沟通东西水路交通的作用。直到1825年连接东北部和西部的最大的一条运河伊利运河落成通航才改变了这种面貌。伊利运河不仅使航程缩短,而且降低了运费。纽约到布法罗的货运费每吨从100美元降到15美元。[②]这样,它就把大湖区和纽约等东部大城市有效地连接起来了,从而打开了通往俄亥俄、印第安纳、伊利诺伊境内偏僻地区的通道。

伊利运河的落成给纽约州带来了很大的好处。其他各州也纷纷筹集款项修筑运河,逐渐形成了四通八达的运河网。水路交通在西进运动中起到越来越重要的作用。这在汽船发明并投入使用后尤为明显。自从1807年富尔顿发明汽船到1846年,单是航行在西部河道上的汽船就有1200艘,每年运输货物1000万吨以上,价值43260万美元。[③]

---

① [美]毕宁:《美国经济生活史》,王育伊译,商务印书馆,1947年,第158页。

② L. C. A. Knowles, *Economic Development in the Nineteenth Century*, London: Routledge, 1958, p. 290.

③ [美]毕宁:《美国经济生活史》,第170页。

修筑运河不仅使重要的水路互相连接,而且也同一些收费公路连接在一起。当时通往西部的几条重要通道都包括水路和陆路几段路程。一条路是从东海岸出发,沿兰卡斯特公路和卡莱尔公路直达匹兹堡,然后取道俄亥俄河水路。一条路从阿尔巴尼开始,溯摩霍克河而上,经田纳西收税公路,同伊利湖、俄亥俄水路相连接。另一条路从巴尔的摩出发,通过一条收税公路到达坎伯兰,然后经坎伯兰大道直达俄亥俄河畔的惠林同俄亥俄水路相通。只有从纽约出发的伊利河航线才基本上是一条水路。除此以外,在南部还有一些通往辛辛那提和路易斯维尔的道路。

19世纪30年代,铁路开始修建,并逐渐取代了运河和收税公路的地位,成为运送移民西进的主要通道。50年代巴尔的摩-俄亥俄铁路、费城至匹兹堡的宾夕法尼亚铁路、纽约至阿尔巴尼的哈德逊河铁路的通车,为移民提供了便宜的、快速的交通手段,西进运动的规模也随之扩大。这时的移民已经越过俄亥俄州,向伊利诺伊、印第安纳、威斯康星推进,接着又越过密西西比河进入了密苏里、明尼苏达、艾奥瓦、堪萨斯和内布拉斯加等地。1848年加利福尼亚发现金矿以后,移民的洪流又涌向远西部,太平洋沿岸地区也出现了新的农业区域。

西进运动最为显著的成果就是造成了成千上万的小农,开垦出一片又一片的耕地和草场,农牧产品因而大幅度增长。在不长的时间内,旧西北部的肥沃草原地带就变成了美国的新粮仓和肉食基地。辛辛那提的罐头业最先发展起来,有"猪肉罐头业的大都市"之称。越来越多的农民迁居草原地带的伊利诺伊州,使得这个州的人口从1830年的15.7万人增加到1840年的47.6万人。19世纪50年代,伊利诺伊的玉米产量居全国第三位,十年后玉米年产量达到115174777蒲式耳,跃居全国第一位。①小麦产量也名列前茅。伊利诺伊还成了出产生猪和猪肉的重要

---

① Louis Bernard Schmidt and Earle Dudley Ross(eds.), *Readings in the Economic History of American Agriculture*, p. 254.

基地,1850年就生产了生猪1915907头。①这里向芝加哥屠宰场提供了大量生猪,生产的猪肉还远销东部各大城市。

在旧西南部,情况有所不同。这里的种植园经济一直占优势。旧西南部的农业基本上是单一种植,棉花的生产占有压倒性优势。田纳西、路易斯安那、亚利巴马和密西西比都成了新的产棉州。还在19世纪30年代,亚利巴马和密西西比的棉花产量就都超过了旧产棉州南卡罗来纳和佐治亚而居于全国的领先地位。②种植园经济在西部地区的扩展是同"美国式道路"背道而驰的,为后来南北双方的激烈冲突又增加了一个原因。

大规模移民西进的结果必然是要继续排挤印第安人。杰克逊在他的任内就执行了驱赶印第安人的政策,在1829年至1837年期间,总共签订了94项《印第安人条约》,迫使印第安人让出几百万英亩土地,退到密西西比河以西地区。对于敢于反抗的印第安人,杰克逊政府毫不留情,派兵征剿。在佛罗里达,勇敢的部落酋长奥斯西奥拉在大沼泽地带抗击联邦军队,使联邦军队遭受重大损失,在几年当中连吃败仗。后来只是由于联邦军队采取欺骗手段在议和当中暗算了奥斯西奥拉,战局才发生了变化。战争一直打到1842年,合众国为此付出了2000万美元和1500人生命的代价。1832年,在伊利诺伊和威斯康星境内发生了著名的"黑鹰战争"。伊利诺伊民团竟然向毫无防备的印第安人进攻,肆意屠杀老人和妇女儿童。印第安人领袖黑鹰虽然战败被俘,但宁死不屈,表现了印第安人的勇敢精神。1835年8月,黑鹰的一篇讲话非常悲壮,感人至深。他说:黑鹰"现在是白人的囚徒,他们可以随意处置他。但是他经得起拷打,生死已置之度外,无所畏惧。

"他没有做过使印第安人感到羞耻的事情。他曾经为他的乡亲们,

---

① Louis Bernard Schmidt and Earle Dudley Ross（eds.）, *Readings in the Economic History of American Agriculture*, p. 261.

② [美]福克讷:《美国经济史》上卷,王锟译,商务印书馆,1964年,第231页。

以及他们的妻室儿女而战,反抗那些年复一年欺骗他们,抢夺他们土地的白人。

"黑鹰是一个真正的印第安人……他为他的妻子、儿女和朋友们担心。他不计较个人的安危。他关心他的民族和人民。他们将会遭受苦难,他为他们的命运感到悲伤……"①

经过几次残酷的征剿,绝大部分印第安人退入密西西比河以西地区。1833年,美国陆军部长宣布:"俄亥俄以北,密西西比以东,包括俄亥俄州、印第安纳州、伊利诺伊州和福克斯河、威斯康星河以内的密歇根地域"的印第安各部落,事实上已经肃清,在这个地区留居下来的印第安人总共不到5000。

总的来说,这一时期的西进运动对于美国农业资本主义发展道路的形成具有极大的推动作用,但同时也暴露了一些严重的问题。最明显的是土地和自然资源由于盲目开发而遭到破坏,一位密苏里的观察者曾经指出:"这里的农业生产是用正规的'剥皮式'的制度进行的……这个地区的许多农民只表皮地把过一大片的土地,但是并没有进行耕种。"欧洲旅客对这种情况更加感到诧异,有人曾经这样写道:"土地的地力会因收获而耗竭,因而必须施用肥料,这样的概念还没有进入西部种田人的考虑之列。"

四、农业的技术革新和农业教育的发展

农业资本主义的发展不仅要求在广阔的土地上推行资本主义经营方式,而且要求在农业技术上有所革新,因而迫切需要更多的技术力量投入农业生产。年轻的美国政府和各地的私人团体开始注意并着手解决这个问题,并且取得了可喜的成果。

---

① Wayne Moquin and Charles Van Doren, *Great Documents in American Indian History*, New York: praeger Publishers, 1973, pp. 149-150.

殖民时期在农业技术方面留下的遗产并不丰厚。独立后,同欧洲先进国家相比较,美国的农业技术仍然非常落后。到18世纪80年代中期才出现了一批关心农业发展的民间组织。其中成立最早的是费城改进农业协会(1785)。接着在查尔斯顿、南卡罗来纳、缅因、纽约市、波士顿、马萨诸塞、纽黑文等地也成立了这样的团体。不过,这些协会还不是农民自己的组织,协会会员几乎都不是农民,而是一些对发展农业有浓厚兴趣的知识界人物和一些知名的政治活动家。例如,塞缪尔·亚当姆斯、詹姆斯·沙利文和州长约瑟夫·林肯将军都曾经是马萨诸塞改进农业协会的成员。

这一时期,农业协会的主要活动是把欧洲国家的先进农业技术和生产方法介绍到美国来。从费城改进农业协会和马萨诸塞改进农业协会会章中所规定的条款可以看出协会的上述特点。《费城改进农业协会会章》指出:"费城改进农业协会是由某些公民……组成的,他们当中极少有人直接从事耕耘。"《马萨诸塞改进农业协会会章》指出:"本协会的一个重要目的是取得和发展其他国家关于改进农业的报告,并获取他们的优良机器模型。"[1]

各地改进农业协会,在其活动期间曾经创办过一些不定期的专题文集,刊登了许多国外农业的成功经验和技术革新成果。美国国内会员在发展农业方面所取得的经验也在文集中得到反映。例如,费城改进农业协会的出版工作从1808年到1826年延续了十八年之久,先后出版了五卷8开本的专题文集。马萨诸塞改进农业协会专题文集的出版工作也从1798年持续到1832年。

然而,这些专题文集在当时所起的作用是有限的。专题文集的主要读者是知识分子和一些政界人物,而在普通农民中却没有得到广泛传播。这种情况主要是由两个客观因素造成的。第一,广大西部自由土地

---

[1] Percy Wells Bidwell and John I. Falconer, *History of Agriculture in the Northern United States 1620–1860*, p. 185.

的存在使移民对农业技术革新失去了兴趣。因为移民完全可以使用简陋的耕作方法，广种多收，从而获得足够的农产品。只有东北沿岸地区的农民由于土地较少，而且地力日益耗竭，才开始感觉到改进农业技术的必要性。第二，美国农民大多数没有受过专业教育，无法直接接受大量的书本知识，况且他们还缺少进行农业技术改革所必需的时间和资金。由于上述原因，当时只有少数富有农场主进行了使用先进农业技术的试验。例如，马萨诸塞的沃森和特拉华的塞缪尔·亨利·布莱克就是这方面的先驱。

沃森是一个颇有教养的新英格兰人，本来是富商，曾经在欧洲各地旅行考查，逐渐对农业产生了兴趣。后来，他下定决心，弃商务农，在马萨诸塞的皮茨菲尔德附近购置地产，开办农场。他非常注意国外农业的发展情况，经常在专题文集里找到新的东西，并且从国外引进了一些优良的牲畜品种进行实验。

沃森还是一个热心的革新宣传家。他在取得初步成效以后，于1807年，在皮茨菲尔德公共广场举办了一次良种牲畜展览会。会上，两只进口的美利奴羊给参观者留下了深刻的印象。越来越多的人对举办展览会发生了兴趣。1810年，在沃森的带领和鼓动下，周围地区的25个大小农场主共同举办了一次更大规模的良种家畜展览会。举办展览会是向农民进行宣传最好的一种形式。农民可以通过展览会的实物展出看到农业技术革新的好处，从而认识到改进落后耕作方法的必要性。在这次展览会闭幕以后，参加举办展览会的全体人员和周围地区的农民共同成立了伯克郡改进农业协会。

布莱克的革新活动也对周围地区的农民产生了积极的影响。他在格拉斯哥附近农场的土地上，第一次使用石灰石作为肥料来提高农作物的产量，并且获得了良好的效果。经过大约十到十五年的时间，这种方法在周围地区的农民中得到了普遍的推广。

新的农业协会是通过实物示范成立起来的，是新的一代农业协会。它的日常活动侧重于实物宣传，因此在农民中比老一代农业协会拥有广泛得多的基础。其发展速度相当可观，1815年到1840年间，涌现出了一批这种类型的农业协会。它们的分布区域既包括大西洋沿岸的各州，也包括中西部的俄亥俄、伊利诺伊等新州和地域。根据沃森的统计，截至1819年12月，在美国各地开展积极活动的农业协会不下100个。①

在新的农业协会的影响下，越来越多的农场主投入了农业技术革新事业。1815年，南卡罗来纳彭德尔顿地区的一些农场主和农民对使用先进技术，改善本地区的农业产生了浓厚的兴趣。他们组织了一个彭德尔顿农业协会。这个协会从开始活动的那天起，就把引进农作物的优良品种、改良当地农作物作为头等重要的事情。协会在活动期间取得了丰硕的成果，许多农作物的品种都得到了改进。只有水稻和蚕丝没有取得预期的效果。协会对当地农民和各界人物都有影响，经常成为人们注意的中心。协会有自己的会址，协会的大厅拥有办公室和展销室，后来成为邮政局的办公用房。南卡罗来纳的许多社会名流都是协会的会员，其中包括约翰·C.卡尔霍恩、托马斯·平克尼、托马斯·G.克莱姆森等人。平克尼还曾经担任协会的第一任主席。

各种改进农业协会和革新先驱们的活动引起了地方政府的注意。行动最快的是马萨诸塞州政府。1792年，该州政府开始对改进农业协会提供补助金。1817年，新罕布什尔州议会也决定拨款资助两个县的农业协会各100美元。1819年，马萨诸塞州政府又颁布法令，给予每个拥有1000美元基金、每年收入不少于600美元的农业协会200美元的补助金。据统计，从该法令颁布之日起到1845年，马萨诸塞州政府总共拨发补助金115800美元。②在当时的条件下，这是一个相当大的

---

① Percy Wells Bidwell and John I. Falconer, *History of Agriculture in the Northern United States 1620—1860*, p. 188.

② Percy Wells Bidwell and John I.Falconer, *History of Agriculture in the Northern United States 1620—1860*, p. 188.

数字。

各地农业协会都是对农民进行普及技术教育的好学校。在协会一年一度的展览会上，经常有人结合展品讲解农业技术知识，并且向观众提出各种建议。有时讲解同演示新式农具的操作方法同时进行。许多最新的农业知识就是通过这种人们喜闻乐见的方式传授给农民的。例如，1820年到1830年间铁犁的推广使用同农业协会举办的展览会有密切关系。不少人都是在看到铁犁操作表演以后才开始使用铁犁的。不过，这里应当指出，地方农业协会所推广的方法，首先受到比较富裕的农民的欢迎。只有他们能够拿出足够的资金来改进农业技术，提高生产。

农业技术革新的初步成就使人们受到了鼓舞。1835年到1840年间，许多州采取了进一步推动农业发展的措施。一些州建立了专门的农业委员会，对收集农业情报、消灭农作物病虫害和资助地方农业协会给予了更多的注意。州的农业委员会同农业协会密切合作，共同制订促进发展农业的计划和建议。例如，纽约州的农业委员会同州的农业协会每年在州议会开会期间，在阿尔巴尼聚会，及时向议会提出各种建议和问题。马萨诸塞和缅因州议会恢复了殖民时期曾经采用过的对某些农作物提供补助金的办法。仅在1838年到1840年三年当中，马萨诸塞州就为生产288065蒲式耳小麦支付了27000美元补助金。缅因州也于1837年和1838年分别对生产小麦和玉米发放补助金231500美元。[1]

农业杂志的创办和发行对农业技术的传播也起过积极作用。美国的第一批农业杂志出现于19世纪初期。1819年4月2日，约翰·斯图尔特·斯金纳在马里兰州巴尔的摩城创办了美国的第一家农业杂志《美国农民》。他在创刊时宣布，这家杂志的宗旨是为人们研究和选用各种农业体制和技术提供材料，因此它将大量刊登来自各方面的技术情报。最

---

[1] Percy Wells Bidwell and John I. Falconer, *History of Agriculture in the Northern United States 1620-1860*, p. 193.

初，《美国农民》只是一个东部沿岸地区的地方性杂志，刊登文章的内容不超出同该地区农业和农作物有关的课题。斯金纳对这种状况不满意，竭力把这家杂志办成一个有影响的全国性刊物。为此，他曾经到处奔走，在全国各界人士中寻求支持，得到了不少人的同情和帮助。许多远洋轮船长主动帮助他从国外运回农作物新品种和良种牲畜。这样，《美国农民》不仅是一家内容充实而新颖的杂志，而且起到了推广良种农作物和牲畜的作用。由于这个原因，马里兰农业协会曾把引进纯种短角牛的特别奖颁发给斯金纳。

继斯金纳之后，托马斯·格林·费森登于1822年8月在波士顿创办《新英格兰农民》。接着在1826年、1831年、1834年和1835年，先后创办了《纽约农民》《田纳西农民》《庄稼人》《缅因农民》等杂志。这些杂志都拥有相当数量的读者，也是具有影响的农业刊物。除此以外，19世纪30到40年代，在西部一些城市还出现过大约30种农业刊物，不过存在的时间都不太长。

应当指出，这一时期各种农业刊物所登载文章、报道的内容是不能满足贫苦农民的需要的。曾经有人写信给《新英格兰农民》，对杂志的内容提出批评，指出杂志中"对于中小贫苦农民有用的东西太少了，介绍花草、郁金香、天竺葵之类的东西太多了。过多地介绍了富豪们经营的这个大农场或那个大农场，这一切都使得广大群众感到失望……"①

除去农业杂志的影响，东部沿岸地区地力的耗竭也是促使农场主和种植园主开始考虑改进耕作技术的一个重要原因。例如，1845年，商人戴维·狄克森把他经商十四年积累的资本2.5万美元全部投入农业，试图用改良农业技术的办法经营种植园。开始，他在汉考克县购置土地266英亩，并在这片土地上进行施肥、改良土壤的试验。狄克森经过多次试验，找到了利用棉籽做肥料提高土壤肥力的方法，使清梳棉花剩下的大

---

① Percy Wells Bidwell and John I.Falconer, *History of Agriculture in the Northern United States 1620–1860*, p. 194.

量废弃棉籽成为廉价的、有效的肥源。他还使用了英国和欧洲国家的先进的深耕法,并且改进了除草农具,形成了一套深耕、施肥行之有效的先进耕作方法,人们称之为狄克森农作制。先进的农业耕作技术给狄克森的种植园带来了巨大利益。仅仅经过十五年时间,他的财产猛增到50万美元,为原投资的二十倍。

不过从总的情况来看,南部大多数种植园主仍然是依靠残酷剥削黑人奴隶来维持自己的经济繁荣的,像狄克森这样热心于农业技术改革的人毕竟是少数。

推动农业技术改革最重要的力量是农业教育的发展。在美国,开办农业学校或者设立农业系科、开展相关讲座,始于18世纪90年代。1792年,哥伦比亚大学创办了美国的第一个农业讲座。纽约州议会专门为这个讲座提供了基金。可惜这个良好的开端没有得到应有的响应和支持。在此后的三十年中,几乎没有出现什么新的专门的农业教育机构。一直到1822年,第一所专门培养农业人才的专科学校才正式在缅因州建立。这个学校以它的创办者罗伯特·哈洛维尔·加德纳命名,叫作加德纳学园。加德纳学园于1823年1月开学。从这一年开始一直到1831年,缅因州议会每年都拨款资助学园。但是,1831年以后,加德纳学园讲授的课程增多,不再专门讲授农业课程,失去了农业学校的特点。

差不多在同一个时候,新英格兰各州也都开始讨论兴办农业学校的问题。1824年,在康涅狄格州德比创立了一所农业学校。这所学校在开办后不久就取得了良好成绩,在群众中享有较高的声誉。继德比农业学校之后,1831年,在宾夕法尼亚州的布里斯托尔、巴克斯,纽约州的怀特斯巴诺、奥奈达等地陆续建立了几所农业学校。发展农业教育的问题逐渐受到社会上的重视。在各种农业期刊上面和农业协会内部,展开了创办高等农业院校的讨论。1833年,纽约州农业协会提出了一个动用州的基金开办农业学校和农场的计划。这个计划虽然得到了州议会的口头支持,但一直没有实现。

美国州立的第一所高等农业学校是1857年建立的密歇根农业专科学校。不过,这所学校所起的作用并不大。真正的农业教育大发展时期是从1862年《莫里尔法案》通过后开始的。

同私人团体和各州政府相比较,联邦政府对发展农业所采取的措施是相当少的,而且多半是象征性的。美国第一任总统乔治·华盛顿在最后一份致国会咨文中,曾经提出建立一个关心农业的事务机构,鼓励学习农业科学知识的建议。但是这个建议并未引起国会的重视。直到1839年,美国国会才正式拨款1000美元给"专利委员会"作为农业研究经费,开创了联邦政府直接资助农业的先例。

总的来说,19世纪上半期,美国农业技术革新和农业教育还仅仅处于酝酿和开始阶段,对整个农业的影响是不大的。但是从长远看,这一时期所采取的一切措施和所取得的一切成果都是以后农业大发展不可缺少的基础。

五、工业革命和农业

在美国农业资本主义发展道路刚刚开始的时候,在北部工商业发达的地区发生了工业革命。工业革命对美国的整个经济发展所产生的影响是十分深远的,而对农业的影响更为直接、更为重要。

1790年,塞缪尔·斯莱特(1768—1835)仿照英国人的设计在美国造成珍妮型的新式纺纱机,从而揭开了美国工业革命的序幕。1793年,惠特尼发明轧棉机,使清理棉花的效率提高近一百倍,而在采用蒸汽动力以后,一个人可以完成过去上千人的劳动定额。1813年,美国波士顿商人洛厄尔又从英国把先进强力织布机的制造技术引进美国,使织布能力大为提高。从这个时候起,美国棉纺织业中纺和织两个环节的技术革新大体上完成,棉纺织业因而得到迅速发展,在北部地区出现了一个又一个的纺织工业基地。

最早的棉纺织工业基地是在新英格兰一带,随后逐步向中部、南部和西部扩展。到1815年,美国的棉纺织业已经初具规模,并且开始向国际市场输送自己的产品。据美国国会报告,1815年底,全国共有纱厂170家,纱锭134214枚。①就连英国这个纺织业最发达的国家也已经开始感觉到美国的挑战了。马克思曾经指出:英国"从1815到1830年,开始同欧洲大陆和美国竞争"②。

继棉纺织业之后,服装业、制革业和制鞋业等轻工业部门也实现了机械化。到了19世纪50年代,技术革命扩展到交通运输、冶铁、动力、机械制造等重工业部门,开始用机器制造机器。自此,工业革命在北部地区宣告完成。

工业革命对农业发展的影响是多方面的。首先,工业革命为农业提供了日益增长的国内市场。在这以前,美国的国内市场是十分狭窄的,城市人口稀少,商品需求量不大。随着工业革命的开展,城市人口迅速增加,粮食和农产品市场不断扩大。在1790年到1840年的半个世纪里,城市的分布和规模都有很大的变化。例如,马里兰以北、阿勒格尼山以东地区,原来只有波士顿、纽约和费城三个城市,人口总共不到8万人,约占该地区总人口的4.2%。后来,这个地区的城镇发展到33个,共有居民100万人左右,约占该地区总人口的17.9%。而在阿勒格尼以西的北部地区,原来找不到人口超过8000的城镇,后来也陆续出现了布法罗、罗切斯特、匹兹堡、阿勒格尼、辛辛那提、路易斯维尔和圣路易斯等七个较大的城市,共有居民15万人左右。

迅速发展的工业和城市所需要的粮食和农产品,单单依靠沿海地区提供已经显得不够了。于是在新开辟的西部地区出现了新的农业基地,源源不断的农产品从那里运往工业地区。在粮食集运的中心,专门开设了许多加工西部粮食的工厂。小麦经过加工磨成面粉以后,一部分运往

---

① [美]格罗弗、[美]康乃尔:《美国实业发展史》上册,王锟译,商务印书馆,1945年,第189页。

②《马克思恩格斯全集》第23卷,第502页。

南部和当地的工业城镇，一部分经布法罗和匹兹堡转运到东部沿海工业区。除此以外，还有相当一部分面粉经过新奥尔良和纽约运往欧洲。

还在独立战争时期，宾夕法尼亚西部地区的小麦已经沿密西西比河源源不断运往新奥尔良和西印度群岛。大约在1800年，匹兹堡也成为向南部运输农产品的中心。大量的面粉、谷物、猪肉和腌肉从这里运往东部和南部。俄亥俄河流域农产品的转运站是路易斯维尔。从这里转运的农产品品种很多，数量也相当可观。我们可以从下面的统计表看出大概情况。

1810—1811年经路易斯维尔

转口农产品统计表[①]

品种	单位	数量	品种	单位	数量
面粉	桶	206855	猪油	磅	775 692
咸猪肉	磅	1008 026	葱头	桶	364
威士忌	桶	15797	土豆	桶	3019
苹果酒	桶	4193	大麻	英担[②]	1050492
猪肉	桶	22602	干果	桶	442
苹果	桶	4200	棉纱和绳	磅	189020
燕麦	桶	6700	家禽	只	2012224
玉米	蒲式耳	79795	马匹	匹	489
大豆	桶	1010	啤酒	桶	459
黄油	磅	41151	土亚麻布	磅	13066

1815年以后，对西部农产品的需求量急剧增加。据报道，仅1822年这一年就有"价值300万美元的货物通过俄亥俄瀑布运往市场。有许多是俄亥俄河流域的剩余农产品，其中有价值100万美元的猪肉，60万美元的烟草，90万美元的面粉和50万美元的威士忌酒。这个货物清单表

---

① Percy Wells Bidwell and John I.Falconer, *History of Agriculture in the Northern United States 1620-1860*, p. 194.

② 英担，英美制质量单位，1英担合112磅。

明,密西西比河流域犹如一个巨大的殖民地社会,生产着简单原始农业的农产品"[1]。

运河的修筑也促进了农产品市场的繁荣。伊利运河和沟通伊利湖、安大略湖的韦兰运河的落成,开辟了两条从西部通往大西洋沿岸的水道。一条经哈德逊河直达纽约,另一条经圣劳伦斯河通往加拿大。在这以后,又出现了一些新的农产品集散中心。辛辛那提、圣路易斯、纳什维尔、亚菲斯相继兴起。

辛辛那提是转运小麦和面粉的重要码头。1859年到1860年间,它曾经转运小麦32.1万蒲式耳,面粉47.8万桶。其中绝大部分经过运河和铁路运往东部,只有小部分在附近地区销售。

布法罗也是运销西部谷物的重要码头,谷物吞吐量持续增长。据统计,1840年谷物的输入量为406.2万蒲式耳,1846年猛增到1336.6万蒲式耳。[2]

1832年,连接朴茨茅斯和克利夫兰的俄亥俄运河落成后,克利夫兰和托莱多很快成为布法罗以西的两个重要谷物贸易点。从此以后,肯塔基和俄亥俄河南岸的谷物和农产品不再经由密西西比河运出,而是改道克利夫兰,经由俄亥俄运河运到东部。克利夫兰的地位日益重要,1842年,从这里运出了价值443.1万美元的农产品,差不多同新奥尔良运出农产品的价值相等。托莱多则主要运销来自俄亥俄、印第安纳、肯塔基,以及伊利诺伊和密苏里的农产品。

19世纪50年代,在美国内地形成了五个最大的谷物市场:圣路易斯、芝加哥、密尔沃基、托莱多和辛辛那提。而在东部地区,纽约取代了费城和巴尔的摩,成为最大的谷物和农产品市场。大量农产品经过这里

---

① Percy Wells Bidwell and John I.Falconer, *History of Agriculture in the Northern United States 1620–1860*, p. 173.

② Louis Bernard Schmidt and Earle Dudley Ross(eds.), *Readings in the Economic History of American Agriculture*, p. 201.

运销欧洲、西印度群岛和南美洲。巴尔的摩、费城和波士顿虽然退居次要地位,但从运转谷物的数量来看也是相当可观的。据统计,1860年纽约出口粮食914.8万蒲式耳,巴尔的摩出口208.1万蒲式耳,波士顿出口83.9万蒲式耳,都远远超过了过去的主要谷物市场新奥尔良的出口量。[①]

大量西部粮食和农牧产品的东运,使东部地区的农业结构发生了变化。新英格兰出产的粮食、羊毛、羊肉、牛肉和猪肉无法同西部廉价的产品竞争,产量因而逐渐下降。许多农场主和小农不得不改而经营奶酪业和蔬菜业。我们从人口平均谷物产量减少的情况可以大致看出这个发展趋势。据统计,1850年新英格兰地区共有居民272.8万人,生产小麦109.1万蒲式耳,每人平均约有0.4蒲式耳。1860年,人口增加到313.5万人,而小麦产量却降低到108.3万蒲式耳,平均每人口有0.38蒲式耳。[②]玉米的产量也有所下降。1850年为1017.6万蒲式耳,平均每人4蒲式耳。1860年降到916.5万蒲式耳,平均每人3蒲式耳。如果把三种主要粮食作物:小麦、黑麦和玉米合起来计算,那么1850年新英格兰地区的总产量是1283.7万蒲式耳,每人平均略少于5蒲式耳。1860年则减少到1167.4万蒲式耳,平均每人不到4蒲式耳。[③]

大西洋沿岸中部五个州的情况有所不同。那里的土地比较肥沃,盛产小麦。独立战争前,素来有面包殖民地之称。直到1840年以前,小麦产量始终居于全国的前列。1840年以后,小麦增产速度虽然比西部产粮区缓慢,但在1850年以前,每人平均小麦产量还能保持在5.33蒲式耳

① Louis Bernard Schmidt and Earle Dudley Ross(eds.), *Readings in the Economic History of American Agriculture*, p. 208.

② Louis Bernard Schmidt and Earle Dudley Ross(eds.), *Readings in the Economic History of American Agriculture*, p. 198.

③ Louis Bernard Schmidt and Earle Dudley Ross(eds.), *Readings in the Economic History of American Agriculture*, p. 199.

的高水平上,仍然超过全国每人平均产量4.33蒲式耳。①进入19世纪50年代以后,中部各州的小麦产量在全国所占的份额开始下降,但在相当长时间内依然是美国的重要粮食基地之一。

工业革命也对经济作物提出了大量的需求。随着纺织业的飞速发展,棉花的需求量大幅度增长。这种情况使得南部的棉花种植获得空前的发展,南部种植园经济得以复苏。南部地区的土壤和气候最适合棉花生长。过去由于种植烟草、蓝靛等经济作物能够获得高额利润,几乎所有比较肥沃的土地都被烟草和蓝靛种植园所占用,棉花种植一直处于次要地位。18世纪末19世纪初,情况发生了变化。一方面,由于英国对烟草进行严格限制,蓝靛和大米的出口也因为同英国的关系紧张而受到影响,另一方面,棉花的需求量由于工业革命而大大增加,同时轧棉机的发明又提高了清梳棉花的工效,从而使棉花种植成为十分有利可图的事业。于是,南部的棉花种植飞速扩展。从18世纪90年代开始,棉花的产量和出口量一直迅速而稳步地上升,中间只有少数几年由于战争和国际形势紧张,略有下降和停顿。具体数字见下表。②

年份	每年平均产量(磅)	每年平均出口量(磅)	百分比
1791—1795	5200000	1738700	37.43
1801—1805	59600000	33603800	56.39
1811—1815	80000000	42269400	52.83
1821—1825	209000000	152420200	72.93
1831—1835	398521600	329077600	82.57
1841—1845	822953800	691517200	84.03

棉花给南部种植园主带来了巨大利益,成为南部财富的重要来源,在出口总值中所占的比重越来越大。南部因而获得了"棉花王国"的称

---

① Louis Bernard Schmidt and Earle Dudley Ross(eds.), *Readings in the Economic History of American Agriculture*, p. 198.

② [美]福克讷:《美国经济史》上卷,第267页。

号。据统计,棉花出口在1810年出口总值中约占12%,1860年又上升到57%。棉花的出口价值则由6675.8万美元增加到33357.6万美元。①

随着棉花需求量的增加,19世纪初,产棉区已经越过了南部的边界,向阿巴拉契亚山以西扩展。田纳西、亚利巴马、密西西比、路易斯安那和得克萨斯先后发展为新的产棉区。产棉中心不断西移,原来的产棉中心在阿巴拉契亚山以东的老南部。1820年以前,佐治亚和南卡罗来纳两个南部州生产了全国一半以上的棉花。经过三十年,亚利巴马和密西西比的棉花产量,分别超过了佐治亚和南卡罗来纳而居于全国第一位和第三位。

棉花种植的迅速扩展给南部的奴隶制种植园经济带来巨大的刺激。在整个种植园经济中,棉花种植占有压倒性的优势,占用了2/3以上的农业奴隶劳动力。据史料,1850年在从事农业劳动的250万奴隶中约有180多万植棉奴隶,相当于总数的72.6%。有人曾经比喻说,棉花是支配南部经济的"大王"。

由于棉花种植园在南部、西南部迅速增加和扩大,对奴隶劳动力的需求与日俱增,奴隶贸易又开始兴盛起来。奴隶贸易本来是资本原始积累时期曾经盛行一时的罪恶的血腥的手段。到19世纪初期已经遭到许多国家的禁止。1807年,美国政府也正式颁布了禁止奴隶贸易的法令。但是,贪婪的奴隶贩子不顾道义谴责和国家法令禁止,为了追逐利润不惜采取种种卑鄙手段进行大规模的贩运奴隶的走私活动。奴隶价格不断上涨。1790年,每个健康奴隶的售价是200美元,1800年上涨到350至500美元,1818年又涨到700至1000美元。在这种情况下,奴隶贩子不断从非洲和东南部沿海地区向新产棉区运送奴隶,使美国的奴隶人数不断增加并向内地移动。1790年,美国奴隶人数不过75.7万人,到1860年竟达到444万人。

种植园经济的扩张对于农业资本主义发展是不利的。它所使用的

① [美]福克讷:《美国经济史》上卷,第266页。

强制奴隶劳动和落后的耕作方法，阻碍了农业耕作技术的革新，结果使得大片棉花种植地在短时间内就耗尽了地力而得不到恢复。大多数种植园主不愿意耗费大量资金改变原有的经营方法、改良土壤，而是采取在西部地区寻找新土地的办法来继续维持、扩大棉花生产。这样，在19世纪20年代，就开始出现了南部落后的种植园经济同北部资本主义经济争夺西部土地的尖锐斗争，最后终于导致了南北战争的爆发。

工业革命对农业所产生的最直接最深远的影响是为农业提供了先进的农具和机器，使耕作技术发生了根本性的变革。美国农业的半机械化和机械化因而得以实现。

美国的可耕地面积广阔而劳动力却十分短缺，所以农具改革家们首先考虑的是能够提高耕地效率的农具。正如杰斐逊所说："在欧洲，由于劳动力的充足，就应该以尽量利用土地为目的；而在我国，由于土地充足，就应该以善于利用劳动力为目的。"正是由于这个原因，犁头的改进在美国农具革新中占有相当重要的地位。

19世纪初，美国农民使用的农具多半是自己制作的木犁、耙等构造十分简单、效率不高的老式农具。这些农具使用起来极不方便，完全不能适应移民的需要。特别是木犁，只能在土质松软的地区使用，在草根纠结、土质坚硬的草原地带简直无法适应。所以在殖民地时期就曾经有人产生过改进犁头的想法，并且做过尝试。第一个改进是用铁片包镶木犁头，使犁地效率有所提高。不过，这种犁头改进效果并不显著，而且容易毁损。1790年，新泽西州的查尔斯·纽博尔德曾经试制一种铸犁来代替包铁犁，经过反复试验，终于铸造成功，并于1797年正式向政府注册领取专利状。纽博尔德的铸铁犁虽然解决了耐用性的问题，但过于笨重，使用极不方便，因而没有得到普遍推广。继纽博尔德之后又有许多人从事改进铸铁犁的试验，但都未取得重大突破。1819年，纽约的哲斯罗·伍德发明了一种能够拆卸和组装的铁犁，可以随时更换损坏的零件。这种铁犁使用方便，经济耐用，开始受到农民的欢迎。不久以后，约翰·狄尔、詹姆斯·奥力维尔又试制成功适宜于草原地区使用的全钢犁和硬钢犁。

犁头的改进和推广是同钢铁业的发展密切相关的。所以一直到19世纪30年代以后,在钢铁业取得相当进展的情况下,由工厂制造的犁头才逐步取代了木犁,成为当时美国农民的主要农具。

新式耕犁的采用提高了耕作效率,节省了人力和畜力,同时也提出了提高收割能力的要求。大约在1800年,简易打谷机制造成功,并且开始投入使用。在此以后,越来越多的人参加了研制收割机的工作。从30年代开始,陆续出现了一批收割机器。1831年,新泽西的威廉·曼宁制造的割草机给人留下了深刻的印象。1833年和1834年,奥贝德·赫西和赛拉斯·麦考米克两人发明的收割机是当时最好的两种收割机。赫西的收割机每天可以收割15英亩谷物。这在当时来说已经是很能吸引人的数字了。但是,由于赫西缺少资金,又不善于经营,所以这种收割机未能大量投产。麦考米克取得的成绩比较突出,他在取得专利权以后就在弗吉尼亚农庄的车间里制造并改造自己的收割机。后来他为了就近供应西部地区的需求就把自己的车间迁到伊利河畔的布罗克波特和芝加哥,在那里设厂生产收割机。

差不多在同一个时候,哈斯卡尔的马拉收割机也试制成功,并且显示了良好的性能。哈斯卡尔收割机的发明还多少带有一点故事情节。1886年12月2日,《太平洋农业报》上刊载了一封信,信上说:大概在1820年,哈斯卡尔在密歇根的卡拉马祖定居下来。他发现这个县有2万英亩土地适宜种植小麦,并且经过计算以后认为,如果使用新式犁,完全有可能在使用小量劳动力的情况下把这块地开垦出来,但却没有办法完全收获地上的庄稼。他想,如果能够造出一台高效率的收割机,那就什么问题都解决了。于是他把这个想法告诉他的妻子。他的妻子也颇为神往,希望有朝一日能够发明这样的机器。后来他的妻子偶然在梦中见到一台马拉收割机正在一大片土地上收割茂密的麦子。醒来以后,梦中的情景犹历历在目,于是她立即告诉哈斯卡尔。哈斯卡尔受到很大启发,当即下定决心要发明一台马拉收割机。经过反复思索和试验,他终于在1834年制作出了第一个模型。于是他把模型送到首都华盛顿的专利局去展览,并且得到了专利权。

1835年,哈斯卡尔的收割机开始在田间进行试验。第一次试验没有取得成功,哈斯卡尔立即对机器进行了调整改装。第二次试验只收割了3英亩小麦,但取得了圆满的成功。哈斯卡尔的收割机大大提高了劳动工效,降低了成本。他的收割机需要用12匹马牵引。每英亩收割成本费为82美分,低于当时一般的收割成本费(每英亩3美元12.5美分)。①

一种效率较高的双马圆盘耙也开始在20和30年代逐渐推广。大约在1820年,中耕机也投入使用。中耕机价格便宜,每台售价不过15到20美元,而效率却相当于普通耕犁的三倍。改良的马拉草耙在使用中显示了相当大的优越性。这种草耙的形状像一把大木梳。每对耙齿之间的距离为1英尺。每张耙有15到20个耙齿。耙齿的长度约20英寸。马萨诸塞的《皮茨菲尔德太阳报》上有一段记载说:这种草耙"使一个人只用一匹壮马和一个小孩就能够完成至少相当于六个壮汉所能堆积的干草垛,并且收拾得同手推干草耙通常所做的那样干净"②。由于马拉草耙节省了时间和劳力,很快就在宾夕法尼亚和新泽西推广使用。

手推打谷机是18世纪末从欧洲传来的,1802年首先在宾夕法尼亚、特拉华和新泽西等地使用。在此以后又陆续出现了一些经过改进的打谷机。到20和30年代,人们对改进打谷机的兴趣越来越浓厚,农业报刊上经常刊登一些介绍各种类型打谷机的文章。在许多地方都出现过新型的打谷机。其中最优良的一种是1836年缅因州温思罗普县海拉姆约翰·皮特发明的皮特式打谷机。

大型的皮特式打谷机用马牵引,价值200美元一台,每天可以打麦

---

① *Agriculture History*, Vol. 32, No. 1, pp. 14–15.

② Percy Wells Bidwell and John I. Falconer, *History of Agriculture in the Northern United States 1620–1860*, p. 214.

100蒲式耳。而较小型的打谷机的价格则大约为每台75美元到150美元。

除此以外,1840年到1860年间,还陆续研制成功小麦播种机、玉米种植机,以及其他用途的农业机器。

新式农具和农业机械的推广使用,促进了农业生产的迅速发展。1839年,改革耕种方法的提倡者杰西·布埃尔曾经这样写道:"新式与旧式栽种工具的差距是很大的。这不仅表现在所使用的时间方面,也表现在工作的方式方面以及使用时所需的动力方面。使用旧式犁头需要4头牛的1个小队和2个人,而且工作通常还只能完成一半。改良后的犁头一般只需要2头牛和1个人就可以拉动,而且如果使用得当,可以彻底地完成任务。耙和其他的农具也经历过同样的改进过程。此外,大大节约耕田劳动力的新工具如铧犁、种田机、播种机等都在使用,因此,今天①耕种一个农庄的费用只要四十年前费用的一半就够了,而且有时工作还做得更好一些。"②此外,1860年的《国情调查》中也有一段话列举了使用农业机械的种种好处。上面这样写道:"使用改良后的工具,就等于每3匹马中节约了1匹马的劳动力,利用播种机撒播2蒲式耳的种子,就等于用手撒播3蒲式耳的种子,而每亩的产量可以增加6蒲式耳到8蒲式耳。农作物成行地生长出来,可以使用马拉的锄草锹……收割机比用人工割或耙可以节省1/3的劳力……打谷机可以比旧式的手提连枷节省2/3的劳力……在田里和谷仓上使用马拉除草锹和马拉干草叉处理干草,可以节省一半的劳力。"③

这里应当指出的是,19世纪前半期,美国的农业机械化和半机械化及耕作方法的革新仅仅是开始。真正的全面的技术革命是在19世纪后半期完成的。

---

① 今天,指本书写作的20世纪80年代。
②③〔美〕福克讷:《美国经济史》上卷,第282页。

六、南北内战前美国农牧业生产发展状况

生产关系变化和生产工具改革,以及逐步实现农业机械化和半机械化的影响,集中体现在农业的增产上。19世纪前半期,美国各种主要农作物的产量都有大幅度上升。

小麦是美国最重要的粮食作物。根据1850年到1860年的统计数字,小麦分区产量的增长情况如下:十一个南部州,1850年居民人数为734.9万人,小麦产量为1779.6万蒲式耳,平均每人为2.5蒲式耳。1860年,人口增加到910.3万人,小麦产量增加到3144.2万蒲式耳,每人平均产量增加到3.5蒲式耳。十个西部产粮州,1850年居民人数为638万人,小麦产量为4607.6万蒲式耳,平均每人产量为7.25蒲式耳。1860年,人口增加到1021.9万人,小麦产量达到10225.1万蒲式耳,每人平均产量约为10蒲式耳。从美国全国的情况来看,1850年人口总数为2319.2万人,生产了10048.6万蒲式耳小麦,每人平均产量为4.33蒲式耳。1860年,人口增加到3140余万,小麦产量增加到17300多万蒲式耳,每人平均产量达到5.5蒲式耳。[1]

在美国粮食作物中占第二位的玉米增产速度低于小麦,但增长的绝对数字却是相当惊人的。南部的玉米产量在1850到1860年十年当中增加了4400多万蒲式耳。同一时期,西部产粮州的玉米产量增加了8900多万蒲式耳。而全国的玉米产量则从5.9亿蒲式耳增加到8.38亿蒲式耳。[2]

如果把美国的三种主要粮食作物:小麦、玉米、黑麦加在一起计算,1850年其总产量为70674.6万蒲式耳,人口平均产量为30蒲式耳略多一

---

[1] Louis Bernard Schmidt and Earle Dudley Ross(eds.), *Readings in the Economic History of American Agriculture*, p. 198.

[2] Louis Bernard Schmidt and Earle Dudley Ross(eds.), *Readings in the Economic History of American Agriculture*, p. 199.

点，1860年增加到103300万蒲式耳，人口平均产量大约为33蒲式耳。[1]

从以上数字可以看出，美国粮食产量增长速度超过了人口增长速度。美国农产品不仅可以满足国内人民生活和工业发展的需要，而且还可以向国外市场出口大约1/10的粮食。1850年，美国出口粮食753.6万蒲式耳，少于粮食总产量的1/10。1860年，粮食出口猛增到1721.3万蒲式耳，为1850年出口量的两倍多。

在粮食出口中以面粉为主。仅在19世纪20年代的十年中，就出口面粉912万桶，价值4910万美元。其中1821年到1825年的出口量为446万桶，每桶价格为5美元46美分。1826年到1836年为466万桶，每桶售价为5美元24美分。[2]大米在粮食出口中占比较次要的地位。19世纪20年代的后五年，大约出口了价值1140万美元的大米。20年代前五年玉米出口量为352万蒲式耳，价值187万美元，玉米面出口量为76万桶，价值201万美元。[3]

在经济作物中产量和出口量最大的是棉花。由于棉花的出售期在当年10月，同下一个会计年度开始的时间相吻合，所以在销售统计数字表上经常使用会计年度。这里我们也援例使用这个名词。据统计，1820年共生产棉花1.6亿磅，1821年会计年度出口棉花数字约为这个数额的78%。1821年，棉花产量净增0.2亿磅。其中99%供1822年会计年度出口。以后几年的棉花产量和出口量虽然有所波动，但从整体来说，增长的趋势是稳定的。1824年，棉花出口量达到14340万磅，价值约2000万

① Louis Bernard Schmidt and Earle Dudley Ross(eds.), *Readings in the Economic History of American Agriculture*, p. 200.

② Louis Bernard Schmidt and Earle Dudley Ross(eds.), *Readings in the Economic History of American Agriculture*, p. 228.

③ Louis Bernard Schmidt and Earle Dudley Ross(eds.), *Readings in the Economic History of American Agriculture*, p. 230.

美元。①

19世纪上半期,由于欧美资本主义工业的迅速发展,国际市场对棉花的需求量越来越大,棉花价格不断上涨。20年代初,棉花的一般价格是每磅15到16美分,最低价格为11美分多,而1825年棉花每磅价格达到了21美分。这种情况使美国在棉花出口中获得了很大的好处。

英国是美国棉花的最大主顾。1824年向英国出口的棉花价值1500万美元,1825年又增加到3000万美元。②到19世纪50年代末,除英国以外,欧洲的几个工业国家都成了美国棉花的重要主顾。英国平均每年从美国进口200万包,法国每年进口50万包,比利时、德国、意大利等国也进口相当数量的棉花。越来越广阔的国际棉花市场,进一步刺激了美国的棉花生产。到1860年美国生产的棉花已经相当于全世界棉花产量的3/4。这一年棉花出口量也增加到377.4万包。

棉花在美国出口贸易中占有很大的比重。美国从棉花出口中获取了大量外汇。在19世纪20年代的十年中,出口棉花价值为2.56亿美元,约相当于出口总值的48%。③

由于西部地区,特别是草原地区的开发,牧场面积迅速扩大,牲畜和家禽饲养业获得了广阔的基地。畜产品、家禽、奶制品的生产也有相当的增长。原来东部地区的畜牧业也有所发展。例如,康涅狄格河流域不仅盛产牧草,而且有清洁的水源,非常适宜于畜牧业的发展,所以这里很快就成为生产牛肉的基地。1817年迪金森曾经对马萨诸塞的迪尔菲尔德的牲畜饲养状况做过这样的描写:"高地城镇的农民大多数都拥有500头良种牛,这些牛每年从12月初到5月初养得膘肥肉满,处于最好状态。重量可以达到55万磅,市场售价为4万美元,获利大约相当于售

---

① ②Louis Bernard Schmidt and Earle Dudley Ross(eds.), *Readings in the Economic History of American Agriculture*, p. 222.

③ Louis Bernard Schmidt and Earle Dudley Ross(eds.), *Readings in the Economic History of American Agriculture*, p. 221.

价的一半。"①康涅狄格河流域生产的肉用牛一般都在波士顿附近的传统牲畜市场布莱顿出售,有时也向纽约市场提供少部分。在布莱顿,每逢星期一都有集市,来自缅因、新罕布什尔、佛蒙特、纽约,以及俄亥俄、印第安纳和肯塔基的农民、商人都在这里买卖牛羊和猪只。由于市场成交额越来越大,为了保证货源和稳定价格,从1830年起,在有些地方建立了每周一次的市场情况报道制度。每逢星期五出一期报道,介绍市场上各类牲畜的数量和价格。

良种牲畜的数量在19世纪初就已经开始增长。美利奴羊的数字增加很快。在佛蒙特、马萨诸塞、纽约、特拉华、新泽西、马里兰、俄亥俄和西部其他地区都有美利奴羊群。例如,新泽西在1814年就拥有纯种美利奴羊3080只,杂交美利奴羊为25800多只。②20年代,撒克逊羊开始在美国繁殖。除此以外,从英国引进的赫里福德牛、北德文牛和改良种短角牛也开始在市场上出售。

奶制品的生产是随着城市和工业区的兴起而日益发展起来的。最初,奶制品的基地只限于城市近郊,由城郊的农民和农场每天向城市输送鲜牛奶和其他奶制品。以波士顿为例,这里城郊周围12到14英里以内的农民,大多数都有四五头奶牛。每天由经销商收购牛奶,然后运到城内出售。纽约的情况有所不同,那里的农场规模比较大。纽约附近有许多拥有几百头奶牛的农场。它们的奶制品一般也由经销商销售。后来,由于需求量不断增加,单靠近郊的奶制品基地已经不能满足需要了,于是在纽约、马萨诸塞、康涅狄格、密西西比河和俄亥俄河流域的一些地区,出现了日益发展的黄油、奶酪加工工业。据调查,1840年,伯克郡地区两个县的农户几乎每一家都生产了相当数量的奶酪和黄油。例如,柴

---

① Percy Wells Bidwell and John I.Falconer, *History of Agriculture in the Northern United States 1620-1860*, p. 224.

② Percy Wells Bidwell and John I.Falconer, *History of Agriculture in the Northern United States 1620-1860*, p. 220.

郡县的45户农民就拥有913头牛,向市场提供了311050磅奶酪和19050磅黄油。除此以外,还出现了一些新的奶制品产区。例如,摩霍克河流域原来是著名的小麦产区,在1825年以后逐步转变为重要的奶制品基地。根据这个地区六个城市的统计数字,1835年共运出了1000吨奶酪。还有一个不到2000居民的城镇也在1832年向纽约市场提供了150吨黄油。

奶制品生产的发展促进了奶牛品种的改良,奶牛的平均产奶量有显著的增长。根据马萨诸塞州改进农业协会的报道,1800年,一只普通的奶牛年产不过70到100磅黄油或者50到150磅奶酪。到1830年,在马萨诸塞一只中等奶牛年产奶达到1500夸脱,可以制造166磅黄油或者375磅奶酪。1835年,纽约的奶牛年产黄油200磅或者奶酪300到400磅。

工业人口和城市人口的增加,对水果的数量和质量都不断提出新的要求。这对果木业的发展是一个很大的推动,人们开始注意和研究优良品种的培育,一些地方出现了果树研究会。1851年10月,新州伊利诺伊也成立了西北果品种植者协会。

新英格兰地区的摩霍克河流域、哈德逊河流域一带是美国的重要果品生产基地,很早以前就是苹果之乡。不过,这里的苹果都是当地的品种,产量虽高,质量并不好,主要用于酿酒,只有小部分供人们食用。19世纪20年代末,曾经由于苹果酒需求量减少出现过砍伐果树的现象。从40年代开始,新英格兰的苹果经过品种改良以后大量运往市场,新英格兰地区的苹果园因而也得到了恢复和发展。据统计,1847年摩霍克河流域的奥奈达县向市场提供了1.8万箱苹果。1848年,安大略湖畔的韦恩县输出了3万蒲式耳果干。到1850年左右,新英格兰地区不仅原有的苹果产区扩大了生产,而且全区的大多数农场也都开辟了自己的苹果园。

除去新英格兰,纽约、费城、辛辛那提、俄亥俄、肯塔基、印第安纳、伊利诺伊也发展了苹果和其他果品的生产。伊利诺伊的奥尔顿成为美国的重要水果市场。伊利诺伊的南部各县也都是水果产区,有许多规模相当大的果园。例如,皮奥里亚的农场主艾萨克·安得黑尔就拥有一个1万株苹果树和0.7万株桃树的果园。伊利诺伊出产的苹果除供本州城市的消费外还可以运销纽约的水果市场。

特拉华和马里兰的蜜桃在当时也是相当出名的。在特拉华和马里兰都有许多大面积的桃园。例如,特拉华的大桃园主雷布尔德一个人就拥有1090英亩桃园,117720株桃树。他的果园出产的蜜桃可以运销纽约、波士顿、费城和附近的水果市场,1845年这一年,在8月29日以前,直接运往各个市场的蜜桃有6.3万多筐,托运到外地的还有4万到5万筐。从整个特拉华的情况来看,根据专利局的年度报告,这一年的蜜桃产量达到了30万筐。[①]由于特拉华和马里兰拥有四通八达的水路交通网,当地所产的蜜桃能够在较短时间内运往费城、巴尔的摩、纽约等重要水果市场而不至失去水果的鲜味。这样就增加了蜜桃的经济价值。根据《纽约论坛报》的统计,1844年水果上市季节,在纽约蜜桃每天的上市量为1.2万筐,其中大部分来自特拉华和马里兰。

葡萄种植和葡萄酒的酿造是在19世纪20年代以后才逐步发展起来的新行业。在这以前,虽然纽约、费城、辛辛那提、俄亥俄、肯塔基、印第安纳都有一些葡萄园,但规模都很小,一般只有1到5英亩土地。同时,所种植的葡萄都是外国品种,未经很好的培育,不适应当地的自然条件,产量极低。20年代以后,首先在俄亥俄河流域培养成功改良种的葡萄。接着在许多丘陵起伏的坡地上,出现了星罗棋布的葡萄园。正是在这个地区,"西部葡萄酒之父"尼古拉斯·朗斯沃思成功地开辟了一个较大规模的葡萄园,并且酿造出味道醇厚的葡萄酒。1844年,他的葡萄园的规模达到91英亩,生产了将近2万加仑[②]葡萄酒。朗斯沃思的成就刺激了葡萄种植和酿酒的发展。根据1853年美国专利局的报告,俄亥俄河流域的葡萄种植面积约为1500英亩,印第安纳为200到300英亩,伊利诺

---

① Percy Wells Bidwell and John I.Falconer, *History of Agriculture in the Northern United States 1620-1860*, p. 381.

② 加仑,英制容积单位,1加仑合4.546升。

伊和肯塔基各为约100英亩。而一年以后，仅仅在辛辛那提周围20英里内的葡萄种植面积就达到了1400英亩。

加利福尼亚是远西部地区的水果之乡，也是美国最大的葡萄产区。据统计，1849年加利福尼亚生产了5.8万加仑葡萄酒，占全国第一位，俄亥俄生产了4.82万加仑，占第二位。宾夕法尼亚和印第安纳分别居第三位和第四位。

在这以后，从1849年到1859年的十年间，葡萄和葡萄酒的生产发展十分迅速。几个主要产区的产量增加了五倍到十倍。俄亥俄州的产量增加最快，超过了加利福尼亚而居于全国之首。根据1859年的统计数字，俄亥俄产葡萄酒56.86万加仑，成为美国最大的葡萄酒生产州。加利福尼亚生产了24.65万加仑葡萄酒，退居全国第二位。

总的来看，由于内战前美国的农业已经走上了资本主义发展道路，同时西进运动又推动农业不断向横广方向发展。虽然这一时期的农业还没有实现机械化或半机械化，但在农业技术革新方面已经奠定了良好的开端。粮食和各种农作物产量的大幅度增长，使美国成为当时最大的农产品输出国之一。

七、两种社会制度的矛盾

从独立战争到南北内战的半个多世纪是美国农业资本主义的重要发展时期。无论在生产力方面还是在生产关系方面都发生了显著的变化。落后的南部的奴隶制度越来越成为农业资本主义的障碍，结果导致了南部奴隶制度和北部自由劳动之间的激烈斗争。斗争的进程决定着美国农业资本主义的发展道路。

南部的种植园奴隶制度是美国资本主义经济的"赘瘤"。它的恶性膨胀严重地阻碍着资本主义经济的发展。南部的奴隶制度不仅使用强制劳动，而且同落后的生产方法结合在一起。大多数种植园主完全依靠增加奴隶劳动力和扩大种植面积来增加生产，而对于改进耕作技术和使用新式农具漠不关心。直到内战前夕，南部的农业始终没有发生什么重大的变化，工业也处于极为落后的状态。

南部奴隶主把自己的绝大部分资金都投到奴隶身上，奴隶走私贩运因而极为猖獗。到19世纪50年代，每年运入美洲的奴隶达到15万人，超过了公开贩奴时期运入的人数。与此同时，繁殖奴隶也成为一桩非常有利可图的肮脏买卖。南部的一些地方，身强力壮的男性奴隶被当作"传种"黑人押到各地"配种"。黑人女孩十三四岁就被强制生育。据传说，有一个女奴由于连生双胎，在四十一岁的时候，已经生育了41个孩子。弗吉尼亚和南部边界州逐渐成为繁殖黑人奴隶的基地，据估计，1836年从弗吉尼亚输出的黑人奴隶超过了12万人。1820年到1860年的三十年中，从南北卡罗来纳、佐治亚等地卖出的奴隶近100万人。到内战前夕，南部十五个蓄奴州的奴隶人数达到了383.8万多人。

除此以外，南部的奴隶制度是建立在棉花种植单一经济上的，对棉花的最大雇主——英国有极大的依赖性。南部不仅向英国输出棉花，而且从英国进口大量工业品和奢侈品，在经济上同英国市场的联系十分密切，同北方的经济联系倒显得十分薄弱。这对于发展美国的民族经济是极为不利的。据统计，1857年到1860年英国所消耗的906.27万包棉花中有714万包是从美国进口的，相当于总消耗量的78.8%。[1]这种情况严重地阻碍了美国南北统一市场的形成和发展。

北方的情况完全不同，那里资本主义的迅速发展给美国的经济带来了繁荣。到19世纪50年代，北部的工业革命已经完成，以雇佣劳动和大机器生产为基础的近代工厂已经成为北部资本主义经济的重要组成部分。在农业中，资本主义农场和自由小农户占有绝对优势，并且出现了一批使用改良农具和农业机械的农场，劳动生产率显著提高。

大西洋沿岸东北部各州是美国资本主义的发源地，也是美国的工业

---

① Louis Bernard Schmidt and Earle Dudley Ross(eds.), *Readings in the Economic History of American Agriculture*, p. 306.

中心。这里生产着全国2/3的工业制造品,并且以它强大的经济实力影响着西部地区的经济发展。

最早受到影响的是俄亥俄河以北的西北地区。这个地区由于实行了自由雇佣劳动制度,工农业发展非常迅速。到19世纪50年代,这里已经成为一个新兴的工农业区。在1850年到1860年的十年间,人口差不多增加了一倍,几乎同各个蓄奴州人口的总和相等。

东北地区的许多富商还把大量资金投入交通运输事业来扩大市场。与此同时,联邦政府也拨出巨款和大量国有土地来资助铁路修筑,从19世纪30年代开始逐渐掀起了修筑铁路的热潮。起初,铁路的修建主要限于阿巴拉契亚山以东的地区,1850年以后逐渐向西部延伸。1850年到1860年间,连接纽约、伊利,纽约、圣路易,巴尔的摩、俄亥俄的铁路,以及穿越草原的伊利诺伊中央干线先后落成,到1861年,西部俄亥俄、威斯康星、印第安纳、伊利诺伊、密歇根等州共修筑铁路7600多英里。由于铁路运输比水路运输更加方便,过去经过俄亥俄河、密苏里河和密西西比河通往南部港口新奥尔良的运输线被连接西部和费城、纽约、波士顿的铁路线所代替。其结果是西北部地区和东北部的经济联系日益密切,而同南部的联系则日益削弱。因此,内战开始以后,西北地区是站在北部一边的。

经过半个多世纪的发展,北部的自由劳动制度已经充分显示了相对于南部奴隶制度的无比优越性。内战前夕,北部拥有的工业资本约8.5亿美元,为南部的五倍。美国近代工业的90%和2/3的铁路线集中在北部。而南部则仍然是一个经济落后的地区,经济上处于严重依附英国和欧洲其他国家的境地。

南北双方经济发展的差距越来越大,利益完全不同,最后达到针锋相对不可调和的程度。北部资产阶级迫切需要充分的"自由"劳动力、统一的广大的国内市场、中央集权国家和高额保护关税。而南部奴隶主则要求向西部扩展奴隶制,反对保护关税,实行自由贸易并扩大各州的州权。独立战争所建立的南部奴隶主和北部资产阶级的联合政权,在双方冲突不断激化中,面临崩溃的危险。

双方冲突的焦点是在西部土地上建立何种社会制度的问题。北部资产阶级把广大的西部土地看成是最好的市场和发展资本主义的广阔天地。南部奴隶主则企图不断向西部地区扩展奴隶制度来挽救日趋没落的种植园经济。由于种植园经济是依靠不断耗竭土地和榨取奴隶劳动来维持和发展的,所以"不断扩张领土,不断扩展奴隶制度到旧有界限之外,却是联邦各蓄奴州的生存规律"①。正是由于这个原因,在差不多半个世纪的激烈斗争中,奴隶主一直采取攻势,步步紧逼。而北部资产阶级则不断妥协和退让。直到19世纪50年代,这种情况才由于西北各州力量的增强而有所改变。这时西北各州迁入了大量的德国和英国农民,人口迅速增加,1860年达到了780多万,比内战中脱离出去的蓄奴诸州人口多200万。西北各州的居民反对奴隶制的态度比北部资产阶级坚决得多,对于奴隶主的任何挑衅都准备予以坚决的回击。正如马克思所指出的:"南部和北部之间的冲突,在北部五十年来一再屈辱地退让以后,终于(撇开'骑士等级'的新的无耻要求不谈)由于西北部各州的非凡发展对事件产生影响而爆发了。这些州的居民,由于掺进了相当大量的德国人和英国人的新鲜成分,而且又大部分是耕种自己土地的自耕农,当然就不像华尔街的绅士们和波士顿的战栗教徒们那样容易被吓住……也正是北部的这一部分,一开始就坚决反对对任何南部同盟的独立的承认。不言而喻,他们不能把密西西比河下游和三角洲让给异己的各州。"②

南北双方争夺土地的斗争,从美国独立那天起就已经开始。不过,由于当时西部土地大都未经垦殖,问题还不突出。1790年,联邦国会为了调解双方的争执,确定将梅逊-狄克逊线作为区分自由州和蓄奴州的界线。位于这条线以北的西部地域在条件成熟时应当作为自由州加入联邦,以南的地域则可作为蓄奴州加入联邦。本来梅逊-狄克逊线是宾夕法

①《马克思恩格斯全集》第15卷,第353页。
②《马克思恩格斯全集》第30卷,第180—181页。

尼亚和马里兰的业主为了解决边界纠纷,各自出资雇用测量员梅逊和狄克逊于1763年到1767年间测绘出来的一条边界线,位于北纬39°43′。后来这条线又于1784年向西延伸,成为宾夕法尼亚、特拉华、马里兰、弗吉尼亚的边界线。

1803年路易斯安那地域和1819年佛罗里达并入美国以后,争夺西部土地的斗争愈演愈烈。1819年,亚利巴马作为蓄奴州加入联邦,使蓄奴州和自由州的数目相等。双方在参议院拥有同样多的席位。北部各自由州只是在众议院还保留着较大的优势。从此以后,联邦国会围绕奴隶制的争论往往相持不下,有时达到十分激烈的程度。《密苏里妥协案》就是南北双方第一次大较量的产物。

密苏里地域建州问题发生在1819年。当时密苏里居民人数达到了6.6万人,具备了建州的条件。于是,该地域就向联邦提出申请,要求作为自由州加入联邦。这个要求得到了各自由州的支持。但是,密苏里地域的大部分土地位于梅逊-狄克逊线以南,南部诸州的代表以此为理由,不顾当地居民的愿望,坚持将该地域建立为蓄奴州。围绕这个问题,南北双方争论达一年之久,最后以北部的退让而告终,并于1820年达成妥协,通过了著名的《密苏里妥协案》。根据这个法案,密苏里应当作为蓄奴州加入联邦,但同时允许从马萨诸塞新划分出来的缅因作为自由州加入联邦。而在此以后,新的自由州和蓄奴州必须按照对等原则加入联邦,以维持南北双方在参议院的“均势”。同时确定北纬36°30′为新的分界线,线以北建立自由州,以南建立蓄奴州。

《密苏里妥协案》维持的时间并不长。1845年到1848年,得克萨斯、俄勒冈和墨西哥割让地的兼并,使争夺西部土地的斗争又趋于尖锐化。这一大片西部土地对北部资本家和南部奴隶主都具有极大的吸引力。谁能取得这片土地,谁在未来的较量中就将取得绝对优势。双方的争夺在兼并土地的过程中就已开始。1846年8月提出的韦尔摩特附件就是其中的一个回合。墨西哥战争爆发后不久,美国政府企图通过“购买”手段,迫使墨西哥在丧失得克萨斯以后进一步将大片西部土地割让给美国。为此，众议院根据总统咨文提出了拨款200万美元作为"购买"费用的议案，但对于这块土地的建州问题未做具体规定。宾夕法尼亚民主党议员、自由土地派分子戴维·韦尔摩特对这项议案提出了修正，即所谓的韦尔摩特附件。附件提出了在未来土地上的建州原则，要求绝对禁止奴隶制。不言而喻，这个附件遭到了奴隶主的强烈反对，在国会内经过多次表决都未能通过。

1849年，加利福尼亚人口达到8万人。当地人民申请作为自由州加入联邦。国会围绕这个问题又展开了激烈的争论。南卡罗来纳州参议员约翰·卡洪临死前还托人代他宣读了一篇咄咄逼人的演说词，蛮横地要求在新土地上建立蓄奴州。这次争论又以北部的退让而告终，1850年达成了妥协。加利福尼亚州虽然作为自由州加入联邦，但新墨西哥和犹他两个地域暂不制定任何允许或反对奴隶制的法律。首都华盛顿所在的哥伦比亚特区也只是禁止奴隶贸易而不废除奴隶制。尤其严重的是，国会还通过了新的《逃奴缉捕法》。根据这个法令，联邦必须运用自己的权力帮助奴隶主在所居住州以外地区追捕逃亡奴隶，同时，各个州也都有引渡逃奴的义务。这样一来，正如马克思所说："为南部奴隶主捕捉奴隶看来已经成了北部的合乎宪法的任务。"[1]《逃奴缉捕法》的颁布不仅剥夺了种植园奴隶逃亡北方的机会，而且使已经获得自由的40多万黑人面临重新沦为奴隶的危险。

在这以后，奴隶主又步步紧逼，造成了一个又一个的严重争端。1854年，他们悍然违反历次妥协案，利用在国会中的影响，通过了《堪萨斯-内布拉斯加法案》，企图把奴隶制扩展到北纬36°30′以北的地区，从而取消对奴隶制的地区限制和法律限制。这个法案理所当然地引起了当地居民和一切民主力量的强烈反抗，终于酿成了堪萨斯内战，从而拉开了南北内战的序幕。

---

①《马克思恩格斯全集》第15卷，第351页。

第三章 "美国式道路"的形成

南北内战是美国的两种社会制度发展的必然产物。战争结果是在美国领土上彻底废除了奴隶制,为资本主义进一步发展扫清了障碍。内战时期所颁布的《宅地法》,以资本主义条件下最民主的方式解决了小农的土地问题,使美国农业走上了从宗法式小农转变为资本主义农场主的道路。无偿分配西部国有土地原则的确立标志着"美国式道路"的形成。

然而应当指出,"美国式道路"这个概念对南部的农业发展是不适用的。南部的农业在奴隶制摧毁以后还保留了某些封建残余,而且无偿分配土地的问题也没有得到解决,因此所经历的发展道路是完全不同的。南部农业的发展道路是改良的道路,"普鲁士式的道路"。

一、内战和内战时期的农业

1861年4月,酝酿已久的南北内战终于以南部叛乱军队炮轰萨姆特要塞而宣告开始。这场战争是南北两种不同社会制度对立冲突的产物。正如马克思所指出的:"当前南部与北部之间的斗争不是别的,而是两种社会制度即奴隶制度与自由劳动之间的斗争。这个斗争之所以爆发,是因为这两种制度再也不能在北美大陆上一起和平相处,只能以其中一个制度的胜利而结束。"①

内战持续了四年,终于以南部的失败而告终。南部的失败不单是军事上的问题。其主要原因在于它违背历史潮流,为捍卫腐朽没落的奴隶

---

① 《马克思恩格斯全集》第15卷,第365页。

制度而战。

以林肯为代表的北部资产阶级开始的目的只是在于保持联邦的统一,而不在于废除奴隶制。后来,由于战争形势的发展,林肯政府才不得不采取一系列革命措施来赢得这场战争。《宅地法》和《解放奴隶宣言》就是其中最著名的两项重要法令。马克思认为《解放奴隶宣言》是"在联邦成立以来的美国史上最重要的文件",而且由于宣言的发展,"在美国历史和人类历史上,林肯必将与华盛顿齐名!"①

内战由于扫除了奴隶制度而成为美国历史上的第二次资产阶级革命。它不仅推动了工业革命的飞速发展,而且也为农业资本主义的发展开辟了广阔的道路。如果说独立战争消灭了北部地区的封建残余,把资产阶级和奴隶主推上了统治地位,那么内战就进一步消除了南部的封建残余即奴隶制度,而使工业资产阶级获得独占统治,并使美国的农业摆脱一切封建残余的束缚,走上"美国式"的革命道路。

南北内战对美国农业资本主义发展的影响是极其深远的。《宅地法》的颁布是"美国式道路"正式形成的重要标志。它以资本主义条件下最民主的方式解决了小农的土地问题,创造了资本主义最迅速、最自由的发展条件。正是由于这个原因,北部的农业不但没有遭到毁坏,而且得到了发展和繁荣。小麦的产量比历史上任何时期都多,生猪上市量也超过了战前的水平,羊毛的产量从0.4亿磅增加到1.4亿磅,绵羊的数目翻了一番,农业机器也获得了迅速推广。一些美国史学家和经济学家认为,美国内战带来了农业革命。例如,福克讷曾经指出:"可以正确无误地说,美国的农业革命,在使用机器方面,是出现于1860年以后的那半个世纪。"②

内战开始之初,北方的许多农业人口响应联邦政府的号召加入了联邦军队,对战争的胜利做出了贡献。在农业中曾经一度出现了劳动力异

①《马克思恩格斯全集》第15卷,第586页。
②[美]福克讷:《美国经济史》下卷,第8页。

常短缺的情况。当时北部采取了两方面的措施来克服困难,使农业生产仍然能够稳步发展。北部一方面通过吸收移民和动员妇女儿童参加劳动的办法来补充部分劳动力不足,另一方面大力推广使用农业机器来提高劳动生产率。这一时期,推广农业机器和新式农具受到了普遍的重视和欢迎。在北部和西北部的许多县都曾经不断举办农业展览,介绍和推广农业机械。投入使用的农业机器和新式农具的数目迅速增加。从1861年到1865年的四年当中,收割机从10万台多一点增加到25万台。割草机从2万台增加到7万台。蹄形锹、磨谷机、打谷机的台数也都有大幅度增长。

在使用和推广农业机械方面,艾奥瓦和威斯康星两个西部州的情况具有一定的代表性。这两个州都是新发展起来的西部州,内战前农业机器很少,而且大多数农民没有感到使用机器的必要性。例如,内战爆发前一年,艾奥瓦州西南部一个县的报告中有这样一段话:"现在,各种谷物播种机中唯一投入使用的是一种双马牵引的播种机,而且使用范围极其有限。其他不同类型的手推播种机虽然曾经试用过,但全都未予采用。农民中普遍流行的看法是:播种谷物的最好方法是小心用手播种,用锄盖土。"①但是,内战爆发后,由于缺少劳动力,这种看法很快就完全改变了。农民们越来越注意农业机械的使用和推广,农业机械展览会开始成为人们的注意中心,展出的品种也随之增加。以艾奥瓦州农业展览会为例,内战爆发前的1859年只展出了26种农业机械,而且前往参观的人寥寥无几。1863年,展出的农业机械增加到126种,1864年增加到181种,1865年又增加到221种。在威斯康星州也出现了类似的情况。

由于《宅地法》的公布,美国所有自由公民都能够无偿获得西部土地160英亩。这不仅对美国东部地区的农民,而且对欧洲移民都具有巨大的吸引力。就是在战争期间也有80万移民进入美国。其中大部分人流

---

① Louis Bernard Schmidt and Earle Dudley Ross(eds.), *Readings in the Economic History of American Agriculture*, p. 326.

入西部,在那里安家落户,成为农业生产上的生力军。例如,进入纽约的4.5万名移民表示愿意西进到伊利诺伊州的农村里谋生。还有2.3万移民表示愿意到威斯康星去建立自己的家园。西部的一些州正是在这种情况下迅速发展起来的。艾奥瓦和威斯康星两个州的发展情况就是突出的例子。

这两个州的自由土地是相当广阔的。联邦在这两个州拥有100万英亩以上的土地,两个州政府也各自掌握了相当数量的可供出售的土地。所以这两个州在移民心目中是最理想的垦殖区。在1860年到1870年的十年间,这个地区的人口和农户数字都有显著的增长。威斯康星的人口增加了35.9%,艾奥瓦增加了76.9%。威斯康星的农户从69270个增加到102904个,艾奥瓦的农户从61163个增加到116292个。[1]谷物产量也有大幅度增加。艾奥瓦的谷物和小麦、威斯康星的玉米产量都成倍增长。

值得指出的是,在战争期间两个州都曾经向联邦军队提供了大量的精壮男劳动力,却没有影响农业生产。据估计,艾奥瓦向联邦军队输送了大约7.5万人,威斯康星输送了将近9万人。1863年,艾奥瓦的99个县中有40个男性人口少于1860年。艾奥瓦农业协会的秘书曾经这样写道:"要是一个不了解我国斗争情况的人来访问我们,那他就不会看出使他诧异的景象,即这里正为永保其自由制度而进行着伟大的斗争。新的田野每天都在增加我们耕地的面积,住房、粮仓和果园就像变戏法一样涌现出来。"[2]

战争时期,南部的情况完全不同。这里的农业受到了严重破坏,联邦军队和同盟军队在这里对阵鏖战,践踏了肥沃的田野。薛尔曼从亚特

① Louis Bernard Schmidt and Earle Dudley Ross(eds.), *Readings in the Economic History of American Agriculture*, p. 325.

② Louis Bernard Schmidt and Earle Dudley Ross(eds.), *Readings in the Economic History of American Agriculture*, p. 326.

兰大开始向南部进军路线的两侧留下了一条很宽的焦土地带。他的一名副官曾经这样写道："我们足迹所至,大火、灰烬和废墟一路相随。"一个弗吉尼亚目击者也这样写道："我们没有了猪、牛、羊,也没有了马或其他任何牲畜。栅栏都不见了……谷仓统统烧光了。有些烟囱还在,房子没有了。有的房子还在,屋顶和门窗没有了。桥梁一律被毁,道路严重破坏。"

内战前,南部的农业经济是建立在棉花种植基础上的,棉花曾经给南部带来了巨大的财富。内战爆发以后,南部需要自己解决粮食问题,棉花则由于北部海军的封锁而无法外运。因此农作物结构发生了很大的变化。

为了满足军队和居民对粮食的需要,南部政府和地方往往采取强制措施要求种植园主和农民改种谷物,减少棉花种植面积。与此同时,地方上的各种集会也向他们施加压力,要求改变农作物结构。1862年1月,路易斯安那教区大会专门做出一项决定,把下一个年度每家种植园种植棉花的最高限额定为2500磅。同年2月,孟菲斯大会向同盟国会发出呼吁,希望同盟把每包棉花的税额提高到20美元,以便限制棉花的种植。南卡罗来纳的种植园主也得到了将谷物种植面积提高一倍的要求。在南部其他许多地方也曾经出现过有组织的集会,采取各种形式要求种植园主和农民多种谷物,并且把那些不听劝告、不服从会议决定的人叫作不爱国的人。

由于急剧改变种植结构,南部的谷物产量年年上升,缓和了粮食供应不足的问题。从整个南部来说,生产的粮食大体上可以满足消费需要。但是,由于交通运输力量不足,产粮区谷物无法及时外运而造成的局部地区的饥荒有时甚至是严重的。直至内战结束以后这种情况依然存在。例如,里士满有一半居民要依靠联邦政府配给口粮来维持生活。

另一方面,由于缩减种植面积,棉花产量急剧下降。1861年是棉花收成开始下降的一年,1862年的收成略多于1861年收成的1/4。1864年又减少一半。这种趋势一直持续到战后,一直到1870年,棉花生产也没

有恢复到1860年的水平。据统计,亚利巴马州1860年生产棉花989955
包,1870年只达到429472包;密西西比州1860年生产棉花1202507包,
1870年则为564938包。更为严重的是,在整个战争期间就连减产后的
棉花也无法运到国外换取急需的货币和物资。在联邦军队和海军的严
密封锁下,南部只得通过走私商把数量不大的棉花偷运到英国和北部,
而且还要为此付出高昂的代价。这对一贯依靠棉花出口取得繁荣的南
部经济是一个十分沉重的打击。内战前,南卡罗来纳参议员詹姆斯·哈
蒙德曾经不可一世地宣称:"我们不发一枪,不拔一剑,就可以使整个的
世界向我们屈服⋯⋯试看如果在三年内没有棉花的供应会产生怎样的
结果!我用不着去描述人们会怎样地猜想,但是这一点是肯定的:除了
南部之外,英格兰会带着整个的文明世界一齐跌跤的。"①可是,他的话
没有应验。恰恰相反,南部倒是由于棉花出口停滞而濒于破产。南部的
财政不得不完全依靠发行纸币来维持!结果造成物价飞涨,物资匮乏,
投机活动十分猖獗,以致同盟政府不得不于1863年实行强行征收农产
品的办法来解决军队的给养补充问题。

在战争时期南部农业之所以每况愈下,除去战争造成的直接破坏,
根本原因在于奴隶制种植园经济的落后性。特别是在联邦政府颁布《宅
地法》和《解放奴隶宣言》以后,奴隶制种植园经济受到了很大的冲击。
种植园的奴隶逃往北方和起来反抗奴隶主的越来越多,造成了南部直接
生产者的队伍日益减少,而且这种趋势还一直在继续发展。如果不从根
本上取消奴隶制度,南部的农业将找不到别的任何出路。

二、《宅地法》和"美国式道路"的形成

"美国式道路"的"基础就是自由的农场主经营自由的土地,即清除

---

① [美]福克讷:《美国经济史》上卷,第430页。

了一切中世纪废墟的土地"①。但是,这个基础的形成是有一个历史过程的。从国有土地转变为农场主经营的自由土地,大体经历了三个阶段:第一是争取无偿分配国有土地的阶段;第二是实现向小农无偿分配国有土地的阶段;第三是宗法式小农转变为农场主的阶段。在这三个阶段中,第二阶段最为重要。1862年《宅地法》的颁布完成了第二阶段的任务,根据这个法令,所有美国的成年公民都有权从西部国有土地中无偿获得一份宅地。从过去的有偿获得土地改变为无偿获得土地,是一个质的飞跃,它标志着"美国式道路"的形成。

《宅地法》的颁布首先是美国人民,特别是西部农民的伟大胜利。这个胜利是经过半个多世纪的长期斗争才取得的。西部农民争取"自由土地"之所以能够取得成功,在于它不是孤立的运动,而是美国民主运动的一个重要组成部分,曾经得到各种民主力量的支持。美国总统杰斐逊就曾经是争取"自由土地"斗争的赞助者。他主张"耕种的基本权利应该归还给失业者",同时还提出过一些有关的公共土地法令。

19世纪40年代,在美国工人阶级当中也出现了土地改革运动。运动的倡导者是乔治·亨利·伊文思(1805—1856)。他出生于英国,曾经担任《工人拥护者》和《人报》的编辑。1841年,他在《急进与年轻的美国》上提出了自己的土地改革纲领。后来,他又组织了全国改革协会,并领导了争取通过农地私有法案的运动。伊文思土地改革纲领的中心思想是取消土地垄断,保证每个工人的土地私有权。他认为,土地垄断是"一切垄断之王,是一切巨大灾难的基本原因",所以必须予以废除,而"如果一个人有权存在于这个世界上,他就应该有权获得足够的土地来耕种生产可以维持他的生活的粮食"。

土地改革运动不是社会主义革命运动,而是一种资产阶级民主改革运动。这个运动在当时的历史条件下,在反对土地投机商和奴隶主垄断土地方面,在支持西部农民取得"自由土地"方面,无疑是起过进步作用

①《列宁全集》第15卷,第134页。

的,马克思、恩格斯对此曾经予以肯定。但是,有些自称共产主义者的人却把这个运动说成是共产主义运动,而且鼓吹通过祈求社会上层资助,使工人阶级得到自由土地的办法来建立共产主义社会。这种说法是极其荒谬而又十分有害的。马克思、恩格斯对持这种观点的代表人物海尔曼·克利盖(1820—1850)进行了严肃的批判和揭露。1846年5月11日,布鲁塞尔共产主义通讯委员会通过了由马克思、恩格斯起草的《反克利盖的通告》。通告指出,克利盖妄图用"爱"的呓语来取代无产阶级的革命学说。其目的"无非是把一切人变成私有者而已","既无法实现,也不是共产主义"①,而这种梦呓"如果被工人接受,就会使他们的意志颓废"②。事实上,离开工厂流向西部去取得自由土地的工人是很少的,因为他们缺乏路费和必要的生活、生产费用。有的工人曾经这样说:"我们不能没有一个钱的路费就到西部去,我们也没有办法积蓄下一笔钱来,维持一家人的生活就已经够我们干的了。我们现在没有钱作路费。将来还需要钱买土地、农具、种子,然后还需要更多的钱维持生活,直到我们能出卖一部分地里收割的粮食的时候,我们还是一个钱也没有。"③

随着时间的推移,争取"自由土地"的农民运动越来越具有组织性和政治色彩。"真正的美国人协会""土地权利协会"等农民组织相继诞生。在后来成立的自由土地党和共和党的纲领中都把"自由土地"作为重要的斗争目标。"自由土地"问题在国会的议事日程中占有越来越重要的地位。

最早向国会提出《宅地法案》的是托马斯·哈特·本顿。1820年,他当选为密苏里参议员。从那个时候起,他开始公开反对联邦出售公共土地的政策,主张将公共土地以最低代价出售给农民。从1824年开始,他几乎每年都要向参议院提出《自由土地法案》。1828年4月8日,他在参

---

①《马克思恩格斯选集》第一卷,第94页。

②《马克思恩格斯选集》第一卷,第86页。

③[美]方纳:《美国工人运动史》第1卷,第290页。

议院以"自由土地是理财的良方"为题做了一次发言,概括地阐述了自己的观点。他说,"在边疆州和地域有成亿英亩的空闲土地和成十万没有自由土地的公民",应该给他们土地,使他们对自己的国家产生感情。他还指出:"财富并非总是罪恶和懒惰的结果。一些人生来贫穷,一直贫穷,一些人生来富有,但由于不幸而沦为贫穷者。对于所有这些人来说,要从一个佃户变为土地持有者,将是他们一生中最难实现的,让联邦政府替他们实现这个转变吧。"①

1830年1月19日,继本顿之后,康涅狄格参议员塞缪尔·富特提出了暂时中止出售公共土地的法案,引起了关于自由土地问题的进一步争论。

1845年,田纳西州议员安德鲁·约翰逊提出一个新的《宅地法案》,要求为每一个农民户主提供160英亩宅地。霍勒斯·格里利曾经就这个法案在《纽约论坛报》上发表评论。他进一步解释说:《宅地法》的宗旨在于"尽可能保证每一个人得到工作和谋生的机会,其次也在于防止土地垄断和投机,造成全权的土地持有者"②。这个法案曾经于1849年到1850年国会开会期间提交众议院讨论,但很快就被转交给农业委员会,并遭到否决。直到1852年3月,这个法案才被正式提交众议院讨论。在讨论过程中,争论十分激烈,于是该法案就成了整个会议期间讨论的中心问题之一。

1854年以后,由于共和党的成立,围绕《宅地法》的争论越来越带有党派性,并且逐渐同废奴运动联系在一起。阿肯色州参议员约翰逊认为,自由土地政策的色彩"同废奴运动极为相似",没有任何南部代表会赞同这个政策的。③事实确实如此,民主党和各奴隶州的代表在国会中

---

① Marion Mills Millerled, *Great Debates in American History*, New York: Current Literature Publishing Company, 1913, Vol. 10, p. 9.

② Katharine Coman, *Economic Beginnings of the Far West*, New York: The Macmillan Company, 1921, Vol. 2, p. 362.

③ Katharine Coman, *Economic Beginnings of the Far West*, Vol. 2, p. 364.

一次又一次地否决了安德鲁·约翰逊提出的《宅地法案》。

然而,随着北部和西部经济的迅速发展,以及废奴运动的日益兴起,支持《宅地法》的呼声越来越高。1860年6月,国会参众两院都通过了《宅地法》,但被代表南部奴隶主利益的总统布坎南否决了。于是这个法案又不得不在下一届国会经过重新审议,结果在众议院以107票对16票,参议院以33票对7票的绝对多数再次获得通过。1862年5月10日,共和党总统林肯签署了《宅地法》。至此,争取自由土地的斗争才正式告一段落。

按照《宅地法》的规定,每个家庭的户主,或者年满二十一岁的美国公民,以及申请取得美国国籍而又未曾使用武力对抗过美国的人可以无偿地从西部公有土地中获得160英亩土地,在连续耕种五年以后即获得该土地的所有权。这是美国西部农民和全国的民主力量争取民主解决土地问题斗争的辉煌胜利。没有任何其他资本主义国家能够做到这一点。《宅地法》的颁布使西部土地得到迅速开发,迎来了西进运动的新高潮,给美国农业带来了新的繁荣和高涨。据统计,1868年到1900年间,在整个西部地区分出的宅地为68万份,总面积达到8000万英亩。其中仅1867年到1874年间,在远西部地区就有16.8万农户领得了2700万英亩宅地。[1]世界上还没有哪一个国家能够在这样短的时间内开垦出如此广阔的土地。从这个意义上说,《宅地法》称得上是一个创举。

但是,必须指出,《宅地法》是在资本主义制度下实施的,不可避免地会出现种种流弊和局限性。首先,资产阶级政府并不愿意把西部土地无偿地分配给移民。它从独立战争以来就通过赠予和出售的方式把大量上等土地转拨到大资本家和大地主手里。这种情况在《宅地法》颁布以后仍在继续。据统计,1862年到1870年,国会拨给铁路的土地为过去十二年拨给铁路土地的五倍。 1862年到1871年,拨给铁路的土地为

---

① Katharine Coman, *Economic Beginnings of the Far West*, Vol. 2, p. 365.

12762.8万英亩,拨给公路和运河的为200万英亩。①

　　赠予土地都是从西部自由土地中划拨出来的,使宅地的总面积减少,理所当然地引起了移民的抗议。为此众议院不得不于1870年通过一项决议,宣布禁止将公共土地划拨给铁路和其他公司团体,必须保证将公共土地按照《宅地法》分配给真正的农民或资助教育事业。但是,这项决议并未付诸实行。就在通过决议后不久,国会又为铁路拨出了2000万英亩土地。②

　　其次,1862年以后,联邦和各州都在自己手中保留了大量土地。据可靠估计,联邦政府大约掌握了1亿英亩,各州政府共掌握了1.4亿英亩。如果再除去《莫里尔法令》和其他立法授给农业院校和资助教育事业的成亿英亩土地,那么剩余下来的好地就为数不多了。所以分配给移民的宅地多半是次等的,或者是交通梗阻的荒凉地段。有人曾经这样描写说:"依据《宅地法》,移民为了得到良好的土地,不得不深入荒原到杳无人烟的地区去,因而在若干年内丧失了享受教育的权利和享用教会、磨坊、桥梁,以及实际上的社会的一切福利的机会。"③

　　除此以外,印第安土地也是不属于宅地范围的。在《宅地法》颁布以后,印第安土地大约为1.75亿英亩。其中有1亿到1.2亿英亩被美国政府通过种种条约夺取到自己手中,成为待价而沽的土地。

　　由此可见,在《宅地法》颁布以后,美国还同时存在着宅地、赠予地和出售地,这就给土地投机活动提供了肥沃的土壤。因此,在《宅地法》实施过程中,土地投机活动不但没有受到制止,反而变本加厉。

　　与此同时,《宅地法》本身的某些漏洞和1841年《优先法》继续生效

---

① Harry N.Scheiber (ed.), *United States Economic History : Selected Readings*, pp. 242–243.

② Harry N.Scheiber (ed.), *United States Economic History : Selected Readings*, p. 244.

③ Harry N.Scheiber (ed.), *United States Economic History : Selected Readings*, p. 247.

到1891年,又使得一些土地投机活动取得了合法的依据。例如,《宅地法》准许宅地取得人在登记后六个月内按每英亩1美元25美分或2美元50美分折价购买。结果有许多私家大公司通过自己的代理人,用低廉的代价取得了大量的宅地。据估计,从1881年到1904年分配出去的宅地中,有23%是采取折价办法取得土地所有权的,即是说这些土地很可能落到了私家公司或者土地投机者手中。某地产公司代理人在对这种折价取得的宅地进行调查后得出结论说:"对数百份折价的宅地加以实际的考察,便可以看出在折价以后,一百份宅地中没有一份被用作宅地去居住。"

与此同时,继《宅地法》之后政府又颁布了一系列处理西部土地的法令,给某些富裕农民和土地投机者打开了方便之门。1873年的《木材种植法》允许取得宅地的农户,再申请160英亩林地。如果四年内能够在1/4的地段上种植树木,即可取得这块林地的所有权。1877年的《荒芜土地法令》给予移民在"大平原区"拥有640英亩土地的权利。经证明在三年内曾经进行过灌溉,并付出一定的价款以后即可取得该片土地的所有权。1878年的《木材石料法令》还允许移民按照政府估定的价格购买160英亩"不适宜耕种"的土地。

上述种种情况对于《宅地法》的实施都是不利的。土地投机活动反而因为得到了适宜的土壤而大为猖獗。正如盖茨在他的文章中所说的那样:"由于有超过1.25亿亩的铁路土地,1.4亿英亩州有土地,1亿英亩印第安土地,1亿英亩供联邦按大片或小块出售的土地,以及存在《宅地法》《优先法》漏洞的机会和两个法令的上述种种变通办法,显而易见,在1862年以后对于土地投机和土地垄断是不存在什么障碍的。"①堪萨斯州的情况给我们提供了一个极其生动的例子。1868年到1872年间来到这个州的移民都可以见到许多州一级的机构和私家公司出售土地的广

---

① Harry N.Scheiber(ed.), *United States Economic History: Selected Readings*, p. 246.

告。例如,州立农业专科学校出售9万英亩,联邦太平洋铁路中段出售120万英亩,堪萨斯太平洋铁路出售500万英亩的广告到处都有。土地售价从每英亩2美元到15美元不等。在堪萨斯州的移民往往为了取得较好的土地,不得不花钱购买土地。而且付出的代价是比较高昂的。详细情况见下表。

1865年到1882年州有土地出售情况表[①]

土地种类	土地面积(英亩)	每英亩售价(美元)
普通中学土地	450764	4.00
农业专科学校土地	48465	4.78
大学土地	6224	2.88
中等技术学校土地	4966	4.72

1871年5月1日到1879年12月31日艾奇逊、托皮卡、圣菲铁路售地情况表[②]

年份	土地面积(英亩)	每英亩售价(美元)	总售价(美元)
1871	71801.51	5.91	425013.75
1872	45328.81	5.94	269627.66
1873	133507.30	5.61	748977.25
1874	200459.96	4.49	900973.30
1875	75415.33	5.52	416409.85
1876	122901.17	5.45	665455.17
1877	85047.78	4.98	423477.49
1878	267122.47	4.52	1206527.64
1879	104744.41	4.72	494353.73
合计	1105628.74	—	5550815.84

《宅地法》实施过程中的种种流弊很快就受到了舆论的谴责。1879年,美国国会不得不专门指派一个委员会对土地制度进行调查。不过,

---

① ② Harry N. Scheiber（ed.）, *United States Economic History: Selected Readings*, p. 248.

这种调查只不过是一种官样文章，没有取得实际效果。

《宅地法》尽管在实施过程中出现了如此众多的问题，但是作为一个资本主义社会的土地立法，是具有明显的进步意义的。它确立了农业资本主义发展的"美国式道路"，因而在美国历史上占有重要的地位。

三、重建和南部农业的发展道路

内战结束后，在南部出现了一个重建时期。所谓重建就是按照资本主义的需要从政治上和经济上改造南部。然而，由于内战后资产阶级开始右倾，对奴隶主采取软弱无力的政策，在重建过程中两条道路、两种前途的问题一直十分尖锐，致使重建从1865年拖延到1877年。

第一条道路是民主改革的道路，也就是彻底推翻奴隶制的道路。它要求在政治上和经济上彻底消灭奴隶主的势力，在南部建立起资产阶级式的民主政府和建立在自由雇佣劳动制基础上的资本主义经济。广大黑人奴隶和自由民、白人工人、平民和资产阶级激进派是坚持这条道路的主力军和支持者。内战之初，美国黑人就为废除奴隶制度而纷纷要求取得参加联邦军队的权利。例如，1861年5月在波士顿举行的一次黑人大会曾经通过如下决议：

"为了自由，作为善良的公民，我们愿意同保卫政府的白种人一样地支持和捍卫政府。为此，我们打算献出我们的生命、财产和神圣的荣誉。我们请求你们修改你们的法律，让我们得以加入军队，以使黑人胸膛中燃烧着的爱国热情得到充分发扬。我们保证在国内征集起一支5万人的黑人军队。"

事实上，由于战争形势的需要，联邦军队中的一些将军未经政府批准就招募了黑人志愿队。南卡罗来纳和田纳西作战的联邦军队中都成立了黑人团队。在广大黑人的强烈要求和联邦军队节节失利的情况下，林肯总统终于不得不在1862年9月发布了解放黑奴的宣言。

马克思高度评价了《解放宣言》的伟大历史意义。他指出《解放宣言》是"在联邦成立以来的美国史上最重要的文件"①。《解放宣言》使400万奴隶获得了自由,结束了残暴的奴隶制度,为南部的民主改造奠定了良好的基础。

1864年春天,在谢尔曼将军向佐治亚进军的时候,一批获得自由的黑人,迫使谢尔曼同意将南卡罗来纳和佐治亚海岸线以外的海岛土地分配给他们。结果,每户分得40英亩,大约有4万户黑人分得了土地。他们开始在那里建立自治机构并发布设立学校、建立教堂、修筑公路的命令,开创了民主改造的先例。但是,他们的事业遭到联邦政府的反对。内战结束后,联邦政府企图赶走他们,把土地归还种植园主。

为了争取南部民主改造的早日实现,1865年8月,田纳西州的纳什维尔举行了第一次黑人代表大会。大会要求:废除种族歧视和隔离制度;把土地无偿分配给黑人;给予黑人平等的政治权利和经济权利。黑人群众还团结在自己的组织——黑人联邦派联盟周围,并且组织射击俱乐部和民兵来抗击反动势力的进攻和种族主义者的残酷迫害。

激进派共和党人在政治上主张清除奴隶主的势力,但只有少数人要求没收种植园主的土地,并无偿分给黑人。由于这个原因,黑人争取土地的斗争,在联邦政府内部一直没有得到有力的支持。

第二条道路是妥协的道路,也就是在保留奴隶主政治经济实力的情况下缓慢地、痛苦地发展资本主义的道路。共和党的保守派就是这条道路的推行者。

林肯遇刺后,约翰逊继任总统。他对南部奴隶主采取妥协和投降的政策,使南部的民主改造有半途而废的危险。约翰逊提出的重建纲领只要求昔日的叛乱分子承认废除奴隶制度,宣誓效忠联邦,承认各州的临时政权和清算南部的军事债务,根本不包括任何削弱奴隶主的政治地位和经济力量的措施。

1865年5月29日,约翰逊颁布通告,对一切叛乱分子实行大赦。除

①《马克思恩格斯全集》第15卷,第586页。

极少数首恶分子以外,所有南部同盟人员只要宣誓效忠联邦就可以获得一切政治权利和恢复对战争期间被没收的财产的所有权(奴隶除外)。这个通告是一个不折不扣的复辟奴隶制的纲领。其结果必然是奴隶主将重新恢复在南部的政治统治和经济地位,使刚刚获得自由的奴隶重新沦于依附地位,万恶的奴隶制度也将以某种变相的形式复活。

马克思曾经对约翰逊的政策进行过批评。他写信告诉恩格斯说:"我不喜欢约翰逊的政策……直到现在他实际上还是极其动摇和软弱。反动已经在美国开始了,而且如果不立即结束这种一向存在的松弛现象,这种反动很快就会大大加强。"①不久以后,马克思就直截了当地指出,约翰逊变成"前奴隶主们手中的肮脏工具"②了。

对叛乱分子来说,约翰逊的重建纲领当然是一根求之不得的救命稻草。他们很快就按照要求,举行了效忠仪式,并取得了内战中失去的地位和财产。1865年底,约翰逊的所谓"重建计划"宣告结束,在叛乱诸州都进行了州、县、市的议会选举,奴隶主重新取得了统治地位。南部诸州选进国会的议员也多半是过去的著名的叛乱分子。其中有4名将军,5名上校,6名同盟政府的官员,58名南部同盟国会的议员。前南部同盟的副总统亚历山大·斯蒂芬斯也是其中的一员。 1865年12月,以斯蒂芬斯为首的南部代表抵达华盛顿参加国会,这件事顿时使得美国社会舆论大哗。美国国会内的激进派共和党人在社会舆论的强烈支持下,顺利地通过了两项重要的决议。第一,拒绝南部诸州代表参加国会,暂时延缓对他们代表权的审议。第二,由参众两院代表组成十五人委员会,来审理一切有关从前叛乱诸州的事宜。从这个时候起进步的国会同保守的总统之间就展开了激烈的斗争。

国会在反对约翰逊总统的斗争中曾经取得一系列胜利。宪法第十三条、第十四条修正案先后在国会获得通过,并得到各州的批准。黑人

①《马克思恩格斯全集》第31卷,第129页。

②《马克思恩格斯全集》第31卷,第557页。

奴隶取得了选举权,南部同盟的领导人被剥夺了担任国家公职的权利,对叛乱分子的赦免权也转到国会手中。1867年3月2日,通过了第一个激进的重建法案。曾经参加叛乱的南部诸州被划分为五个军区,由联邦军队驻各军区的将领临时进行管理。军事管理时期的长短在各个州有所不同,是根据各州接受宪法第十四条修正案和通过承认黑人选举权的新宪法的时间而决定的。在1868年夏天举行的联邦和地方政权机关的选举中,有许多黑人当选。在重建时期当选联邦国会议员的黑人有16名。1868年秋季的总统大选中,声名狼藉的约翰逊被击败,格兰特将军当选总统,并且获得连任。激进派共和党人的重建纲领基本上得到实现。1870年3月30日,国会通过了宪法第十五条修正案,规定:"合众国或其任何一州对于合众国公民之投票权,不得因种族、肤色,或曾为奴隶,拒绝或剥夺之。"这一修正案确认了黑人的政治权利,是重建时期极其重要的一项民主改革措施。

然而,激进派共和党人的民主改革仍然是不彻底的。黑人在宪法中取得的政治权利,往往由于州政府的阻挠和种族主义者的迫害而不能实现。1866年在田纳西州出现的恐怖组织三K党,活动一直十分猖獗。联邦政府在重建时期始终没有按照民主方式解决南部的土地问题。资产阶级政府拒绝按照谢尔曼将军所采取的措施,把民主的土地改革推行到底,而是倒退一步,确定了新的保守的土地政策。1865年3月,国会通过法案,设立了陆军部监督下的难民、自由民和弃置土地局,即自由民局,来管理南部的弃置土地、救济难民和调整自由民同雇主的关系。自由民局在南部的每一个州都设有一个分局,总共拥有80万英亩弃置土地。对于400万黑人奴隶来说,这个数量实在是太少了,只有继续实行没收大种植园主土地的政策才能满足黑人对土地的要求。但是,联邦政府不仅没有这样做,反而将大量土地归还给奴隶主。据美国官方统计,1867年2月以前,归还给奴隶主的财产约值20亿美元,其中包括土地在内,甚至连已经分配给黑人的海岛土地也要归还种植园主。经过海岛黑人的激烈反抗,自由民局才制定了一个解决海岛土地纠纷的办法,规定根据谢尔曼命令获得土地的黑人，须以每英亩1美元50美分的价格购置所占用的土地。

特别值得指出的是，就连自由民局所掌握的有限土地也不是无偿分给黑人奴隶的。他们只能向自由民局租种不超过40英亩的土地，租期三年，年租高达1860年地价的6%。而自由民局却往往把最好的土地以补贴的形式划拨给铁路公司，或者出售给投机商，到1868年只剩下14万英亩最贫瘠的土地。过去的黑人奴隶要想得到土地，只有花钱购买。这对于大多数黑人来说是完全办不到的事情。据华盛顿农业统计局1876年报道，在南部产棉地区只有5%的获得自由的奴隶能够成为自己耕地的所有者。①这种情况决定了南部农业的发展道路不可能是"美国式"的，而只能是"普鲁士式"的，即在保留大量奴隶制残余的情况下发展资本主义。列宁在分析南部农业的时候曾经指出："奴隶制度的经济残余同封建制度的经济残余丝毫没有区别。"②

重建后南部农业中的封建残余集中表现为当时占主导地位的谷物分成制。由于奴隶制度已经废除，种植园主不能公开强制奴隶劳动，于是就把土地分成小块租给过去的奴隶耕种。绝大部分奴隶在获得自由后几乎都是一无所有，所以他们的住房、农具、耕畜，甚至种子都要依靠地主提供。他们每年要将收获谷物的一半或者一半以上交给地主，有时青黄不接，不得不把青苗预先抵押给地主或者奸商。分成制佃农同地主之间存在着依附关系，其地位接近于农奴。有人把分成制佃农说成"债务奴隶"，这种说法比较恰当。

谷物分成制是一种使种植园经济苟延残喘的过渡形式，从1867年开始在南部普遍推广，而且一直存在到20世纪初。然而，谷物分成制也不可能挽救种植园经济的崩溃。因为在内战中，种植园经济已经受到毁

---

① Louis Bernard Schmidt and Earle Dudley Ross(eds.), *Readings in the Economic History of American Agriculture*, p. 427.

②《列宁全集》第22卷，第11页。

灭性打击。南部奴隶主失去了他们的主要财富——奴隶和土地。房屋、牲畜、设备和一切建筑都遭到了严重破坏,损失惨重。单就奴隶一项来说就损失了20亿美元。①内战后,许多奴隶主虽然收回了土地,但大多数奴隶主都不可能恢复过去的大种植园。再加上1867年以后棉花价格下跌,南部的土地价格随之急剧下降。不少大种植园主濒于破产的境地,不得不以低价出售土地。据报道,"在战前,甚至在战争开始之初价值10万到15万美元的种植园,只能卖到0.6万美元至1万美元……崩溃是全面的和彻底的,看来,旧种植园制度完全地和永远地毁灭了"②。

由于地价的低落,许多白人农民和一些黑人买到了10到12英亩的小块土地,并在上面种植庄稼。小农的数目开始增长。以密西西比州为例,1867年10英亩以下的小农户只有412家,而到1870年就猛增到10003家。从1860年到1870年,南部100英亩以下的农场增加了55%。农场的平均面积从1860年的402英亩降低到1880年的153英亩。③

随着小农户数字的迅速增长,农业债务制度逐渐盛行起来。这种债务制度还逐渐转化为变相的劳役偿债制度。许多小农由于缺乏生产所需的资金,不得不向商人贷款,因而受到放债者的控制,最后发展到一切买卖都必须通过债主。他们所需要的生产资料和生活用品由债主按高价折算供应。他们的产品也经过债主转售出去。一直到偿清债务以后,小农才能独立地经营土地。负债期间农作物的种植权是完全控制在商人手里的。这给南部的农业带来极为不良的后果,使它再一次发展单一的农作物经济。因为在商人眼里,种植棉花最有利。第一,棉花是畅销商品,在转售的时候容易脱手,即使在价格不断下跌的情况下对中间人也不会产生什么影响。第二,小农对粮食和其他农作物的需要都得通过

---

① Ernest L. Bogart, *The Economic History of the United State*, New York: Longmans, Green and Co., 1918, p. 313.

② Ernest L. Bogart, *The Economic History of the United State*, p. 314.

③ Ernest L. Bogart, *Economic History of the American People*, p. 511.

商人来满足,从而使他们对债主的依赖性加强了。而种植谷物就会得到相反的结果。有人曾经这样说:"种植谷物不仅会使商人拿到不那么畅销的作物,而且会使他失去他的买主,因为农民种植他自己消费的东西就会减少在贷款条件下做生意的需要。"①尽管南部的棉花产量日益恢复,到1879年超过了内战前的最高水平,但是小农的债务并未偿清。这种情况阻碍了资本主义经济的发展。一直到20世纪初,棉花价格显著上涨以后,南部小农才逐渐摆脱了债务的纠缠,成为自耕农。南部的资本主义农业开始获得迅速的发展。

---

① Ernest L.Bogart, *Economic History of the American People*, p. 513.

第四章　内战后美国农业的迅速发展和
"美国式道路"最后完成

内战以后,随着农业资本主义道路的形成和日益发展,美国的农业在广度上和深度上都获得了巨大的发展。农业区域飞速向西部推进,形成了西进运动的新高潮。新式农业机械的发明和推广,农业教育和科学研究的发展极大地改变了美国农业的面貌,使美国的农业一跃而居于资本主义世界的最前列。

在农业生产迅速发展的过程中,出现了土地集中的趋势。宗法式小农逐渐转变为资本主义农场主,而农业中雇佣工人的人数则不断增加并形成为阶级。这标志着农业资本主义改造已经实现,因而宣告了"美国式道路"的最后完成。

毫无疑问,在资本主义条件下,"美国式道路"是一条革命的道路和迅速发展农业生产的道路。但是应当指出,这条道路是通过自由竞争、排挤小农来实现的,对于广大小农来说并不是一条通向幸福生活的道路。所以正好在"美国式道路"逐渐趋于完成,农业生产蓬勃发展的时候,美国兴起了规模宏大的农民运动。同时,由于资本主义生产的无政府状态及唯利是图的经营方针,存在着大量浪费和破坏,自然资源的情况,这也给美国日后的农业发展造成了十分严重的不良影响。

一、西进运动的新高潮和西部边疆的终结

西进运动第一个高潮发生在19世纪四五十年代。不过,同内战以后的运动相比较,那时候的规模还是不大的。每年西进的人数不过几万人,最多的时候也只有三四十万人。例如,在移民人数众多的1850年,

西进移民曾经达到369980人。①这在当时来说已经是相当惊人的数字了。但是内战以后,由于《宅地法》的颁布和横贯大陆的铁路的陆续竣工,西进的人流迅速壮大。60年代由于战争的直接影响,西进人流增大的速度还不显著,但从70年代开始就出现了新的高潮。1870年以后的二十年间,移民人数总共达800万。大批移民涌向西部,使那里的居民人数急剧增加。爱达荷、蒙大拿、怀俄明、内布拉斯加等新州的人口增加了五倍到十倍,南北达科他增加了三十九倍。密西西比河以西地区的人口总数从687.7万人增加到1677.5万人,翻了一番还多。②

这个时期美国已经存在着两条边疆。一条以加利福尼亚和太平洋沿岸地带为出发点向东移动,另一条继续向西曲折移动。当时向西移动的边疆大致已经到达艾奥瓦西北部、明尼苏达西部,经过堪萨斯东部再沿着阿肯色西部边界向西凸出,并把得克萨斯的一部分包括进去。从这个边界线到西部沿太平洋地区之间有一块广阔的土地,其面积大约等于美国领土的一半,而人口只有美国全国人口的1%。这块土地就是内战以后美国西进运动的疆界范围,也是美国历史上所谓的"最后疆界"。由于这个地区大部分是缺少雨水的大平原,水源问题是每个移民都会首先碰到的大问题。起初,移民们只能依靠个人的努力,通过凿井和安装风车来获取足够的用水。后来,联邦政府也在这个地区逐步修建一些大型的水利工程,为进一步开发大平原地区创造了必要的前提。

西进移民在1860年到1870年的十年间已经跨过草原,进入大平原边缘地区。不少人在堪萨斯、内布拉斯加和达科他等地定居下来。还有少数人继续西进穿越大平原,在西部山区建立了新的移民点。到80年代科罗拉多的人口也有巨大增长,并作为一个新州加入联邦。此后,大平原地区的农业移民越来越多。大约到1890年,美国的边疆消逝,所有

---

① U.S. Bureau of the Census, *Historical Statistics of the United States: Colonial Times to 1970*, Vol. 2, p. 106.

② [苏联]列·伊·祖波克:《美国史纲:1877—1918年》,第28页。

的良好可耕地几乎全部被人占领。大规模的西进运动宣告结束。在这个辽阔的地区,陆续建立起一些新州。

这次西进对印第安人来说,是一次空前的、毁灭性的灾难。这次浩劫以后。印第安人完全失去了自己的家园,被赶进了贫瘠的"保留地",过着十分困苦的生活。虽然他们曾经进行过多次殊死的反抗,但可惜都遭到了失败。

在密西西比河以西,西部山区以东的广大地区,原来居住着三个最大的印第安部落群和一些分散的小部落。第一个部落群居住在大平原北部,大约有8.3万人。其中有3万人属于苏族语系的大家族,占据着从明尼苏达到蒙大拿波德河一带的地区。第二个部落群居住在落基山和科罗拉多高原,大约有6.5万人。居住在科罗拉多高原的是兴尼人和阿拉巴荷人。居住在远西南部的有阿帕赤人和拉瓦荷人。第三个印第安人部落群居住在大平原南部。其中包括五个有文化的部落和波尼人等较为落后的部落,总数大约有7.5万人。

内战前,这些部落没有受到大规模侵扰和驱赶,同联邦政府处于非敌对状态,没有发生过大规模的流血冲突。1851年,联邦政府同北方印第安部落订立了《拉勒米要塞条约》。根据这个条约,印第安人同意联邦政府在指定的地点修筑几条商道,并建立几个军事据点。而联邦政府则每年向该地区诸部落提供5万美元的商品作为年金。两年后,联邦政府又同南方诸部落签订了类似的条约,每年向他们提供1.8万美元的商品。

内战开始以后,许多分散的印第安部落首先受到进入密西西比河以西地区移民的侵扰。于是他们同明尼苏达的苏族人联合起来举行起义,反击白人的入侵。这次起义发生在1862年8月。起义的主力军是明尼苏达河上游的桑蒂人。他们属于苏族人的一个东方分支,过去曾在这个地区拥有广阔的猎场,但后来将2400万英亩猎场以166.5万美元的价格卖给联邦政府以后,只剩下一片狭窄的保留地,谋生极为困难。在这种情况下,他们被迫起义,对当地居民采取了残酷的报复手段,屠杀了450名居民。但是,起义在政府军队的镇压下,很快就遭到失败。2000名起义的印第安人被锡布利上校的讨伐军团团围住。392名俘虏立即受到审讯,被判死刑的多达307人。

1864年和1865年,在蒙大拿、达科他、科罗拉多一带也连续发生起义。科罗拉多当局立即派遣约翰·M.克里文登上校带领军队镇压起义,残酷屠杀印第安人达500人之多。

内战后,由于移民大量涌入大平原区和西部山区,印第安战争连绵不断,规模也越来越大。引起战争的直接原因大致有三种:1.印第安人的猎场受到严重破坏,食物供应日益匮乏;2.联邦政府的印第安事务当局贪污无能,不能按照条约规定向有关印第安部落提供质量合格的商品作为年金;3.联邦政府企图强行在印第安土地上开辟新商路,并派驻军把守,对当地印第安部落造成严重威胁。1866年在西蒙大拿发生的印第安战争就是一个例子。

1866年,在西蒙大拿发现了黄金。联邦政府在商人和淘金者的要求下,准备开辟一条通往矿区的有武装保护的道路。按照计划,这条道路将在拉勒米要塞从俄勒冈小道分出去通往蒙大拿的弗吉尼亚城,然后穿过波德河流域和黄石。为了实现这个计划,联邦政府同苏族人首领进行了谈判。但是由于这个筑路计划严重破坏了当地印第安部落的牧场和平静生活,引起了当地印第安人的强烈反抗。筑路队经常遭到印第安人的袭击,战争延续了好几年。这条道路筑成后叫作博兹曼小道,它在当地印第安人的心灵中种下了更深的仇恨,成为引发印第安战争的一个祸根。在这段时期连绵不断的印第安战争中,1866年下半年是战争最激烈的时期。附近地区的印第安部落在苏族领袖红云的领导下不断打击筑路队和政府军,迫使他们龟缩在堡垒中和道路线上,不敢轻易远离。交通运输和筑路工程都受到很大影响。为此,联邦政府不得不派遣增援军队来守卫道路。双方的小型战斗日益频繁。12月21日,发生了一次所谓的"费特曼大屠杀"。这一天,政府军军官、上尉威廉·费特曼率领80名骑兵和步兵荷枪实弹冲出堡垒准备同印第安人厮杀。当天,红云不在交战的印第安人当中,战斗由他手下的一个小头领指挥。印第安战士机动灵活,边走边打,终于全歼了这支军队,取得这次战役的完全胜利,红云所领导的印第安战士英勇善战,最后迫使联邦政府于1868年5月下令将联邦军队撤出苏族印第安人的居住地。美国资产阶级史学家也都承认红云"是一个非常勇敢的汉子,是苏族人中最聪明的战略家"[①]。

对印第安人连绵不断的残酷屠杀和驱赶引起了社会舆论的谴责,印第安战争的巨大耗费也招致了东部有产者的不满。仅1865年一年,印第安战争费用就达到了4000万美元。[②]在这种形势下,联邦政府不得不考虑采用和平的欺骗手段来达到剥夺印第安土地的目的。为此,国会特于1865年组织了两个所谓的和平委员会到西部地区同南北两方面的印第安部落进行谈判。但是,两个委员会都未能同整个部落群签订和平协定,而只是同个别部落订立了一些条约。在这以后,国会又陆续派出了一些委员会继续开展谈判。1867年的,新委员会取得了一定成功,赢得了两年的和平时间。

联邦政府的下一步计划是在大平原地区建立两个印第安区域:一个在北边,那就是现今的南达科他;一个在南边,那就是现今的俄克拉何马。它企图把所有大平原的印第安人都赶进这两个地区里去,以便从他们手里夺走肥沃的土地。从1867年到1887年,联邦政府大约用了二十年时间来实现这个计划。这在印第安人历史上叫作"保留地时期"。在这段时间里,大平原的许多大印第安部落迁入了上述地域。有许多部落是被强制迁入的。根据1866年联邦政府决定,凡在内战期间站在同盟一边作战的印第安部落将失掉按条约规定所应享受的权利,并且必须把自己的一半土地交给或卖给联邦政府。有些部落由于丧失了大量土地

---

① Benjamin Capps, *The Old West: The Indians*, New York: Time-Life Books, 1973, p. 195.

② Frederick Merk, *History of the Westward Movement*, New York: Alfred A. Knopf, 1978, p. 421.

而受到饥饿的威胁,不得不迁移到新的保留地去。也有一些部落是根据新的协定迁移到那里去的。1868年,蒙大拿苏族人的迁移就是一个例子。原来这个地区的苏族部落一直围绕博兹曼小道问题不断同联邦政府交战。到1868年,密苏里河上游已经可以通航,同时联邦太平洋铁路也已经修到这里,博兹曼小道不再具有重要价值,于是联邦政府以放弃这条小道及小道两侧的军事设施为条件,换取苏族人迁往南达科他保留地的同意。

1871年,联邦政府宣布,从此以后将不把印第安人作为单独民族看待,不再同他们签订条约。而在此以前所签订的让地条约大致有370项。根据这些条约,北美的主人印第安人只剩下了20万平方英里土地,而外来的寸土全无的白人却占有了大约300万平方英里土地。①

驱赶和集中印第安部落的过程在70年代加紧了。到1877年,在指定的印第安地区大约建立了22个保留地,人口达到7.5万人。迁移到新保留地的部落,力量都受到很大的削弱,逐渐失去了自己的战斗力。因此大规模的印第安战争越来越少。1876年6月的小毕霍恩战役是70年代最后的一次大规模战争。在这次战争中,印第安人取得了辉煌的胜利,引起了美国和国防新闻界的注意。

事情发生在蒙大拿南部的苏族人当中。由于美国统治集团进一步兼并苏族人的土地,并企图把他们赶进新的保留地,当地苏族人不得不奋起战斗来保卫自己世代居住的家园。政府军方面指挥这次战斗的是内战时期著名的"少年将军"乔治·A.卡斯特上校。此人刚愎自用,根本不把印第安战士放在眼里。他亲自带领一支几百人的军队对印第安人进行突袭,企图取得戏剧性的胜利。他把军队分为三路:一路由本廷上尉带领,一路由兰斯少校带领,一路由他本人直接指挥。在印第安人方面,名义上的领袖是威望很高的坐牛,但他并未直接指挥战斗。战斗的真正指挥者是年轻领袖克拉兹·霍斯。

---

① Benjamin Capps, *The Old West: The Indians*, p. 155.

1876年6月25日中午,卡斯特带领三路人马向坐落在小霍恩河畔的印第安村落进攻。兰斯的队伍直接向村庄发起进攻,但遭到印第安战士的痛击,很快就撤回原阵地。本廷上尉的军队也毫无进展。只有卡斯特的军队深入腹地陷入重围,结果被全部击溃。卡斯特本人也一命呜呼。这次战役使政府军闻风丧胆,在印第安人的战史上留下了光辉的一页。

在这次战役之后,小规模的印第安战争仍然此起彼伏,一直延续到1890年。

二、农业机械化和农业教育、科研事业的发展

各种新式农业机器的不断发明和推广,科学耕种方法日益普及,农业教育不断发展是内战以后美国农业飞速发展时期的重要特点。如果说内战前三十年是奠定农业机械化基础的时期,那么内战后三十年就是实现农业机械化的时期。福克讷曾经指出:"可以正确无误地说,美国的农业革命在使用机器方面,是出现于1860年以后的那半个世纪。"[①]

从60年代开始,农具革新家和发明家们特别注意改进农业机械的性能,提高耕种、收割的质量和速度。收割机的改进就是一个十分明显的例子。过去的收割机没有把收割和打捆两道工序联合起来,需要用人力把收割机割下的麦子打成捆。50年代发明并投入使用的马希式收割机就是这样的机器,它所收割的庄稼一般要用两个人进行捆扎,既影响速度又耗费人力。于是人们就集中研究自动打捆的问题。在这以后的一段时间内,大约有50到60个专利状属于打捆方面的发明。1878年,威斯康星的约翰·F.阿普耳比发明"盘绕扎谷机",使工效提高了八倍。这对于加速垦殖西部的广大土地和增加粮食生产具有十分重要的意义。卡弗教授曾经指出:"盘绕扎谷机比任何其他单独的机器或工具还更能

---

① [美]福克讷:《美国经济史》下卷,第8页。

使我国增加粮食的生产,特别是小麦的生产。全国按人口计算的产量,从1860年的大约5.6蒲式耳增加到1880年的9.2蒲式耳。"①盘绕扎谷机的发明和投入使用也加速了小麦收割的机械化。据统计,在阿普耳比发明盘绕扎谷机的第二年,"美国所种植小麦的4/5是用机器收割的"②。

在盘绕扎谷机投入使用之后,在西部广阔地区出现了20匹马牵引的康拜因机,把收割、脱粒、捡净、装袋等各个工序连接在一起,进一步提高了机械化程度。

另外一个重要的改进是使用冷轧钢犁。这种先进的犁头轻便而又锋利,适用于一切软硬土质,是开发草原地区和大平原的理想农具,1868年开始在市场上出售,受到广大移民的欢迎。差不多在同一时期,双轮犁、多铧犁和圆盘犁相继投入使用,使耕种速度大为提高。1880年附有播种器的双铧犁的出现进一步节约了劳动力。

除此以外,还出现了插秧机、跨骑式中耕机、弹簧齿式单人双铧耙、各种锄草机、谷捆搬运机,以及装卸谷物的起重机械和传送装置。这种装置首先在芝加哥和密尔沃基投入使用,每分钟可以传送上千蒲式耳谷物。

到19世纪末,耕种收割的各个环节差不多都用机器代替了人力,基本上实现了农业机械化。但是应当指出,这一时期的农业机械主要是用畜力带动的,使用蒸汽带动的农业机械还未得到推广。据统计,1900年,美国农场拥有的耕畜(马和骡)达到了2400万头,远远超过了英、法、德三国拥有的耕畜头数的总和。勒鲁瓦·博兰曾经这样指出:"美国的农业优势是通过联合使用机器和家畜使处女地的肥力转变为财富而取得的。"③1900年美国的统计材料还具体指出:"近二十年来通过机器的帮助和用畜力代替人力,农业劳动效率大约提高了33%。"④

---

① ② Ernest L. Bogart, *Economic History of the American People*, p. 500.

③ Ernest L. Bogart, *Economic History of the American People*, p. 600.

④ Ernest L. Bogart, *Economic History of the American People*, p. 499.

大规模使用农业机械不仅加快了耕种和收割速度，节省了劳动力，同时也降低了成本。1855 年收割玉米需要用 39 个小时干完的活，1894年只用 15 个小时就能干完。1830 年生产 20 蒲式耳小麦需要 61 小时，1896 年只需要 3 小时。1850 年收 1 吨牧草需要 21 小时，1895 年只需要 3个多小时。收割成本费下降的幅度也是比较大的。玉米从每吨 16.34 美元下降到 6.62 美元。小麦从 4 美元降到 1.12 美元。牧草从 1.92 美元降到 63 美分。[1]

比农业机械化更为重要的是美国农业教育和科研事业的蓬勃发展，这不仅对美国 19 世纪后半期的农业产生了重大的影响，而且关系到美国农业的长远利益。美国的农业教育和科研事业在 19 世纪前半期和 19世纪后半期有很大不同。19 世纪前半期，基本上是以私人团体为主，地方政府给予一定援助，而联邦政府却很少过问和提供经费。虽然乔治·华盛顿曾经以总统身份建议在政府机构中设立农业局，但一直到 1839年，美国国会才通过决议拨款 1000 美元开展农业方面的调查统计。19世纪后半期，美国政府开始重视农业问题，1862 年，在农业委员会下面设立一个局，任务是"为美国人民取得并推广与农业有关的一般的和具有广泛意义的有用资料，并且去获得、宣传和分配给人民新的具有价值的种子与禾苗"。1889 年初，国会通过了将农业局升格为农业部，并设立部长职务的提案。这个提案于 2 月 9 日得到克利夫兰总统的签署。两天后，克利夫兰提名农业专员诺曼·J.科尔曼为美国的第一任农业部长，并于 2 月 13 日经参议院批准这项任命。农业部下面设有各种专门局："牲畜工业局""植物工业局""农业化学和工程局""昆虫与植物检疫局"……到 20 世纪初农业部已经发展成为一个拥有 40 个局和处的机构。美国的农业部不仅是一个行政管理机构，而且也是个科研机构，它为发展美国的农业做了大量的工作。美国学者穆尔曾经这样评价说："农业部的工作虽然没有经常引起公众舆论的注意，但确实是我们政府的一个

---

① Ernest L. Bogart, *Economic History of the American People*, p. 502.

奇迹。"①

植物工业局在消灭植物病变、改良农作物品种、从国外引进良种和分配、推广良种方面开展了大量的研究和组织工作,先后引进的外国植物达到4.3万种以上。其中有良种玉米、小麦、抗旱紫花苜蓿,以及半热带果树。昆虫与植物检疫局在各州都设有野外实验站,在防治植物病虫害方面取得了卓越的成果,曾经有效地扑灭了麦蝇、秋千蛾、黄尾蛾、棉籽象鼻虫、玉米蛀虫等害虫。

在联邦农业部建立后不久,各州也陆续建立了自己的农业管理部门,使整个农业体制得到加强:佐治亚1874年,田纳西1875年,北卡罗来纳1877年,弗吉尼亚和亚利巴马1888年,纽约1893年,宾夕法尼亚1895年……②

美国农业教育事业的大规模发展是在《莫里尔土地法》公布以后开始的。这个法案第一次提出是在1857年,但遭到了当时的总统布坎南的否决,一直到1862年内战开始以后才获得通过。1862年7月2日,林肯总统签署了这项法案。《莫里尔土地法》的全称是《对设立学院以促进农业和机械工艺的各州和准州授予公有土地的法案》。按照《莫里尔土地法》规定,以1860年人口调查为依据而确定的国会参议员和众议员的名额计算,每有一名参议员或众议员即授予3万英亩土地。出售这些土地所得的钱将作为基金,用这笔钱每年的利息"资助供给和维持至少一所学院,这个学院的主要课程,除了其他科学和古典著作的研究和包括军事战略知识外,必须按照各州州政府法律的规定讲授与农业和机械工艺部门有关的知识,以促进从事各种事业及专门职业的各个工业阶层的高等实用教育"。《莫里尔土地法》实行的结果是大约有1300万英亩公有土地被授予各州,对创建州立大学和农学院曾经起了极大的推动作用。

---

① J. R. H. Moore, *Industrial History of the American People*, New York: The Mcamillan Company, 1921, p. 337.

② N. S. B. Gras, *A history of Agriculture in Europe and America*, p. 393.

各州利用这笔经费开办了一批新的大学和农业学院。著名的马萨诸塞理工学院和农学院（即现今阿姆斯赫特的马萨诸塞州立大学）就是在这个时候成立的。在宾夕法尼亚，1855年建立的农业专科学校也于1863年扩大为州农业学院。除此以外，一些州的大学和学院开始附设农业和机械工程学校。有的农学院还开办了冬季的短期课程和补习班，并通过函授、散发学习材料等途径来扩大教学范围。

继《莫里尔土地法》之后，1887年国会又通过了另一个促进农业教育和科研事业发展的《海琪法令》。这个法令要求各州普遍建立农业实验站，广泛吸收农业院校的科技力量参加实验站的工作，使美国的农业教育和科学研究工作进一步结合起来。《海琪法令》的通过不是偶然的，它有一定的实践经验做基础。美国的第一座农业实验站是1875年建立起来的，它位于康涅狄格州米德尔顿，经费来源主要是州政府的拨款和美国《农业学家报》老板的私人捐赠。威斯莱扬大学同这个实验站有密切的关系，这所大学的阿特沃特教授就是实验站建站的指导者。差不多在同一个时候，在纽约和新泽西也出现了同种类型的农业实验站。正是这些实验站所取得的优异成果促使国会通过了《海琪法令》。从法令颁布到1893年，基本上达到了每州至少一个实验站的要求，全国一共建起了56个实验站，不久以后又增加到66个。由于美国的高等学校，特别是农业学院的教师学生能够直接参加实验站的工作，既能提高教学质量又能扩大研究成果，因而使得美国的农业不断飞速发展，农产品的价值成亿美元地增长。有人认为，通过《海琪法令》的"1887年是美国农业发展新阶段的起点"[①]。

联邦和各州的农业部门在促进农业教育方面也做了大量工作。它们不仅促进了教育和科研工作相结合，而且还发行了大量刊物，为交流经验和推广新技术做出了贡献。联邦农业部发行的农业刊物有十几种。

---

① Louis Bernard Schmidt and Earle Dudley Ross（eds.），*Readings in the Economic History of American Agriculture*，p. 481.

其中包括《农业年鉴》《农业公报》《农业研究评论》《农作物报告月刊》和《每周新闻通讯》等有影响的报刊。各州的农业部门也创办了不少报刊,全国的农业刊物达到500种以上。其中有几种刊物的发行量超过了50万份。

农业机械化和农业科研、教育事业的发展使美国的资本主义农业获得了近代化的物质基础,从而促进了"美国式道路"的最后完成。

三、农业生产的飞速发展

西进运动使美国的耕地面积迅速扩大。还在19世纪60年代内战后的恢复时期,已经增加了新垦殖土地50万英亩。70年代增加耕地面积达到1.5亿英亩,相当于英法两国土地面积的总和。[①]在1880年到1900年的二十年间,耕地面积又增加了3.03亿英亩。[②]同时,由于农业机械化逐步实现,使得广大西部土地的开垦能够迅速进行。有人曾经这样估计:"收割机使边疆以每年30英里的速度向西推进。"[③]

随着耕地面积的增加和农业机械化,美国的农作物产量也大幅度增长。以美国的两种主要粮食作物小麦和玉米为例:1859年,小麦产量为173104924蒲式耳,玉米为838792742蒲式耳;1899年分别增加到6.58多亿蒲式耳和26.66多亿蒲式耳。大体上都增加了三倍多。[④]

值得注意的是,西部和中西部地区在增产的粮食数额中所占的比例越来越大,产粮中心不断向西移动。以小麦为例,从下面的分地区统计数字中可以看出各个地区具体的增长情况。1859年,中部北部地区的十二个州:俄亥俄、印第安纳、伊利诺伊、密歇根、威斯康星、密苏里、艾奥

---

① ③ Ernest L.Bogart, *Economic History of the American People*, p. 495.

② Ernest L.Bogart, *Economic History of the American People*, p. 496.

④ Louis Bernard Schmidt and Earle Dudley Ross(eds.), *Readings in the Economic History of American Agriculture*, p. 371.

瓦、明尼苏达、堪萨斯、内布拉斯加和南北达科他，生产了全国54.9%的小麦，总数为9500多万蒲式耳，每人平均合10.4蒲式耳。西部十一个州和地域：蒙大拿、怀俄明、科罗拉多、新墨西哥、亚利桑那、犹他、内华达、爱达荷、加利福尼亚、俄勒冈、华盛顿，生产了全国4.4%的小麦，总数为760多万蒲式耳，每人平均合12.4蒲式耳。1899年，中部北部地区的十二个州生产了67%的小麦，西部十一个州生产了13.7%的小麦。[1]这两个地区在全国小麦生产中所占的份额都有所增加，而尤以西部十一个州增加最快。与此同时，过去东部产麦各州所占的份额却降到10%以下。产麦中心显然已经西移。如果按人口平均计算，西部和中西部地区更是处于遥遥领先的地位。据统计，19世纪90年代末，中部北部地区每人平均为16.8蒲式耳，西部为22.1蒲式耳，而东部地区却在4蒲式耳以下。

玉米的出产中心也出现了明显向西移动的情况。过去，太平洋沿岸的一些州曾经是美国的主要玉米产地。但是，在60年代，情况发生了巨大的变化。据统计，1869年全国有十个主要生产玉米的州，十个州的玉米产量相当于全国玉米产量的72%。在这十个主要生产玉米的州中，大西洋沿岸北部只有一个，那就是宾夕法尼亚，而且仅仅居于第八位，产量所占份额不过4.6%，完全无足轻重。大西洋沿岸南部也只有一个北卡罗来纳，而且居于第十位。出产玉米最多的几个州都位于中西部和西部地区。有人曾经估计说，当时生产玉米的中心大致在印第安纳波利斯西南90英里处。[2]

1869年以后的十年，堪萨斯和内布拉斯加两个西部州相继加入了十大玉米产区，而北卡罗来纳和得克萨斯都先后被挤掉。1879年，十个主要玉米生产州的玉米产量占全国玉米产量的78.9%。在十大玉米产

① Louis Bernard Schmidt and Earle Dudley Ross(eds.), *Readings in the Economic History of American Agriculture*, p. 375.

② Louis Bernard Schmidt and Earle Dudley Ross(eds.), *Readings in the Economic History of American Agriculture*, p. 884.

区的名单中,只有宾夕法尼亚一个州是大西洋沿岸州,而且产量所占份额又下降到2.6%。生产中心西移的趋势仍在继续。有人认为,到1889年,玉米生产中心大致在斯普林菲尔德西南55英里处。[1]

棉花生产也有西移的趋势。南北内战使南部的棉花生产受到严重破坏,美国的棉花生产因而在整个60年代都处于恢复时期。直到1876年,生产才恢复到1860年的水平,价格也大致相等。在这以后棉花产量逐年增长。增长最快的是西部和中西部的几个州。例如,得克萨斯的棉花产量在内战后二三十年间大约增加了三倍。产棉中心一直位于阿列根尼山以西的地区。

西部畜牧业的发展速度也是相当惊人的。开始,人们以为大平原地区冬季气候严寒,牛只不能在此越冬,所以长期以来很少有人在这里放牧。1866年,一个偶然的事件给人们解开了顾虑,开辟了在大平原地区大规模放牧的前景。这一年有两个货车队从密苏里向山区进发,在途经内布拉斯加西部地区的时候遇到了大风雪。两个车队的管理人都完全失去了把车队在冬季到来以前带出这个地区的任何希望。他们只好把所有驾车的牛只全部放掉,把货车留在当地,然后骑马离开这个地区。第二年春天,当他们回到这里的时候,发现所有的牛只都还活着,而且长得很肥壮。这样就解除了牛群不能在大平原过冬的顾虑。从此以后,在大平原地区就出现了一批又一批的大牧场。从得克萨斯河到曼尼托巴的广阔土地上,昔日野牛成群聚居的地方几乎都变成产牛区。

由于各种农牧产品数量的不断增加,美国的农产品市场日益扩大。这不仅为迅速发展的工业提供了充分的原料和粮食,而且从国外换取了大量资金,在整个国民经济发展中起着十分重要的作用。有人曾经认为:"内战时期向英国大量出口小麦……标志美国农产品——包括肉类和小麦——的竞争,终于不仅对英国农民而且也对一般西欧农民产生了

---

[1] Louis Bernard Schmidt and Earle Dudley Ross(eds.), *Readings in the Economic History of American Agriculture*, p. 386.

巨大的影响。"①

小麦在美国的出口农产品中占有重要的地位。19世纪后半期,从总的趋势来看,小麦的出口是逐步增长的,只在1873年到1876年这段时间出现过出口量减少的情况。据统计,1873年小麦和面粉的出口量为9100万蒲式耳,随后逐年减少,到1877年不仅恢复到原有的水平而且稍有突破,在这以后又有显著的增长。1878年,小麦和面粉的出口量猛增到1.5亿蒲式耳,第二年又增加到1.8亿蒲式耳。1883年,J.R.道奇曾经估计说,1883年以前的五十八年间美国一共出口20.64亿蒲式耳小麦,而其中在1874年以后出口的数量占一半以上。可以说,美国在1883年以前的十年中出口的小麦比在此以前半个世纪出口的小麦还要多。②

在整个谷物出口中,小麦出口所占的百分比也在逐步增加,据统计,1878年为35.8%,1879年增加到40.2%,1893年又增加到41.5%。③

美国的大量廉价出口粮食不仅充斥了英国的谷物市场,而且源源不断地流入欧洲大陆的许多国家,波希米亚、奥地利和匈牙利等国家都成为美国粮食的消费者。在19世纪末,美国在世界上几个大粮食出口国家中已经名列前茅。

①② Louis Bernard Schmidt and Earle Dudley Ross(eds.), *Readings in the Economic History of American Agriculture*, p. 436.

③ Louis Bernard Schmidt and Earle Dudley Ross(eds.), *Readings in the Economic History of American Agriculture*, p. 437.

四、生产集中,资本主义农场的涌现和雇佣劳动力的大量采用

列宁曾经指出:在资本主义按照"美国式道路"发展的情况下,"地主经济已经不再存在,或者已被没收和粉碎封建领地的革命捣毁了。农民在这种情况下占着优势,成为农村中独一无二的代表,逐渐转化为资本主义的农场主"①。可以说,宗法式农民转变为资产阶级农场主,是"美国式道路"完成的一个重要标志。

然而,这种转变是同生产集中和小农破产密切结合在一起的,因而也是一个相当漫长的过程。它在19世纪初或者更早一点就已经开始,一直到19世纪末还在进行。因此很难确定这种转变究竟是什么时候完成的。但是我们可以找出资本主义农场的农产品在全国取得优势的大致时间,并且以此作为"美国式道路"完成的一个重要标志。

美国的小农户历来就占有很大的比重,小私有制的农民经济在相当长的时间内在整个农业经济中的地位一直非常重要。因此,许多资产阶级政治家和经济学家就利用这个情况制造了所谓的"劳动农户""小农劳动农业""家庭农业"等种种谬论来歪曲美国农业的资本主义性质和资本主义发展道路。列宁曾经指出:"这种理论是整个资产阶级社会的一种错觉、幻想和自我欺骗。"②事实上,宗法式的小农土地所有制仅仅是美国资本主义农业发展的一个阶段,而且只能是最初的短暂的阶段,因为小农经济本身是不稳定的,随时都在分化解体,产生着资本主义。正如列宁所说:"小生产是经常地、每日每时地、自发地和大批地产生着资本主义和资产阶级。"③列宁的这个论断完全适合美国的情况,美国农业中

① 《列宁全集》第13卷,第219页。
② 《列宁全集》第22卷,第2页。
③ 《列宁全集》第31卷,第6页。

的资本主义关系正是在小农经济不断分化的过程中产生和发展起来的。美国的每一家小农户都毫无例外地不断遭受来自两个方面的激烈竞争，一方面来自农业资本家，另一方面来自其他小农。他们如果不能飞黄腾达，那就只有在遭到兼并和破产的过程中走向衰落，丧失土地，沦为雇佣劳动者。竞争的结果必然是生产集中，一座座资本主义大农场在破产小农户的废墟上破土而出。这种竞争的趋势，这种大生产排挤小生产的趋势在资本主义农业中是不可避免的。正如列宁所说："事实上，资本主义基本的和主要的趋势就是大生产排挤小生产，无论在工业中或农业中都是如此。"①不过，在农业中所采取的排挤并不一定意味着立即剥夺小农的土地，而往往是延长多年的经济状况恶化和破产。

在美国，生产集中的形式有两种：一种是通过兼并小农户土地的办法，扩大资本主义大农户的面积；另一种是提高集约化的程度，在比较小的土地上投入大量资金，建立近代化的、生产规模较大的农场。前一种形式的资本主义性质是显而易见的，容易为人们所认识，而后一种形式则往往给人以假象，由于大规模的资本主义生产被较小的土地面积所掩盖而往往被误认为小农经济。资产阶级学者也利用这一点来强调美国"家庭农业"的普遍性。

19世纪后半期，资本主义大农场的增长数字相当大，生产集中的过程也很快。从1860年到1880年间，土地面积在1000英亩以上的大农场增加了2.3万个。到1900年，大农场达到4.7万个，占地面积为20032.4万英亩，接近农场占地总面积的1/4。②另一方面，小农（其中包括宅地农民）丧失土地的情况却是十分严重的。《美国农业中垄断资本的统治》一书的作者曾经做了一个很能说明问题的统计，他说："在目前所有农场主中，其土地来源可以查明是由他的祖先按照《宅地法》取来

①《列宁全集》第22卷，第60页。

② U. S. Bureau of the Census, *Historical Statistics of the United States : Colonial Times to 1970*, Vol. 2, p. 467.

的,不满2%。"①

通过集约经营使小农户转变为资本主义农场主的情况在19世纪末20世纪初是相当普遍的。列宁曾经详细而深入地揭示了这种集约经营的小农场的资本主义性质,从而戳穿了资产阶级统计资料中以土地面积作为区分农场规模和性质的唯一标准的欺骗性。

19世纪末20世纪初,在大西洋沿岸北部和中部地区,由于人口众多,土地面积比较小,农业集约化已经达到相当高的程度。那里有许多农场,土地面积虽然不大,但投资大、设备多、施肥多、产量高,生产规模相当大。可是在统计材料中,这种农场一直被列入小农户的数字。高度集约的农场一般都是采用科学方法种植经济价值较高的牧草、蔬菜、水果等作物,而很少种植用粗放方法生产的谷物。根据1910年的统计材料,谷物生产在农业总产值中所占的比重,在新英格兰地区只有7.6%,在大西洋沿岸各州也不过21.6%,而上述两个地区经济价值较高的作物生产则分别为75.4%和63.2%。

就单位面积所提供的农牧产品的数量来看,高度集约化地区也远远超过了美国的平均水平。如果同集约化较差的地区相比较,差距就会更大。例如,1900年,按农户平均拥有土地最少的新英格兰地区,每个农户平均拥有奶牛5.8头,而全美国的平均数字只有3.8头。又如,1889年新英格兰地区平均每头奶牛年产奶量为548加仑,而全美国的平均年产奶量只有424加仑。②恰恰就是这个按耕地面积计算,小农户最多的新英格兰反而成了美国最大的产奶基地之一。如果把集约化的小型资本主义农场也计算进去,那么资本主义农场的数字在19世纪末就已经相当庞大了。资本主义农场所提供的产品也超过了全国农产品总数的一半。列宁在《关于农业中资本主义发展规律的新材料》这本重要著作中,曾经对各种类型的农户的数目和出产数量做过估计和分析,有力地论证

---

① [美]卡伦·弗雷特烈克斯:《美国农业中垄断资本的统治》,第27页。
②《列宁全集》第22卷,第27页。

了美国农业的资本主义性质。19世纪末，美国国内农户的总数大约为580万。其中收入很少，不属于资本主义经济的小农户约占340万；普通中型农户为140万；属于资本主义性质的农户将近100万。而在美国农产品总值中，1900年，占半数以上的非资本主义性质的小农户所占的份额不过22%，普通中型农户为26%，资本主义性质的农户则占52%。由此可见，非资本主义性质的小农户在当时美国农业生产中已经退居非常次要的地位，而资本主义农场主则居于首要的地位。

除此以外，农具和农业机械总值的迅速增加，也能说明资本主义农场的发展。1850年至1900年，耕地面积大约增加了两倍半，而所使用的农业机械的价值则增加了四倍。

总之，19世纪末，美国的农业资本家已经大批涌现，资本主义农场在农业生产中居于主导地位，宗法式小农转变为资本主义农场主的过程基本完成，"美国式道路"最后完成的一个重要标志已经出现。

另一方面，生产集中、资本主义大农场形成，以及小农被排挤、被剥夺的过程，也是雇佣劳动形成和增长的过程和农业资本主义发展趋于成熟的过程。正如列宁所说："农业中资本主义的主要特征和指标是雇佣劳动。"①可以说，雇佣劳动在农业生产中的大量采用是"美国式道路"最后完成的另一个重要标志。

美国农业雇佣劳动力的来源是多方面的。除去破产的小农，还有流入农村的失业工人和相当数量的移民。但是，基本的雇佣劳动力和雇佣劳动力的后备军仍然是在资本主义农场排挤和兼并小农户的过程中产生的。

在西进过程中到西部地区开发土地的小农，大部分都是依靠向东部资本家或者公司借债来获取必需的资金的。他们不得不以开垦后的土地、有限的动产，甚至未收割的庄稼作为抵押，借款利息往往高达1分2厘至1分8厘。随着西进运动的进展，向农户发放贷款逐步成为十分有利可图的行业。从1880年开始，许多保险公司和银行都专门经营这项

---

① 《列宁全集》第22卷，第91页。

业务。全国农场所负的债务从1880年的3.43亿美元上升到1890年的5.86亿美元。①

许多小农户由于无法偿付高利贷而沦为抵押农户,甚至完全失去土地成为佃户和雇佣劳动者。抵押农户是生产者脱离生产资料的第一步,是雇佣劳动者的后备军。据统计,1890年美国抵押农户占农户总数的28.2%,1900年又上升到31%。②当然,这里也不排除少数抵押农户经济比较宽裕,能够把抵押得来的资金用来增加投资,改良土壤,提高生产。但对于大多数抵押农户来说,境况却是十分困窘,日益趋于破产和完全丧失自己的土地。事实上,许多大公司的土地都是通过驱赶抵押农户而取得的。据估计,1900年失去土地和不完全拥有土地的农户超过了农户总数的一半。③这些农户当中,有的成为佃农,有的成为农业工人——雇佣劳动者。

然而,农业生产中雇佣劳动的大量采用是同农业机械化,实行大规模生产分不开的。所以这种情况出现在19世纪末,农业机械化基本实现以后。以伊利诺伊、艾奥瓦、堪萨斯、内布拉斯加、明尼苏达、南北达科他七个产粮州为例,那里的农业资本主义比较发达,基本上实现了农业机械化,雇佣劳动者的人数增长很快。据统计,1880年到1890年间,这七个州的雇农人数从363233人增加到631740人,大约增加了74%。④从全国的情况来看,1900年,全国农业雇佣工人已经达到200万人。⑤一支农业工人大军已经形成。

---

① A. M. Schlesinger, Sr., *The Rise of Modern America: 1865-1951*, New York: The Macmillan Company, 1954, p. 148.

②《列宁全集》第22卷,第81页。

③ C. A. Beard and M.R. Beard, *A Basic History of the United States*, New York: The New Home Library, 1944, p. 398.

④ [美]福克讷:《美国经济史》下卷,第11页。

⑤ U. S. Bureau of the Census, *Historical Statistics of the United States: Colonial Times to 1970*, Vol. 2, p. 468.

资本主义农场的大量涌现,农业资产阶级和农业工人的形成,标志着美国农业资本主义改造的完成和"美国式道路"的完成。完成的时间大致在19世纪末期。

五、农民运动

美国农业的发展是以牺牲小农利益为背景的。除去大生产的排挤和无情的竞争,联邦政府的货币政策和铁路的高运费也都曾经使小农遭受巨大损失,纷纷破产。

内战时期,联邦政府为了支付军费,不得不发行大量纸币,总数达到4.3亿美元,结果造成了恶性的通货膨胀。票面价值为1美元的纸币到1864年7月只值39美分。恰好在这个时期,农产品的需求量大为增加,价格也随之上涨,许多农户纷纷借债,添置机器,扩大生产。但是,内战结束后,联邦政府货币政策逐步收缩,币值开始回升,粮食价格不断下跌,结果使得农民所负债务无法偿还。过去只需要几蒲式耳谷物就可以偿还的债务,现在需要付出几十蒲式耳了。

内战期间和内战以后,铁路公司收取的货物运费一直十分高昂。例如,1869年由密西西比河以西地区到东海岸,每蒲式耳谷物运费竟然高达52.5美分。如果把19世纪70年代和80年代三种主要农作物价格的变动情况作一对比,那就可以清楚地看到,这样高的铁路运费对于中西部和西部的农民来说是很难支付得起的。具体情况见下表。[①]

年份	小麦(美分/蒲式耳)	玉米(美分/蒲式耳)	棉花(美分/磅)
1870—1873	106.7	41.1	15.1
1874—1877	94.4	40.9	11.1
1878—1881	100.6	43.1	9.5
1882—1885	80.2	39.8	9.1
1886—1889	74.8	35.9	8.3

① R. A. Billington, *Westward Expansion*, New York: The Macmillan Company, 1960, p. 725.

表上所列数字表明，居住在密西西比河以西的农民每运出1蒲式耳小麦就需要支付相当于售价1/2或2/3的运费，每运出1蒲式耳玉米就需要支付高于售价的运费。东部大西洋沿岸地区的农民虽然支付运费比较少，但生产成本比较高，而且同样受到粮价下跌的沉重打击，处境也是十分困窘。由于破产而离开自己的农场的人越来越多。19世纪末20世纪初，随着垄断组织的出现和其对农业的干预，这种趋势还在不断加强。美国小农不得不奋起保卫自己的财产，并同垄断资本家和大农场主进行争取生存反对剥夺的长期斗争。在19世纪的后半期，美国农民运动连绵不断，有1/2以上的农民投入了斗争。在半个世纪中，运动不断出现高潮，其规模之大、影响之深远都是十分罕见的。

第一次高潮发生在70年代。那一时期农民运动的主要内容是反对大生产排挤小生产的经济斗争。农民一般采取联合起来的办法同大农场主进行竞争。农民协进会是这一时期运动的主要组织形式，所以历史上把这一时期的农民运动叫作农民协进会运动。

农民协进会的原名是"农业保护者协会"，最早的农民协进会是首都华盛顿的农民协进会，成立于1867年底。不久，在其他一些地区也成立了这样的组织，并且联合起来，在华盛顿成立总部，改名为农业协进会。协进会原来的目的，只不过是提倡农民互助，互相学习耕作技术，交流经验和传播农业科学知识，根本没有涉及农民的切身问题。所以在最初一段时间内，它发展缓慢，得不到广大农民的支持。在这种情况下，60年代末70年代初许多地方的农民纷纷成立自己的俱乐部。在南部几个州，地方俱乐部又联合为规模更大的联合组织。俱乐部和联合组织提出了反对资本压迫，建立对铁路的监督，满足广大农民迫切需要的激烈要求，得到了农民的拥护。

协进会地方支会的会员对协进会的纲领和行动极为不满，要求协进会同农民运动进一步结合起来。1869年，农民协进会才开始开展一些经济方面的活动。最初，地方上的农民协进会只是采取一些措施协助会员销售和购买农产品、牲口、种子，为会员设置一些临时贮存谷物的仓库,有时也向会员提供一些关于农产品的行情。后来,地方农业协进会发现,这些措施深受人们的欢迎,于是就进一步发展供销合作制度,抵制垄断组织和中介商人的剥削。有些地方协进会和农民报刊甚至提出了"合作起来""打倒垄断组织"的比较激进的口号。不过总的来说,农民协进会并不反对资本主义,也不反对垄断资本,而只是反对资本家和垄断组织的排挤。

农民协进会的有效活动吸引了越来越多的农民,并且逐渐成为一个群众性组织,仅1872年这一年就建立了1150个地方分会。

1873年的经济危机对农民协进会运动又给予了巨大的推动,使它达到了高潮。在危机中,银行和信贷公司、保险公司利用农民不能按期偿还债务的机会,肆意掠夺中小农场的土地,使广大小农和一部分比较富裕的农民走投无路。他们只得把农民协进会当作唯一的保护者,纷纷加入协会。各地的农民俱乐部也由于协会工作的改进而主动并入协进会。从1873年起到1875年,农民协进会获得了蓬勃发展。仅在经济危机发生后的一年内,农民协进会地方分会的数目就增加了九十九倍。1874年,协进会共拥有21967个地方组织,150万会员。平均每160个农场就有一个农民协进会地方分会。艾奥瓦和堪萨斯是农民协进会分布最密的两个州。在那里平均75个农户和66个农户就有一个分会。[①]这时,农民协进会才真正成为整个运动的领导机构。

由于大量小农进入农民协进会,农民协进会的领导人和领导机构逐渐向左转。这在1874年农民协进会圣路易斯年会所通过的宣言中表现得十分清楚。宣言纠正了过去纲领中不涉及经济要求的偏向,明确表示:"反对贷款制度、抵押制度……希望在生产者和消费者之间,在农民和制造商之间建立起尽可能直接和友好的关系。"[②]宣言还提出,全国农

---

① C. C. Taylor, *The Farmers Movement*, New York: American Book Company, 1953, p. 137.

② C. C. Taylor, *The Farmers Movement*, p. 133.

民协进会的目标是要"把农场变成自给自足"的,不受大资本家影响的世外桃源。不过,农民协进会并不从根本上反对资本主义。它在自己的1874年宣言中明确指出:"我们不是资本的敌人,但是我们反对垄断资本的暴政……我们反对过高的薪金、高利率和商业中的暴利。这些都大大加重了我们的负担。"[①]所以,无论就运动参加者的成分来看,还是就运动追求的目标来看,农民协进会运动是一次小资产阶级运动,而且带有乌托邦的色彩。

农民协进会在自己的实践活动中曾经取得过某些暂时的成就,在农民当中留下了深刻的印象。它不仅在许多地方建立了供销合作机构,为会员节省了大量开支,而且还建立了各种工厂,为会员生产急需的廉价农具和机械。堪萨斯、密苏里、伊利诺伊、印第安纳、肯塔基、艾奥瓦的农民协进会都曾经为会员建立各种小型加工厂和农业机器制造厂。其中最成功的是艾奥瓦的收割机厂。该厂生产的机器以半价售给会员,使农民得到了一定的经济利益。但是,农民协进会的经济力量仍然是极其有限的,在同垄断资本进行激烈的竞争中终于遭到失败。几乎所有由它兴办的工厂都先后破产倒闭,就连艾奥瓦的收割机工厂也逃不脱这个厄运,不得不于1875年宣告破产,能够幸存的企业屈指可数。在这以后运动日益低落,到1880年,会员人数下降到12.4万人。

农民协进会所取得的另一个重大成果是它的地方组织迫使伊利诺伊、威斯康星、明尼苏达、艾奥瓦、密苏里等州通过了一些有利于农民的法律。这些法律对铁路公司的活动实行监督,规定了对客运和货运的最高限价,并不准许铁路公司歧视托运量较小的雇主。不过,这些法律,由于铁路公司的频繁活动,于80年代被宣布为违背宪法原则而失去效力。

农民协进会运动衰落以后,代之而起的是绿背纸币运动。运动的领导机构绿背党的原名是独立党。它正式成立于1875年,由于反对1875年1月联邦政府所颁布的《恢复金本位条例》,拒绝使用新币,主张继续

---

① C. C. Taylor, *The Farmers Movement*, p. 134.

使用已经贬值的旧绿背纸币而得名。绿背纸币运动的根本出发点在于维持"廉价通货",反对货币升值,以便使债务人能够迅速还清债务,摆脱困境,这对负债累累的小农来说具有极大的吸引力,他们在对农民协进会感到失望之后就纷纷加入了这个运动。绿背纸币运动和农民协进会运动最大的不同就在于它一开始就积极开展政治活动。1876年,绿背纸币党人参加了总统选举,并且提出了自己的总统候选人。尽管这次竞选只获得了81737票,但这毕竟是农民运动走上政治斗争道路的一个标志。

缺乏竞选资金和工人阶级的支持,是绿背党人在总统竞选中遭到全盘失败的两个原因。这种情况在1878年的国会议员选举中有了很大的改变,那时,美国工人由于1877年的罢工失败而开始意识到同农民联合进行斗争的重要性。1877年底至1878年初,在工人和农民当中出现了建立一个工人和劳动农民联合政党的要求。在宾夕法尼亚、纽约、俄亥俄等地都出现了工人和绿背党人联合行动的情况。1878年2月,在托列多召开了"工人及货币改革拥护者全国代表大会"。出席大会的代表有160人,其中包括一些工人领袖和绿背党人活动家。

这次大会宣告了绿背劳工党的诞生。该党政纲除罗列了许多绿背党人关于改革货币的要求以外,还提出了一些有关缩短工作日,建立全国和各州劳动、劳工统计局等符合工人利益的要求。由于绿背党人和工人的联合行动,绿背劳工党人在选举中取得了辉煌的胜利,共获得选票100多万张,在国会中得到15个席位,在地方议会的选举中也取得了重大的成果。例如,在新英格地区绿背劳工党得到了全部选票的1/3。在缅因州,有32名绿背劳工党人当选为地方议会的参议员,151人当选为众议员,还有一人被选为联邦国会议员。这时,绿背纸币运动达到了最高潮。在这以后,由于经济形势有所好转,农产品价格不断回升,许多农民对货币问题失去了兴趣,纷纷退出运动,运动走向低潮。

绿背纸币运动的根本缺陷在于它把改变农民处境的希望寄托在货币改革上,而没有找到真正的办法。

19世纪80年代,农民联盟运动开始兴起。起初,农民自发地组成一些地方性的小团体,其目的在于为改善农民的处境而斗争,随后这些小型团体又联合成为大规模的联盟。第一个农民联盟是内布拉斯加州的农民联盟,成立于1880年。继内布拉斯加之后,其他各州的农民也陆续建立了自己的联盟。随后,在北方各州农民联盟的基础上建立了全国性的组织——北方农民联盟。与此同时,在南方也出现了南方联盟和全国有色农民联盟及合作协会。在极盛时期,这三个组织的规模都达到了100万人以上。到80年代末,美国农民中参加各种农民联盟的人超过了总人数的一半。

农民联盟要求联邦政府对铁路和其他交通部门设立国家监督,或者将这些部门转变为国有财产,废除国家银行,禁止外国人拥有土地,确立比较合理的税收制度,并且实行通货膨胀政策,刺激农产品价格。与此同时,农民联盟还积极参加国家的政治生活,并且提出了建立农民政党的要求。1892年2月,在圣路易斯大会上成立了平民党。这次大会除去各地农民联盟的代表外,还有劳动骑士团、俄亥俄煤矿工人协会、圣路易斯中央工人协会等工人组织的代表参加。

圣路易斯大会通过了参加1892年总统选举的决定,并批准了基本的纲领要求。要求的大致内容如下:1.将铁路公司和其他公司的多余土地以及外国人拥有的土地予以没收,分配给真正的移居者;2.将铁路、电报、电话和邮政收归国有;3.实行累进所得税,允许按照金银币1∶16的比价随意铸造银币。此外,缩短工作日,禁止雇用童工,取缔武装侦探等工人的要求也列为纲领要求的内容。

平民党由于得到了工人的支持,在1892年的总统选举中,作为第三党取得了空前的胜利。平民党的总统候选人韦弗将军获得了100多万张选票和22张选举人票。在国会中,平民党有三名参议员和十名众议员当选。在地方上,平民党的候选人取得了四个州州长的席位,并在十九个州的州议会中取得了345个议席。

对于平民党的这一胜利感到最惊恐的是美国的垄断资本家和他们

的政客。狡猾的资产阶级政客利用平民党内部的不一致，在自己的施政纲领中加入了一些平民党的要求，从而使平民党内部陷于分裂。1896年7月，根据圣路易斯大会的决定，平民党在总统选举中与民主党合流，从此结束了自己的独立活动。美国的农民运动走向低潮。

19世纪美国的大规模农民运动虽然失败了，但仍然在历史上留下了深刻的痕迹。它一再令人信服地证明，对于广大小农来说，"美国式道路"绝非通向幸福的道路，而是一条走向破产和衰落的道路。

结　语

　　农业资本主义发展的"美国式道路"的开始和完成,都发生在近代,是同美国资本主义制度的产生、发展和形成过程相吻合的。无论就生产力方面还是就生产关系方面而言,美国的资本主义农业都比封建社会的农业,比受封建残余影响严重的农业先进得多。劳动生产率的提高,以及农业生产上所取得的成就也都是空前的、十分巨大的。这一点,在本书所列举的事例和数据中已经予以证明。

　　但是,"美国式道路"毕竟是一条资本主义道路。沿着这条道路发展起来的农业始终受资本主义制度所固有的一切矛盾的制约,存在着许多弊端和不可克服的严重困难。

　　随着"美国式道路"的完成,垄断资本日益牢固地控制着美国的农业。广大中小农业生产者越来越处于依附地位,不得不听凭垄断资本家的任意摆布。

　　中小农场经营者由于资金不足,不得不依靠赊购来获得自己所需要的生产资料,往往弄得负债累累,实际上成为垄断组织的雇佣工人。这种情况在第二次世界大战以后,美国经济高涨的情况下仍然没有改变。美国垄断资本家盘剥中小农场经营者的手段是多种多样的,赊购和放债就是两种经常使用的手段。以赊购而言,1944年在农场经营者总购买力中约占42%,而在1956年竟然上升到67%。中小农场经营者负债的情况也是极为严重的。1945年,中小农场经营者的债务约为76亿美元,1958年又上升到190亿美元。[①]

---

　　① [美]乔治·惠勒:《美国农业的发展和问题》,李守身译,世界知识出版社,1962年,第5页。

结果出现了中小农场经营者大量失去自己的农场,以及土地进一步集中的趋势。据统计,从1940年到1956年有1680万人从农业中被排挤出去。①20世纪50年代,美国农业部在农地所有权的研究资料中曾经承认:"我们的土地所有制曾允许大量土地集中在少数人之手。根据当时的调查,3%的个体所有者占有41%的土地这一事实,证明很大一部分农地是被较少的地主占有的。"②这个数字还不包括各种公司通过抵押土地所占有的地产。根据1950年的统计,单是各个保险公司所拥有的抵押农地的价值就将近10亿美元。如果按照当时地价每英亩65.45美元计算,约合1500多万英亩土地。③

生产"过剩"危机是资本主义经济不可避免的弊端。在美国的农业资本主义化以后,这个问题特别突出。所谓生产"过剩",并非产品生产已经超过人们的需要,而是资本主义社会下为保持农产品的价格人为地造成的。实际上,这是不断增长的生产能力同有限的销售市场之间的矛盾的集中反映。

美国资产阶级政府为了缓和这种矛盾,经常采取保持价格和缩减耕地的办法来减少"过剩"的农产品。例如,1946年,美国的马铃薯丰收,产量达到了4.87亿蒲式耳。当时美国政府为了减少"过剩"农产品,保持马铃薯的价格,在每蒲式耳1.24美元水平上,曾发放贷款,使150.4万蒲式耳马铃薯留在地里烂掉。④把成堆农产品浇上煤油或者投入海中的例子是屡见不鲜的。这种销毁农牧产品的现象在经济危机时期尤为突出。罗斯福时期的农业调整委员会在1933到1935的三年时间内,采用犁掉棉株和其他手段使棉花产量减少1000万至1300万包。1933年,农业调整委员会还不惜用高价收买怀胎的母猪和仔猪,立即屠宰埋入土

①［美］乔治·惠勒:《美国农业的发展和问题》,第5页。
②［美］卡伦·弗雷特烈克斯:《美国农业中垄断资本的统治》,第28页。
③［美］卡伦·弗雷特烈克斯:《美国农业中垄断资本的统治》,第29页。
④［美］乔治·惠勒:《美国农业的发展和问题》,第243页。

中。被屠宰的猪仔达到620万头,怀胎母猪达到22.2万头。[1]

应当指出的是,美国政府采取的支持价格政策主要是对大农场主有利。因为支持价格贷款是按照耕地面积或者产量付给农场经营者的。因此,中小农场经营者所获得的补偿是极其有限的。1956年1月11日《纽约时报》登载的艾森豪威尔致国会咨文中有一段话这样写道:"我们的农业计划主要有利于200万户效率高的大农场,其余近300万农场因规模很小,所以农户们从……我们的计划中得到的好处不多。"[2]1956年1月17日《纽约时报》还报道说:"在已经生效的支持价格计划下,大部分美元都流入大生产者手里去了。以小麦为例,在付出的钱中,差不多有3/4都为1/3借贷者所得。"[3]

美国政府缩减耕地面积政策给小农带来了更大的不幸。1955年至1956年,小麦和棉花的耕地面积一再压缩。许多小农由于被限制在四五英亩的耕地面积内,难以维持生活,不得不用相当的时间去寻找其他工作来弥补支的不足,或者抛弃农场、流亡异乡。1955年种植小麦的小农的耕地面积缩减25%到30%,问题更为突出。1956年,棉花耕地面积比1955年又减少3%。这一年是1880年以来棉花耕地面积最少的一年。小棉农的处境也是十分困窘。据《纽约时报》报道:"种植棉花的小农的境况甚至更坏……在密西西比河以东的棉花地带,有21万户小农,每户只耕种5英亩或更少。这类小农不可能生产较多的棉花,并从中获得利润。事实上,有的人甚至不愿意耕种了,有的人离开了他们的农庄,出外寻找工作,其他的人则乞求救济。"[4]对于大农场主来说,压缩耕地面积政策不但没有坏处,而且还是一个增加收入的途径。他们可以把一部分质量较差的耕地闲置起来,从政府手中取得补助和贷款,同时又可

---

① [美]乔治·惠勒:《美国农业的发展和问题》,第25—26页。

② [美]卡伦·弗雷特烈克斯:《美国农业中垄断资本的统治》,第269页。

③④ [美]卡伦·弗雷特烈克斯:《美国农业中垄断资本的统治》,第271页。

以把投资集中使用到优质土地上,使产量大幅度提高,完全可以补偿或超过缩减耕地所少生产的数量。

然而,无论是支持价格政策还是缩减耕地政策,都不可能调和生产能力和销售市场之间的矛盾。农产品"过剩"现象越来越严重,农产品价格下跌的趋势也无法制止。根据美国农业部报告,1956年4月1日,玉米、小麦和燕麦的库存量分别达到22.91亿蒲式耳、12.88亿蒲式耳和6.74亿蒲式耳。美国政府手中掌握的剩余农产品增长的速度也是十分惊人的。1947年,美国政府对剩余农产品的投资为6亿美元,1955年达到75亿美元,增加了十一倍多。目前,美国"剩余"农产品的积压仍然是十分严重的。不过,由于世界市场对粮食的需求量比较大,形势有所缓和。

资本主义农业的另外一个弊端就是一味追逐利润,滥用和浪费自然资源。任意砍伐森林、水土流失情况日益严重。美国水土保持专家万斯认为:"据我们所知,我国历史的最初一百五十年间,在我们的土地上被损坏的土壤多于一切其他国家。"[1]众所周知,在20世纪30年代发生的黑色风暴,在几千英里宽的地带上卷走了亿万吨土壤,风暴所经过的地带水井干涸、田园荒芜,千百万人倾家荡产,造成了巨大的损失。在这以后风暴仍然时常成灾。据美国水土保持局估计,如果把每年美国田野因风吹和水流冲刷而损失的土壤装入货车,再把每辆货车排列起来,可以环绕地球十八周。

尽管美国政府力图通过种种干预手段来解决这些问题,但是在资本主义制度下,这些是无法解决的。

---

① [美]乔治·惠勒:《美国农业的发展和问题》,第27—28页。

大　事　年　表

15世纪初	易洛魁人摩霍克部落酋长海华沙联合摩霍克、尤卡加、欧奈达、奥嫩多和塞纳卡五个部落组成部落联盟。
1492年	哥伦布到达美洲圣萨尔瓦多。
1499年	意大利佛罗伦萨商人亚美利哥·韦斯普奇航行到南美洲北岸。
1507年	德国学者瓦尔德塞弥勒第一次用亚美利哥的名字命名新大陆。
1512年	西班牙殖民者到达佛罗里达。
1534—1541年	法国人卡地亚三次航行到北美洲大西洋沿岸,并进入圣劳伦斯河。
1540—1541年	西班牙殖民者探险家德索托带领征剿队深入密西西比河流域,在佐治亚、亚拉巴马、阿肯色和俄克拉何马一带屠杀印第安人。
1583年	吉尔伯特率领船队侵入纽芬兰。
1584—1585年	英国沃尔特·雷利爵士到达北卡罗来纳河一持。
1606年4月10日	英王詹姆斯一世将美洲殖民地特许状售与伦敦公司和普利茅斯公司。
1606年冬	克利斯托弗·纽波特船长率领"苏珊""康斯坦特号""幸运号"和"发现号"从英国启航到北美洲。
1607年	英国伦敦公司建立弗吉尼亚的詹姆斯城。

1609年	亨利·哈德逊到达现今的哈德逊湾。
1619年	第一艘贩运黑奴船到达弗吉尼亚口。弗吉尼亚殖民地议会成立。
1620年11月11日	英国清教徒移民乘"五月花号"船到达普利茅斯,并在船上签订了著名的《五月花号公约》。
1622年	弗吉尼亚印第安人反抗白人侵略战争开始。
1630年	大批清教徒移民到达马萨诸塞。马萨诸塞殖民地建立。
1634年	马里兰的第一个移民区建立。
1643年	新英格兰同盟建立。
1663年	英王查理二世将北纬31°至36°地区赐授给八个大业主,称卡罗来纳殖民地。
1664年	英国夺取荷属殖民地新尼德兰,建立纽约和新泽西殖民地。
1675—1677年	菲利普王之战。
1676年	培根起义。
1702—1713年	西班牙王位继承战争。
1740—1748年	奥地利王位继承战争。
1756—1763年	七年战争。
1763年	《魁北克条例》签订。
1763—1765年	庞蒂亚克之战。
1769年	瓦拉珈移民点建立。
1775—1783年	北美独立战争。
1784年	美国联邦政府颁布《土地法令》,确定西部土地建立新

州的原则——《斯坦维克斯条约》。

1785 年	邦联政府颁布《土地法》,对西部土地的出售和测量做出规定。费城改进农业协会成立。
1786 年	废除代役租。丹尼尔·谢司领导起义。
1787 年	《西北土地法令》通过。
1790 年	塞缪尔·斯莱特制成新式纺纱机。查尔斯·纽博尔德试制铸犁成功。
1792 年	马萨诸塞州政府开始对改进农业协会提供补助金。
1793 年	惠特尼发明梳棉机。
1794 年 8 月 20 日	倒树之战。
1794 年	威士忌酒农民起义。费城—兰卡斯特公路竣工。
1795 年 8 月 3 日	《格林维尔条约》签订。
1800 年	简易打谷机制造成功。
1802 年	第一次从欧洲引进手推打谷机。
1807 年	富尔敦发明汽船。
1813 年	洛厄尔制成强力织布机。
1815 年	彭德尔顿农业协会成立。
1819 年 4 月 2 日	《美国农民》创刊。
1819 年	哲斯罗·伍德制成组装铁犁。
1820 年左右	中耕机投入使用。
1820 年	《密苏里妥协案》通过。托马斯·哈特·本顿首次向国会提出宅地法案。
1822 年 8 月	《新英格兰农民》创刊。

1823年1月	第一所农业学校加德纳学园开学。
1824年	德比地方农业学校建立。
1825年	伊利运河建成。
1826年	《纽约农民》创刊。
1831年	《田纳西农民》创刊。布里斯托尔、巴克斯、怀特斯巴诺、奥奈达等地方农业学校相继建立。威廉·曼宁制成割草机。
1832年	"黑鹰战争"开始。
1833年	奥贝德·赫西制成收割机。
1834年	塞拉斯·麦考米克制成收割机。
1834—1835年	《庄稼人》《缅因农民》创刊。
1835年	哈斯卡尔收割机试验成功。
1839年	美国国会首次拨款1000美元资助农业研究工作。
1841年	乔治·伊文思提出土地改革计划。
1845年	美国兼并得克萨斯。安德鲁·约翰逊提出新宅地法案。
1846年	韦尔摩特附件。
1846—1848年	美国侵略墨西哥战争,迫使墨西哥将得克萨斯、新墨西哥、加利福尼亚等地割让给美国。
1848年	自由土壤党成立。
1850年	《1850年妥协案》通过。
1851年	《拉勒米安塞条约》签订。
1854年	《堪萨斯–内布拉斯加法案》通过。共和党成立。
1857年	美国第一所高等农业学校——密歇根农业专科学校

建立。

1859年	约翰·布朗起义。
1860年	亚伯拉罕·林肯当选总统。
1861—1865年	南北内战开始。
1862年	林肯签署《宅地法》并发布《解放黑人奴隶宣言》。《莫里尔土地法案》通过。
1864—1865年	蒙大拿、达科他、科罗拉多连续发生印第安人起义。
1865—1877年	重建南部时期。
1866年	红云之战。
1867年	农业保护者协会成立。
1873年	经济危机。通过《木材种植法》。
1875年	独立党（绿背党）成立。
1876—1877年	坐牛之战。
1877年	"保留地时期"。《荒芜土地法》通过。
1878年	阿普瓦比发明盘绕扎谷机。在托列多召开"工人及货币改革拥护者全国代表大会"。
1880年	带播种器的双铧犁投入使用。内布拉斯加农民联盟成立。
1887年	《海琪法令》通过。
1889年	农业局晋升为部，并设立部长职务。
1892年	圣路易斯大会和平民党成立。

第二编

美国工业革命

总　论

　　18世纪下半期到19世纪,英、法、德、美等资本主义国家先后发生了工业革命。工业革命是资本主义从工场手工业向工厂大机器生产转变过程中所必须经历的一次伟大变革。它从技术革命开始,使生产力和社会关系都发生了巨大的革命性的变化:工场手工业时期缓慢的发展进程,变成了生产中的真正狂飙;工业革命的产儿——工业资产阶级和工业无产阶级,成为资本主义社会中互相对立的两大阶级;资产阶级在代议制国家里夺得了独占性的政治统治,使国家政权成为管理资产阶级共同事务的委员会;资本主义社会所固有的矛盾——生产社会化和生产资料私人占有的矛盾,日益显露出来;工人运动蓬勃开展。总之,近代社会的经济面貌、物质文明、政治制度和阶级斗争都同工业革命有着直接的联系。

　　英国是工业革命的发源地,从工业革命开始,经过半个多世纪,实现了工农业的近代化和机械化,成为世界近代史上最早出现的、首屈一指的富强的资本主义国家。19世纪50和60年代,英国经历了历史上的繁荣时期,牢牢地掌握着工业和海上霸权,成为"世界工厂"和最大的殖民帝国。

　　但是,英国的领先地位并不是永远不变的。在历史上,后来居上的例子很多。只要具备了一定的客观条件,加上主观努力,一个后进国家往往能够在不长时间内赶上先进国家。就拿英国来说,在文艺复兴开始以后,它在相当长时间内落后于意大利和其他一些欧洲大陆国家。当时意大利曾经是欧洲的科学技术中心,工场手工业蓬勃兴起,在意大利北部出现了欧洲封建时期最早的工商业城市热那亚、威尼斯、米兰和佛罗伦萨。可以说,无论就经济发展还是科学技术水平来看,意大利都曾经走在欧洲国家的最前列。17世纪中期,英国在完成资产阶级革命以后,大力提倡学习欧洲大陆的先进科学和技术,再经过大约一个世纪的工业革命,英国成为世界近代史上头等富强的资本主义国家,把曾经走在前列的意大利等欧洲大陆国家远远抛在后面。

但是当英国正兴盛繁荣的时候,又遇到了美国这个年轻国家的挑战。在英国开始工业革命的时候,美国仅仅是英国在北美洲的十三个殖民地,科学技术和经济发展都远远落后于英国。但是美国是一个地大物博的国家,在它的土地上又没有过封建政权的统治,周围也没有能够同它竞争的强大邻国,具备了发展资本主义的有利因素。更重要的是,美国有勤劳勇敢的来自世界各地的移民、黑人和当地的印第安人。正是他们用自己的双手披荆斩棘,创建了这个年轻的共和国。美国在独立后扫除了最大的障碍——英国的殖民统治,努力克服政治上、经济上的重重困难,迅速地引进英国和其他先进国家的资金、技术,大力发展教育事业,积极开展科学研究,用较短时间完成了自己的工业革命,从一个年轻的后进国家一跃而为资本主义世界最先进、最强大的国家,超过了英国、法国和德国。列宁曾经指出:"无论就19世纪末和20世纪初资本主义的发展速度来说,或者就已经达到的资本主义发展的高度来说,无论就根据十分多样化的自然历史条件而使用最新科学技术的土地面积的广大来说,或者就人民群众的政治自由和文化水平来说,美国都是举世无匹的。这个国家在很多方面都是我们资产阶级文明的榜样和理想。"[1]

美国工业革命从什么时候开始?有四种不同的说法:1.在18世纪后半期英国工业革命开始后不久就开始了;2.19世纪初期才开始;3.从19世纪五六十年代开始;4.开始于18世纪90年代。我们认为第四种意见比较可取。因为,工业革命开始的标志是工具机的发明。马克思在

---

[1]《列宁全集》第22卷,第1页。

《资本论》中明确指出："工具机,是18世纪工业革命的起点。"[①]恩格斯把珍妮纺纱机的发明作为英国工业革命开端的重要标志。美国没有发明新的纺纱机,而是从英国引进新式纺纱机。这项引进工作是由塞缪尔·斯莱特完成的,时间正好是1790年。所以把18世纪90年代作为美国工业革命的开始是有根据的。直到现在美国人一直把塞缪尔·斯莱特看作"制造业之父"。19世纪末出版的《美国工业发展》一书的作者卡罗尔·D.赖特,就把斯莱特按照英国人的设计在美国造成纺纱机这个日子作为美国工厂制的起点。[②]

　　美国工业革命是什么时候完成的,完成的标志又是什么? 我们认为,用机器制造机器,即机器制造工业的机械化是工业革命完成的主要标志。马克思说:"大工业必须掌握它特有的生产资料,即机器本身,必须用机器来生产机器。这样,大工业才建立起与自己相适应的技术基础,才得以自立。"[③]就整个美国来说,工业革命大概是在19世纪80年代,南部重建以后完成的。就地区来说,北方和南方的情况就很不相同。内战前,美国北方和南方存在着两种不同的经济制度。南方发展落后,采用强制劳动的种植园经济,工业基础十分薄弱;北方发展资本主义经济,工商业比较发达。就北方来说,到19世纪50年代已经开始用机器制造机器,工业革命基本完成。而南方仍然是一个落后的农业地区,而且在经济上依附于英国,是英国棉纺工业的原料市场。从这个意义上说,1860年,美国的工业总产值虽然已经跃居世界第四位,但仍然没有摆脱依附状况。除此以外,美国在资金、技术、贸易等方面对欧洲还存在着一定的依赖性。所以马克思说:"目前(1866)的美国,仍然应当看作是欧洲的殖民地。"[④]

---

① 《马克思恩格斯全集》第23卷,第410页。

② C. D. Wright, *Industrial Evolution of the United States*, New York: Scribner's Sons, 1895, p. 128.

③ 《马克思恩格斯全集》第23卷,第421—422页。

④ 《马克思恩格斯全集》第23卷,第495页。

南北战争的结束,宣告了北方先进的资本主义制度对南方落后的、野蛮的奴隶制度的胜利,使美国的工业革命从北部地区扩展到南部地区。因此,有人认为南北战争是又一次工业革命,并把它作为划分美国工业发展阶段的界碑。①

　　南北战争后,由于有北方的雄厚工业基础,南部地区迅速实现了工业化,完成了工业革命。从此,美国出现了一个工农业和科学技术发展的狂飙时期。19世纪末,美国的工业总产值超过了英国,跃居世界第一位。据统计,1890年美国生产总额占全世界生产总额的31%,而英国则下降到22%。美国钢产量达到434.5万吨,超过英国的钢产量70.5万吨。②

　　但是美国工业革命是在资本主义条件下发生和进行的,不可避免地要经历原始积累阶段。跟英国不同,美国的原始积累没有经过圈地运动和大规模的殖民掠夺,而是通过奴隶贸易、掠夺印第安人、剥削移民来进行的。这些血淋淋的事实和圈地运动、殖民掠夺相比较,同样是十分残酷和惨无人道的,在美国工业革命史上写下了极为暗淡的一页。

　　美国工业革命的完成,使美国工农业实现了近代化和机械化,产量迅速提高,生产规模空前扩大,同时也使生产社会化和生产资料私人占有的矛盾趋于尖锐。1873年、1883年和1893年连续发生的几次经济危机所造成的破坏,超过了过去历史上发生的历次经济危机。随之而来的是生产集中和垄断组织的形成。美国国会所设立的公司活动调查特别委员会早在1873年就已指出:"我国迅将布满庞大的公司,它们掌握并控制着不可胜数的财富,拥有巨大的影响和权力。"到19世纪末,美国的一小撮垄断资本家依靠手中所掌握的庞大的经济力量,得以随意指挥政府和立法机关,操纵美国的内政和外交,使美国成为一个典型的托拉斯帝国主义国家。

---

　　① C. D. Wright, *Industrial Evolution of the United States*, pp. 142–143.

　　② 中国科学院经济研究所世界经济研究室编:《主要资本主义国家经济统计集(1948~1960)》,世界知识出版社,1962年,第2—3页。

美国在进入帝国主义阶段后,各种矛盾空前激化,经济发展速度日益放慢。高速发展工业的日子已经一去不复返,成为美国历史上一种令人留恋的回忆。

美国资产阶级曾经利用一时经济繁荣的假象,提出了美国例外论,企图证明在美国不存在阶级矛盾和阶级斗争,美国的资产阶级和无产阶级是协调一致、相辅相成的,不存在无产阶级贫困化的问题。事实上,在美国工业革命时期,不仅存在无产阶级贫困化问题,而且存在着阶级矛盾和工人运动。1886年的总罢工,就是美国工人运动的高潮,它反映了美国工人阶级觉悟的迅速提高,为美国工人运动和国际工人运动树立了光辉的典范。

美国工业革命距今快两百年了,早已成为历史。但是它对美国的经济发展和社会关系的变化所起的作用是十分巨大的,涉及的问题也很广泛。所以,全面研究美国工业革命在今天仍然有一定的现实意义。由于过去对这个问题的研究很薄弱,又限于作者本身的水平,这本书只能是一个初步尝试,希望能够引起更多人的关注和研究。

第一章　殖民地时期的历史条件

一、工业革命的理想摇篮

美国位于北美洲南部,东面是大西洋,西临太平洋,幅员辽阔,资源丰富。美国领土面积936万多平方公里,仅次于苏联、加拿大、中国,而居世界第四位。它具备了发展工业的种种优越条件,是工业革命的理想摇篮。

第一,美国具有非常优越的自然条件。美国气候温和,土地肥沃,耕地面积超过23.7亿英亩,森林覆盖面积居资本主义世界第二位。境内河流密布,水力资源丰富,内河航运发达。重要矿产埋藏量在世界上名列前茅。西部有广阔的草原,是发展畜牧业的重要基地。美国还拥有漫长的海岸线和优良的港口,海上航运四通八达。

虽然工业革命前夕,美国领土只有230万平方公里,不到现在面积的1/4。但是,它的丰富资源已经引起人们的极大注意。

殖民时期,从大西洋沿岸到殖民地内陆,几乎布满了森林。名贵的白松生长在北部沿岸一带和康涅狄格河流域。雪松和云杉的主要产地在新英格兰。红橡树和白橡树分布在康涅狄格、马里兰和宾夕法尼亚。中部殖民地和南部殖民地还盛产黄松、红枫、野樱桃、核桃等木材。无穷无尽的森林给移民带来了巨额的财富,但也曾使他们的垦殖遇到困难。他们为开辟耕地和建设城镇毁坏了一片又一片的森林。到独立战争前夕,马萨诸塞、普利茅斯、波士顿、费城等开辟较早的地区和城市,已经开始感到木材缺乏。波士顿最先从缅因运进取暖木柴。1750年前后,费城也不得不从外地获得木材。不过总的来说,十三个殖民地仍然是重要的木材出口地区。

殖民地的铁矿分布很广。在马萨诸塞东部、新泽西沿岸和北部地区、康涅狄格河一带、纽约以北和宾夕法尼亚东南部都发现了铁矿。

殖民地还盛产重要工业原料亚麻和大麻。新英格兰的梅里马克、康涅狄格流域、阿尔巴尼附近、特拉华、新泽西北部、马里兰高地都是亚麻的产地。据统计,18世纪中期,每年从康涅狄格出口的亚麻种子约值8万英镑,从宾夕法尼亚出口的亚麻种子约为7万蒲式耳。①

美国南部适宜种植棉花。在弗吉尼亚,棉花是早期移民带来的一种农作物,那里种植棉花的历史最长。在安德罗斯执政时期纺织业受到提倡和鼓励,棉花种植区有所扩大。1746年,弗吉尼亚向英国曼彻斯特运出了第一船棉花。在南卡罗来纳,大约在1731年,棉花成为一种重要农作物,出现了一些大规模的棉花种植场,同时开始从查尔斯顿出口少量的棉花。18世纪70年代,当独立战争爆发的时候,南部各殖民地都种植了一定数量的棉花,并且获得了很好的收成,显示了生产棉花的巨大潜力。

第二,美国历史上没有封建统治时期,是一个封建势力和影响较小的国家。如果从1492年哥伦布发现美洲算起,欧洲人登上美洲土地不过五百年的历史。在此以前,美洲的土著居民印第安人世世代代居住在这块美丽富饶的土地上,创造着自己的文化和历史。玛雅文化、阿兹特克文化和印加文化都是世界古代高度发展的文化,是印第安人对人类做出的巨大贡献。印第安人培植了玉米、西红柿、南瓜、豆子、甘薯、马铃薯等重要农作物。他们还学会用石头制造各种工具和武器,用金属制造各种装饰品。他们能够用棉花和龙舌兰的纤维织造布匹,擅长建筑、雕刻和绘画。1946年发现的博南帕克神庙就是一座十分出色的古建筑的遗

---

① Victor S. Clark (ed.), *History of Manufactures in the United States*, New York: McGram-Hill, 1929, Vol. 1, p. 82.

址,庙里的壁画可算是世界珍品。在现今玻利维亚的的喀喀湖南面一个地方遗留下来的古印加人建造的太阳门也是一个古建筑奇迹。这座古建筑的拱门是用平整的大石块砌成的,上面装饰着精美的浮雕。石块之间紧密相接,没有留下明显的缝隙。

居住在落基山以东的印第安人从何而来,至今仍然是一个谜。但是有一种推测认为,他们原是居住在墨西哥的托尔特克人的几个部落,是被阿兹特克人驱赶到这里来的。在欧洲人进入北美大陆的时候,分布在现今美国领土上的印第安人有新英格兰的阿尔冈钦人,有占据着从香普兰湖到杰内西河,以及从阿迪隆达克山脉到宾夕法尼亚中部土地的易洛魁人,有东南部的穆斯考克族。他们大都处于由原始社会的奴隶制社会过渡的阶段。他们不仅捕鱼和狩猎,而且种植庄稼。当欧洲移民在新英格兰登陆的时候,发现当地的阿尔冈钦人正在地里种植农作物。而且恰好是印第安人的玉米曾经多次使英国移民度过了饥荒,免于饿死。现在美国的一些历史学家在回顾欧洲人过去对印第安人所犯下的深重罪行的时候,不能不带有愧色地说:"美洲印第安人是一个伟大高尚的种族,我们这些欧洲裔或非洲裔的人是以认他们为祖先而自豪的。他们并不是野蛮人,我们曾将他们当作野蛮人来对待,我们为此而感到羞愧。"[1]

最早来到美洲的是北欧人。大约在 11 世纪,一些普通的北欧商人和农民乘坐圆形的单桅商船在纽芬兰北部的某个地方登陆,在那里建立了一个殖民地,但这个殖民地只存在两三年就被放弃了。北欧的一位考古学家赫尔盖·英格斯塔德,在纽芬兰的兰斯-奥美多斯曾经发现了他们的某些遗迹。

1492 年,克里斯托弗·哥伦布在探寻通往印度和中国的航路时,偶然发现了美洲。1492 年 8 月 3 日,哥伦布从帕洛斯启航,带领着 90 名经过特别挑选的西班牙水手,分乘"尼尼亚号""平塔号"和"圣玛丽亚号"三

---

① S. E. Morison, H. S. Commager and W. E. *Leuchtenburg*, *The Growth of the American Republic*, New York: Oxford Unicersity Press, 1960, p. 10.

艘帆船,沿着东北贸易风带的北缘开向中国和印度。经过三个月的航行,11月11日晚10时,哥伦布和几个水手同时望见前方海面闪现了微弱的亮光,次日凌晨2时,终于发现了圣萨尔瓦多岛的砂崖,从此打开了美洲的大门。

16世纪末,英国人才来到北美,最初只建立了一批非永久性的殖民地。1570年,马丁·弗罗比歇发现了哈德逊海峡,但没有带回有价值的东西。1583年,汉弗莱·吉尔伯特爵士占领了纽芬兰,但在返航的时候遇难。后来,沃尔特·雷利爵士得到了汉弗莱留下的执照,领有佛罗里达以北的整个地区,并在劳诺克岛上建立了两个殖民地。但是其中一个殖民地两年后就被迫放弃了,而另一个殖民地的117口人完全失踪。直到1607年英国人才在北美建立了第一个永久性的居民区。这就是坐落在弗吉尼亚詹姆斯河口一个半岛上的詹姆斯敦。

弗吉尼亚殖民地是北美十三个殖民地中建立得最早的一个,它是由伦敦公司经营发展起来的。1824年,由于管理不善、内部纷争,被英王收归皇家直接管辖,成为皇家殖民地。第二个殖民地是1620年12月21日一批清教徒移民在大西洋沿岸北部建立的新普利茅斯殖民地。新普利茅斯殖民地同后来陆续在这个地区周围建立的各个殖民地合在一起,取名为新英格兰,包括马萨诸塞、罗德岛、新罕布什尔和康涅狄格四个殖民地。

马里兰、宾夕法尼亚、南北卡罗来纳是英王封赐给业主的殖民地,大致是在17世纪中叶陆续建立起来的。十三个殖民地中最后的是1732年建立的佐治亚。

英国王室、贵族和大地主曾经企图把欧洲的封建制度搬到北美来。马里兰的大业主巴尔的摩勋爵一心想把英王查理一世赐授给他的马里兰殖民地建成一个英国和爱尔兰的保王党天主教徒的避难所。英王查理二世复辟时期的约翰·科利顿爵士、安东尼、阿什利·库柏和蒙克等八个将领和政客,企图在国王赐授给他们的卡罗来纳建立封建秩序。库柏曾经同约翰·洛克共同写出一部包括120个条文的《卡罗来纳根本法》。

这个法律把殖民地居民分为五等,按照人们向业主购买土地的数量分别授予男爵、邑长和领主的称号。

但是这种使殖民地封建化的企图完全是一种违背历史潮流的幻想,根本不可能实现。第一,17世纪,英国本身处于动荡和革命时期,封建制度分崩瓦解,没有力量加紧对北美殖民地的控制,使殖民地的封建残余势力失去了强有力的后盾;第二,英国在国际事务中同法国的冲突一直是英国政府必须全力以赴的紧迫问题,因而牵制了英国的大部分力量,殖民地移民也因此享受到较大程度的自由;第三,北美殖民地移民大部分是酷爱自由的小私有者和躲避宗教迫害的清教徒,以及一些债务人和罪犯,他们最富于冒险精神,对于任何形式的封建束缚都是不能容忍的;第四,北美殖民地人烟稀少,严重缺乏劳动力,移民可以从这块土地迁移到那块土地,不可能通过封建关系把他们世世代代固定在某块土地上。因此业主们不得不采取按"人头权利"分配土地的办法,大量吸引移民。巴尔的摩勋爵曾经规定,每输入5个劳动力授地1000英亩。1636年,由于劳动力奇缺,授地标准曾经提高到2000英亩。

按"人头权利"分配土地造成了许多小农户,同时也使那些包办移民的投机者成为大地主。例如,1675年一个名叫塞思·塞塞尔的人,以在五年内建立30处住宅、安置120名移民为条件,一次就获得1.2万英亩土地。又例如,彼得·科利顿爵士从1675年到1684年间,通过分期安置移民的办法,总共得到3.58万英亩土地。[①]

大地产是殖民地封建残余势力的支柱。在中部和南部大地产比较多,两卡罗来纳许多地主的土地都在2万英亩到10万英亩之间,在中部地区的大地产通常划分为小块出租。地主为了吸引劳动力,只得向农户收取数额不大的代役租。在弗吉尼亚,每100英亩收取2先令;在马里

---

① Curtis P. Nettels, *The Roots of American Civilization : A History of American Colonial Life*, p. 139.

兰、两卡罗来纳和佐治亚收取4先令；在宾夕法尼亚收取1先令。[①]代役租的数额虽小，但却是一种封建性质的地租。它和长子继承法等制度构成了殖民地的封建残余。南部地区的大地产发展为使用奴隶劳动的种植园，种植园也具有封建性质。正如列宁所说："奴隶制度的经济残余同封建制度的经济残余丝毫没有区别。"[②]

商人和从英国国王取得特许状的商业公司所招募的移民，以及为了摆脱封建统治和宗教迫害的清教徒，从英国带来了资本主义关系和主张自治的民主思想。例如，弗吉尼亚公司管辖的殖民地弗吉尼亚的移民，就在1619年7月30日选出了由22名公民代表组成的议会。美国史学家莫里森、康马杰等人认为这个议会"乃是新世界最早的一个代议制机构。从那时起，民治政体尽管受到限制或迭遭挫折，却一直为英属殖民地和合众国的一项基本原则"。又如，一批清教徒移民于1620年11月11日在五月花号船上签订的公约，确定了按照多数人的意愿进行管理的原则。有人认为："1620年的这一《五月花号公约》，与1619年的弗吉尼亚议会并列，成为美国制度两大奠基石之一。"也有人说："这个在五月花号狭小而黑暗的船舱里签订的清教徒公约……是美国人民历史上的第一个具有宪法性质的文献。"

但是，无论是弗吉尼亚议会还是《五月花号公约》的民主精神，都是非常有限的。例如，弗吉尼亚的法律就包含有许多同民主精神相抵触的地方。这个法律规定星期六不上教堂、非议国王、工作懈怠的人均应遭受鞭笞，而构成死刑的罪行竟有20种之多。有人仅仅因为有阴谋反抗殖民地当局的嫌疑就遭车裂分尸，有的犯人受到锥子扎穿舌头的刑罚，然后又被缚在树上活活折磨致死。马萨诸塞的清教徒过去在英国遭受过残酷的宗教迫害，可是在他们当权以后又对持不同信仰者采取同样残

---

① Curtis P. Nettels, *The Roots of American Civilization : A History of American Colonial Life*, p. 338.

②《列宁全集》第22卷，第11页。

酷的迫害手段,动不动就剥夺他们在公共事务中的发言权。

移民分自费移民和契约奴两种。契约奴又分为强制契约奴和自愿契约奴,服役年限一般是五至七年,后来由于契约奴的激烈反抗减为四年。自费移民可以获得50英亩到100英亩的土地,但必须向公司或业主缴纳每百英亩2先令的代役租。契约奴服役期满后也可以获得25至50英亩的土地。这两部分人都是北美殖民地的小土地所有者。

定居在大西洋沿岸北部新英格兰地区的清教徒移民,是按照一种特殊办法取得土地的。他们集体向管理当局申请6到10平方英里的土地,建立市镇,并成为这块土地的"业主",然后再按每个申请人的财产状况分配不同数量的土地。一般按100英镑财产分配150英亩土地的标准计算。平均每户分得土地在50英亩以下,很少有超过这个数字的,所以在新英格兰地区,中小土地所有制占优势。

一部分移民和不堪忍受种植园主压迫的契约奴和破产小农纷纷在一些殖民地或者跑到的西部地区,侵占印第安人的土地或占用大地主霸占的闲散土地。据估计,宾夕法尼亚有2/3的土地是在未经业主们准许的情况下由移民自行占用的;北卡罗来纳有1/2的居民反对业主控制土地;在弗吉尼亚有1/3的居民,马里兰有1/4的居民,都在进行反对地主控制土地的活动。结果,这些地区也出现了一批小土地所有者。

由此可见,殖民时期,美国已经是一个小生产者汪洋大海的国家,具备了发展资本主义的肥沃土壤。同欧洲大陆的封建国家比较起来,这里无疑是发展资本主义的广阔天地,产生美国工业革命的理想摇篮。恩格斯曾经指出:美国从未经历过封建主义,一开始就在资产阶级基础上发展起来,是"一个富裕、辽阔、正在发展的国家,建立了没有封建残余或君主制传统的纯粹资产阶级的制度"①。而这种情况"有朝一日必定会导致震惊全世界的转折。一旦美国人开始做了,他们就会以巨大的力量和

---

① 《马克思恩格斯全集》第36卷,第481页。

飞快的速度做下去,使我们欧洲人相形之下显得十分幼小"①。

二、印第安人的血泪和殖民者的财富

马克思在《资本论》中说过:"美洲金银产地的发现,土著居民的被剿灭、被奴役和被埋葬于矿井,对东印度开始进行的征服和掠夺,非洲变成商业性猎获黑人的场所——这一切标志着资本主义生产时代的曙光。这些田园诗式的过程是原始积累的主要因素。"②美国的资本原始积累也是这样进行的。

还在殖民时期,美丽富饶的北美十三个殖民地就被英国的大商人、大地主的贪婪目光紧紧盯住。他们或者坐镇伦敦,派遣代理人到殖民地霸占土地,经营投机商业,或者亲身进入殖民地,攫取源源不绝的财富。北美殖民地的土著居民印第安人,是原始积累的最大的和最不幸的牺牲者。他们的财富被任意拐骗、抢劫,他们的土地被掠夺霸占,他们不分男女老幼地被残酷的殖民者驱赶出自己的家园而流离失所,他们无辜地遭到血腥屠杀,被剿灭殆尽。可以毫不夸大地说,美国原始积累的历史,就是一部印第安人的血泪史。

印第安人是爱好和平的民族。他们对早期的欧洲移民曾经采取了友好的态度。万帕诺亚格族的首领马沙索特曾经向清教徒移民传授过种植玉米的方法。当殖民地的第一个据点詹姆斯敦由于管理不善、内部纷争,以及许多一心想发横财的人们根本不愿意从事农业生产而面临着粮食匮乏,濒于崩溃的时候,正是印第安人的玉米帮助这个殖民地的移民渡过了难关,继续生存下去。假如没有印第安人的善意援助,詹姆斯敦殖民地在其建立的最初年代就早已遭到毁灭了。

印第安人也是不愿忍受凌辱和奴役的民族。一旦他们发现自己成

---

① 《马克思恩格斯全集》第38卷,第316—317页。

② 《马克思恩格斯选集》第二卷,第255页。

为欧洲人进行欺骗和迫害的对象,就不顾力量悬殊,奋起抵抗,进行了差不多三个世纪前赴后继的、英勇顽强的斗争。在灾难深重的三百年当中,印第安人所遭受的摧残和杀戮是骇人听闻的,在世界历史上也是十分罕见的。殖民者及其代言人曾经颠倒是非,责骂印第安人割取白人的头盖皮是一种野蛮的残酷行为。但是他们却忘记了,这种野蛮的残酷行为是印第安人在自卫的情况下,出于对侵略者的义愤而干出来的。他们还忘记了,他们这些来自"文明世界"的殖民者不但也割取印第安人的头盖皮,而且干得更凶,甚至高悬赏格,把割取印第安人的头盖皮变成刽子手们的一种特殊的有利可图的职业。1641年,新荷兰殖民地总督首先定下对印第安人头盖皮的赏格。新英格兰的清教徒们也参与了这个肮脏的勾当。马克思在《资本论》中曾经愤怒地揭露说:"那些严谨的新教大师,新英格兰的清教徒,1703年在他们的立法会议上决定,每剥一张印第安人的头盖皮或每俘获一个红种人都给赏金40镑。1720年,每张头盖皮的赏金提高到100镑。1744年马萨诸塞湾的一个部落被宣布为叛匪以后,规定了这样的赏格:每剥一个十二岁以上男子的头盖皮得新币100镑,每俘获一个男子得105镑,每俘获一个妇女或儿童得50镑,每剥一个妇女或儿童的头盖皮得50镑!"①无论如何,殖民者对印第安人的血腥屠杀,已经被作为他们的污点而载入史册,是任何人也无法抹杀的。

殖民者盘剥和劫夺印第安人财富的办法是多种多样的。他们最初曾经采用不等价交换的办法,恣意骗取印第安人的土地和毛皮。例如,彼得·米努依特这个人,在1626年用价值不过24美元的一些小玩意儿,就从印第安人那里"购买"了整个曼哈顿岛(现在纽约市的中部)。1670年,宾夕法尼亚地区也是用这种方法"买"下来的。

贵重毛皮,是北美殖民地的一项十分丰富的宝贵资源。从佛罗里达到哈德逊湾的广大地区,丛林密布,气候差异很大,适宜于各种毛皮兽生长繁衍。在欧洲人来到北美之前,印第安人只是为了获取肉食才猎捕野

---

① 《马克思恩格斯选集》第二卷,第257—258页。

兽,杀伤毛皮兽的数量不大,所以这项天然资源不但没有被破坏,反而有所增长。丰富的毛皮资源吸引着成千上万的殖民者和贪婪的投机商人。他们的足迹布满了安大略湖滨、奥斯维戈,并沿着小道通往西部。奥古斯塔等地成了毛皮贸易的中心。

加入毛皮交易的不但有商人,而且有殖民地的官吏。伯克利和弗吉尼亚其他地区的一些行政官,都在毛皮交易中大发其财。他们根本不花费什么成本,只需要置备一些廉价的日用品:小刀、锅、色彩艳丽的布匹……就可以轻而易举地从印第安人手里换来价格昂贵的毛皮。詹姆斯敦殖民地的一个创始人约翰·史密斯,用一只铜锅就换得了价值250美元的50张毛皮。新英格兰有一个移民,向遇到歉收的印第安人出售364蒲式耳玉米,换回364张海狸皮,净赚327英镑。

这种"交易"获利极多,实际上是一种变相的抢劫。但是殖民者仍然感到不满足,贪婪的欲望又驱使他们对印第安人进行了谋财害命、灭绝人种的大屠杀。

17世纪初,在大西洋沿岸一些地区,殖民者已经挑起了断断续续的战争。1609年,约翰·史密斯在弗吉尼亚派出120人的讨伐队伍,突然占领了印第安人的一个村落,并要求印第安人的部落首领把这个村落及其所属的100多平方英里的狩猎场划归他们管辖,所有村民也应向他们缴纳赋税。还有一次,殖民者纠合了一支人数众多的队伍,趁着秋收的时候骤然出动,袭击和烧毁了许多印第安人的村落,印第安人的鲜血染红了田野,就是那些少数得免于难的幸存者,也由于粮仓被毁掉而遭受饥馑。

在新英格兰地区,马萨诸塞总督于1636年派遣一支装备精良的队伍攻击布洛克岛的印第安人,开始了对印第安人的大规模屠杀。1637年,普利茅斯殖民当局以优势的兵力对印第安人发动了突然袭击。6月5日,天将破晓,北高山一个印第安人的村落还被一层薄薄的夜幕笼罩着。四五百个和平的村民正在熟睡。刽子手梅逊和安得赫尔率领的讨伐军悄然无声地像一群魔影朝着这个村子逼近。村子里有些人在睡梦里就被刽子手砍去了头颅,有些人在惊醒的时候,一睁眼就看到火光烛天,血染村头的悲惨情景。梅逊和安得赫尔亲自放火,把人投入火中活活烧死。全村村民不分男女老少尽遭惨杀,能够逃脱性命的不超过5人。安得赫尔曾经回忆说:"这班北高人勇猛非常……有许多勇敢的土人,不情愿离开自己的村落,在木栅栏里面拼命抵抗,结果被火烧焦……全村落的人就这样被消灭……许多男女和儿童都在防守区内被烧死,其他一部分被迫出走的,二三十个一群为我们的兵士俘获,也死于刀枪之下。"①

经过六个月的屠杀,北高山的许多村落荡然无存。最后只剩下北高印第安人的部落酋长带着80个战士、200个妇女儿童躲藏在沼泽地区。但是他们也没有幸免于难,酋长带领40个战士逃到其他部落后被杀害,其余人都被俘获。男人被杀死,妇女儿童被卖为奴隶。

1675年到1676年,又发生了一次大规模屠杀印第安人的悲惨事件,历史上把这次战争叫作"菲利普王之战"。"菲利普王"是殖民者给万帕诺亚格部落的一个勇敢善战的酋长取的名字,他不甘忍受殖民者的欺侮,曾经成功地调解了印第安部落之间的纷争,建立了广泛的部落联盟,到处对殖民者进行惩罚性打击。新英格兰的90个移民区中,有50个受到攻击,12个遭到完全毁灭。"菲利普王"的名字曾经威镇新英格兰,到处引起殖民者的恐慌。但是狡猾的殖民当局不断采取挑拨离间的手段,在印第安部落之间制造纠纷,削弱联盟的力量。1676年8月,由于叛徒的出卖,"菲利普王"被捕处死。他的头颅被砍下挂在普利茅斯的一根木杆上示众达二十四年之久。到17世纪末,新英格兰的贝各特、纳拉干塞特、万帕诺亚格等多数部落已基本上被消灭了。幸存下来的极少数人则逃往西部避难。大概有1.2万人死于战争和被屠杀,约有0.6万人死于饥饿,被俘的人数大大超过了这个数字,仅从普利茅斯运出被卖为奴隶的

---

① W. C. Macleod:《印第安人兴衰史》,第117页。

印第安人就有500名。①

　　1756年到1763年，英法在北美展开的争夺战，成了东部和中西部印第安人被驱赶和消灭的重要阶段。交战地区受英国人和法国人唆使而互相残杀的印第安人各个部落几乎都被卷入了战争。他们参加了这次战争中所有的重大战役。英国布拉多克将军的军队就是被得到印第安人帮助的法国军队彻底歼灭的。战争结束后，法国人被赶走，那些曾经同法国结成联盟的部落立即遭到英国人的血腥屠杀。英殖民者把从法国人手中接管过来的俄亥俄地区的堡垒线，作为对付印第安人的坚固要塞。这条堡垒线随时都在威胁着这一广大地区印第安人的生命财产。

　　这个地区有原来居住当地的部落，也有从东部逃来的印第安人。他们差不多都属于阿尔冈钦族。这一族人数众多、刚毅勇敢的印第安人，在殖民者的威胁面前，不畏强暴，为维护自己的生存和尊严而不惜背水一战。他们在渥太华部落酋长鼓提阿克的倡导下，对殖民者发起了联合攻击，掀起了印第安人历史上规模最大的一次战斗。他们痛恨英国的堡垒线，因而把夺取英国堡垒作为这次战斗的重要任务，并且占领了当时12个堡垒中的8个堡垒。匹兹堡和底特律也遭到围攻。形势对殖民当局极为不利。殖民者只有困守孤城，等待援兵，并派人暗中挑拨印第安各部落的关系，最后在英国正规军队的增援下，才打开了印第安人的重重包围。1765年8月，双方签订和约，阿尔冈钦族人被驱散。不久，鼓提阿克也被英军收买的叛徒刺死。

　　殖民地东部最大的部落联盟易洛魁族，在英法战争中也遭到削弱。18世纪末，美国军队又攻打他们，使他们一蹶不振。在东部地区只留下了一些被禁锢在指定的保留地内的小部落。印第安人的广大土地和财富都落入了殖民者手中，成为他们进行原始积累的重要来源。这就是北美独立战争前后印第安人被屠杀和被驱赶的情况。

　　但是，印第安人的悲惨遭遇并未就此结束，辽阔的西部也绝非他们

---

　　① W. C. Macleod：《印第安人兴衰史》，第195页。

定居的乐土。杀害和驱赶随着西进运动、交通运输和工农业的发展而变本加厉。19世纪中期,在加利福尼亚的淘金狂热年代里,印第安人被整村整村地歼灭,甚至到1871年,美国人还用猎犬追逐印第安人,把他们赶进山洞,用枪弹射死。在疯狂的屠杀和残酷的迫害下,印第安人人口迅速减少。以加利福尼亚为例,那里在1850年约有10万印第安人,十年后就减少到约3万人。有组织地迫害和掠夺印第安人一直继续到19世纪末。到1940年,美国的印第安人只有33.4万人,仅占全国人口的2.5‰。[①]

三、奴隶贸易养肥了新英格兰的豪商巨贾

奴隶贸易是北美殖民地资本原始积累的又一个重要源泉。灭绝人性的奴隶贩子,通过贩卖黑人奴隶,赚取了巨额的财富,再将之转化为资本。

在历史上,西班牙、葡萄牙、荷兰、英国都曾经通过奴隶贸易大发横财。北美殖民地的投机商和奴隶贩子们在资本原始积累时期也深深卷入了这桩肮脏的罪恶勾当。

奴隶贸易大致是在16世纪初开始的。1517年,西班牙国王查理五世颁发了一个特许状,允许持有者每年向西属拉丁美洲殖民地贩运4000名黑人奴隶。这就是历史上所谓的“西班牙合同”。查理五世在颁发这个合同的时候,完全没有预料到它会对以后欧洲的国际形势产生极其严重的影响,引起几个殖民国家争夺奴隶贸易特权的连绵不断的恶战。他随手把合同赐给了自己的一名宠臣。后来这个宠臣又以仅2.5万金币的价格把合同卖给了热那亚的一个商人团体。1518年,从非洲几内亚海岸开出的第一艘贩奴船在西印度靠岸。贩卖黑人奴隶很快就成

[①] Horold Faulkner and Tyler Kepner, *America: Its History and People*, New York: Harper Brothers, 1974, p. 836.

为发财致富的捷径。于是开始了争夺"西班牙合同"的狂潮。16世纪，合同曾经掌握在葡萄牙人手里，1640年被荷兰人夺走，1710年又被法国人攫取，1713年以后落入英国人手中达三十年之久。

最早向北美输入黑人奴隶的国家是西班牙。1526年，西班牙殖民者卢卡斯·巴斯克斯·德·艾利翁企图在北美大陆建立新殖民地，把500名移民，100名黑人奴隶带到现今的弗吉尼亚詹姆斯敦附近定居下来。[1]但卢卡斯·巴斯克斯在开辟殖民地三个月后病死，早就不堪虐待的黑人奴隶趁机起义，杀出殖民地。一部分黑人奴隶逃往印第安人居住区，一部分奴隶逃往海地。

向北美殖民地正式出售黑人奴隶以1619年为开端，这一年，一只荷兰的缉私船在詹姆斯敦附近将20名黑人奴隶卖给英国殖民者。之后，陆续有贩奴船只到北美殖民地出售黑人奴隶。1672年，英国成立了皇家非洲公司，垄断了非洲至英属美洲殖民地的黑人奴隶贸易。英国王室为了从奴隶贸易中攫取更多的钱财，曾经不止一次命令英属北美殖民地扩大输入奴隶的数字。1698年，英国又取消了皇家非洲公司的黑人奴隶贸易垄断权，把北美殖民地的奴隶贸易向所有的奴隶贩子开放，只要他们向非洲公司缴纳10%的捐税，即可使用该公司在非洲的贸易据点。

本来在北美殖民地的黑人奴隶人数不多，连弗吉尼亚这个使用黑人奴隶劳动较多的地区在1671年也只有2000名黑人奴隶，北方几个地区黑人奴隶的人数更少。1680年，在新英格兰只有200名黑人奴隶，而且其中大部分是家庭奴隶。[2]但是，在英国政府的直接插手下，输入北美殖民地的黑人奴隶人数急遽增加，1700年达到2万到2.5万人，约相当于居民总人数的1/10，这时差不多在所有的英属北美殖民地都使用了黑人

---

① Daniel P. Mannix, *Black Cargoes: A History of the Atlantic Slave Trade (1518-1865)*, New York: Viking Press, 1962, p. 54.

② Curtis P. Nettels, *The Roots of American Civilization: A History of American Colonial Life*, p. 326.

奴隶。①

在西非和北美殖民地的奴隶贸易中,英国奴隶贩子曾经起过主要作用。利物浦这个依靠奴隶贸易发展起来的新兴城市,同北美殖民地的奴隶贸易有着直接的关系。弗吉尼亚等几个南部殖民地的黑人奴隶有一段时间,大部分是依靠利物浦的奴隶贩子运来的。随着奴隶贸易规模的扩大,利物浦用于奴隶贸易的船只也不断增加。1730年15艘,1751年53艘,1760年74艘,1770年96艘,1792年132艘。奴隶贸易给利物浦带来了巨大的财富,成为它进行原始积累的一项重要方法。1744年,仅奴隶贸易一项就占利物浦贸易总额的一半。1783年到1793年间,利物浦贩运奴隶的总值为1500万英镑,净赚1200万英镑。

新英格兰是北美殖民地奴隶贩子的基地。他们同利物浦的大奴隶贩子比较起来虽然不免相形见绌,但是他们人数众多,分布颇广。波士顿、塞勒姆、马萨诸塞、朴茨茅斯、新罕布什尔、新伦敦、纽波特、普罗维登斯、布里斯托尔、罗德岛等城市和地区,都成了新英格兰地区的主要贩奴港口。新英格兰的奴隶贩子资本比较少,使用的贩奴船只多数是单桅帆船或纵帆船等20吨到50吨的中小型船只,其中有些船只根本不适宜航海。因此他们所从事的奴隶贸易带有更大的冒险性。

新英格兰的第一艘贩奴船,是1638年从西印度群岛装载棉花、烟草、食盐和黑人奴隶驶回波士顿的"愿望号",不过它运来的黑人奴隶是在西印度群岛转手购买的。直到1645年,波士顿贩奴船"虹霓号"才第一次开往西非几内亚海岸,攻打黑人村庄,劫掠一批黑人奴隶,运回波士顿。但是"虹霓号"返航之后,新英格兰的奴隶贸易并没有马上兴盛起来。这是因为一方面当时北美殖民地的契约奴还占有相当大的比重,黑人奴隶的需求量不大,另一方面,新英格兰的奴隶贩子还没有足够的资金和力量在西非海岸同实力雄厚的欧洲贩奴公司角逐。

---

① Curtis P. Nettels, *The Roots of American Civilization : A History of American Colonial Life*, p. 325.

进入18世纪以后,情况发生了变化。随着南部种植园的发展,黑人奴隶的需求越来越大,新英格兰的奴隶贸易进入了高涨时期。在金钱的驱使下,许多奴隶贩子铤而走险,带着不多的几名水手驾着破旧不堪的单桅帆船,直接驶往西非几内亚海岸。1789年,从新港开出的最大的贩奴船"兰西号"是一艘60吨的单桅帆船,一共只有5名船员。同一时期从这里开出的还有两艘40吨、一艘35吨、一艘22吨、一艘20吨的贩奴船只,船员最多的不超过9人。贩奴船"查尔斯顿号"由于船体破旧,在满载黑人奴隶从西非海岸返航的时候,仅仅在海上航行三个星期就出现严重漏水情况,最后不得不解去一些强壮黑人的枷锁,让他们同船员一起排干船里的积水。

新英格兰的奴隶贸易同欧洲的奴隶贸易一样,也形成了一种所谓的"三角贸易"体制。从北美殖民地到非洲这一段航程叫作出程。贩奴船在出程中,基本上或完全装载甜酒,以便在西非海岸换取更多的奴隶。例如单桅帆船"达夫号"在1789年离开新港的时候,除去食品给养以外,装载了相当于72到120加仑的大桶60只、相当于42加仑的桶8只、相当于35加仑的桶4只,都盛满了甜酒。新英格兰奴隶贩子用他们装载的甜酒在西非几内亚海岸换取黑人奴隶。从西非海岸把换来的黑人奴隶运往西印度群岛出售,这一段航程叫作中程。然后再从西印度群岛运回糖浆、硬币、姜、胡椒和一部分未售出的奴隶,这就是所谓的归程。

对于黑人奴隶来说,三角航程是一条血泪斑斑的道路、死亡的道路。奴隶贩子对待黑人奴隶"所采取的野蛮和残酷的暴行,是世界历史上任何时期、任何野蛮愚昧和残暴无耻的人种都无法比拟的"。世世代代居住在非洲大陆上的黑人完全没有料想到,当那些奴隶贩子的魔掌伸向他们的时候,会有一种多么悲惨的命运在等待着他们。从奴隶贩子"猎捕"开始,就出现了一幅又一幅的悲惨画面。在"猎捕"过程中,整个整个的村庄被焚烧蹂躏,村中的居民不分男女老幼都遭到烧、杀、掳、掠和种种折磨,被掳掠的男女沦为奴隶,不少人丧失了生命,幸免于难的人也失去了自己的家园,背井离乡,飘零失所。

但是，哪里有压迫，哪里就有反抗。黑人居民为了保卫自己的家园和生命财产，不断奋起抗击奴隶贩子的"猎捕"队，使他们付出生命和鲜血的代价。起初，新英格兰的奴隶贩子也曾经采取偷袭村庄绑架黑人奴隶的办法来获取奴隶，但是他们发现这种办法的风险太大，就转而采取更为狡猾和毒辣的手段，用武器和甜酒诱惑部落酋长出售黑人奴隶，挑动各部落间的战争，骗买战俘。这样，奴隶贩子可以轻而易举地得到大量奴隶，而不必冒生命危险。他们只需要把贩奴船开进内河或者靠近海岸，就可以换取所需要的奴隶。例如，1797年6月15日，满载甜酒和烟草的"查尔斯顿号"贩奴船沿着冈比亚河溯流而上，只用两天时间就换得了130名黑人奴隶。

这种用非洲人残害非洲人的狠毒手段，曾经使各个和贩卖奴隶有关联的部落处于连绵不断的相互残杀之中达几个世纪之久，给非洲黑人造成了更为深重的灾难。例如在早期的奴隶贸易史上就曾经有记载说，有三个部落的酋长结成军事联盟同邻近的部落交战。当时路过该地的奴隶贩子利用这个机会，站在联盟一边加入战争。战争结束后，奴隶贩子得到从战俘中挑选出来的500名黑人奴隶，其余将近7000名战败者全部被赶下大海，站在一块露出海面的泥沼上，慢慢下陷，被活活埋葬在污泥中。整个部落就这样惨遭毁灭。

沦为奴隶的黑人或者被直接劫上贩奴船，或者从内地押往海岸。他们在被押往海岸的路途中要受到不断的折磨。他们戴着沉重的手铐铁链，穿过丛林和崎岖的小路，行走非常艰难。一路上还要遭到奴隶贩子们的毒打和惩罚。有的黑人奴隶仅仅因为跟不上队伍就被打得脑浆迸裂，身遭惨死，有的被割断喉管，当场毙命。奴隶们挣扎着走完这漫长的路途到达海岸以后，拖着疲惫不堪的身体，被赶到阴森可怖、黑暗潮湿的地堡。这里毒虫麇集、疾病流行，奴隶们被拴在木桩上，随时面对着死亡的威胁。

从非洲到美洲这段"中途航程"，对于新英格兰贩奴船上的奴隶而言尤其痛苦。本来，新英格兰的贩奴船比一般贩奴船都小。可是奴隶贩子为了多赚钱,拼命装载奴隶,船上通常要装乘几百名奴隶。奴隶占有的舱位比一般贩奴船奴隶所占有的6英尺长、1英尺又4英寸宽的面积还要小。由于船舱异常拥挤,空气污浊、饮食恶劣,各种传染病极为猖獗。奴隶一旦染上疾病,立即被投进大海,葬身鱼腹。1784年,"戎号"贩奴船一次就把132个患病的奴隶抛入波涛汹涌的大海中。有时由于缺少淡水和食物,也有成批的奴隶遭到波涛灭顶的命运。经常有成群的鲨鱼跟在贩奴船后面等待吞食活人。

黑人奴隶不堪虐待和迫害,在"中途航程"中一有机会就起来暴动,杀死他们的凶恶仇人,或者逼迫奴隶贩子调转船头,驶回非洲海岸,上岸逃跑。据1764年8月26日马萨诸塞报纸报道,停泊在非洲戈雷附近的一艘贩奴船有43名黑人奴隶暴动,杀死船长和2名水手。最后在大副和其余水手的血腥镇压下暴动失败了,这艘贩奴船乃向波多黎各扬帆而去。1765年11月18日《新港信使报》报道说:一艘属于普罗维登斯的贩奴船,在从非洲海岸启航以后,由于船上一些水手生病,不得不放出一些黑人奴隶上甲板帮助工作,这些黑人奴隶趁机解开自己同伴们的锁链,向船长和水手发起攻击,争取恢复失去的自由。[①]这次暴动虽然没有成功,但它使奴隶贩子们谈虎色变,心有余悸。

由于非人的待遇和残酷的杀害,每一个黑人奴隶从被"猎捕"开始到抵达美洲的整个过程中,随时都受到死神的严重威胁。据估计,在每六七个人当中只有一个人能够活着看到美洲海岸。奴隶贩子的肮脏财富就是在黑人奴隶的累累白骨上积累起来的,每一个钱币都染上了他们的辛酸血泪。新英格兰奴隶贩子赚取的利润是十分惊人的。他们用廉价的甜酒在非洲换取奴隶,又以高价在美洲出售。按照1750年的价格,在非洲,一个男奴隶换100加仑甜酒、一个女奴隶换80加仑、一个童奴换60加仑,在西印度群岛,一个男奴可卖21英镑、女奴18英镑、童奴14英

---

① Daniel P. Mannix, *Black Cargoes: A History of the Atlantic Slave Trade (1518-1865)*, p. 158.

镑,所获的利润为本金的一至二倍多。有时一个三角航程竟可以赚得相当于投资额十倍的纯利润。例如,巴尔的摩的贩奴船"爱神号",建造费约3万美元,第一个航程就赚取利润20万美元。惊人的利润驱使新英格兰的奴隶贩子和巨商富贾疯狂地把资金投入造船业和酿酒业。1772年,北美殖民地共造船182艘,其中新英格兰建造的就有123艘。1750年,单是马萨诸塞就拥有63家酒厂,每年酿造1.25万桶甜酒,约相当于78.75万加仑。①但是,这个数字远远不能满足奴隶贩子的需求,还要从罗德岛的30家酒厂得到补充才能够勉强应付。有一个例子可以说明当时马萨诸塞甜酒供不应求的紧张情况。1752年,一个名叫伊萨克·弗里曼的船长,准备在马萨诸塞购买甜酒启航去几内亚海岸。他的代理人告诉他说,贩奴船在这里已经等候了差不多五个星期,由于这里等待装酒去几内亚的船只太多,所需要的甜酒数量在三个月内都很难弄到。

由于需求量的不断增加,甜酒酿造业成为新英格兰的一项重要工业。新英格兰的许多富商都是依靠奴隶贸易和酿造甜酒起家的。当时波士顿的大富翁彼得·凡纽尔的万贯家财就是奴隶和甜酒变来的,今天美国东部一些大财团和"显赫望族"也是奴隶贩子的后裔。新英格兰是北美殖民地工商业最发达的地区,同时也是奴隶贸易的中心地区。这些事实雄辩地说明,奴隶贸易同北美殖民地的工商业发展有着密切的联系。

四、北美殖民地的工商业

北美殖民地的经济,经过殖民时期一百多年的发展,到18世纪后半期已经初具规模。虽然农业仍然是生产中的主要部门,但是手工业和工场手工业也得到了相当发展。同时,大量的欧洲工匠随着移民的洪流进

---

① Daniel P. Mannix, *Black Cargoes: A History of the Atlantic Slave Trade* (1518-1865), p. 160.

入北美殖民地，极大地充实了这里的技术力量和劳动队伍，加速了工业革命的到来。

最初来到北美殖民地的移民，基本上生活在自然经济条件下，一切必需用品都需要移民自己动手生产。他们既要耕种、打猎，又要干木匠、铁匠、陶器匠和织工的活计。只是在人数增加到一定程度后，社会分工才比较明确，开始出现手工工场。

英国把北美殖民地作为自己的原料基地和制成品的销售市场，所以北美殖民地的工业发展一开始就同英国的政策有密切的关系。从根本上说，英国政府不允许殖民地拥有自己的工业和发达的经济。一位美国学者说得好，英国人关于殖民地的概念就是："殖民地应该为着宗主国的利益而存在，在这个意义上，殖民地应该生产宗主国所需要的东西，应该向宗主国提供可以出售其产品的市场。"①

美国资产阶级史学家把英国对北美殖民地的政策概括为重商主义政策，包括《谷物法》、保护关税和《航海条例》三个主要内容。而对北美殖民地有直接影响的则是《航海条例》和保护关税。他们认为，重商主义所追求的目标是贸易顺差和大量赚取贵金属货币，从这个意义上说，对殖民地的经济发展当然是不利的。但是，有许多具体因素还应当进一步加以分析。美国资产阶级史学家对这个问题有几种不同看法。

第一种意见认为，英国的重商主义阻碍了北美殖民地的经济发展。美国19世纪著名史学家乔治·班克罗夫特（1800—1891）把英国的《航海条例》比喻为"纸链"，他写道："正在兴起国家的商业自由被纸链紧紧锁住，自然的公正原则服从于英国商店老板的担心和贪婪。"②哥伦比亚大学经济学教授路易斯·M.哈克认为，英国的重商主义是限制北美殖民地资本主义的"监狱围墙"，只要北美殖民地继续留在英帝国内部，殖民地

---

① J. R. H. Moore, *Industrial History of the American People*, p. 48.

② Gerald N. Grob and George Athan Bielias, *Interpretations of American History*, New York: Free Press, 1972, Vol. 1, p. 128.

的资本家就无法躲避这种束缚。①

第二种意见认为,英国的《航海条例》对北美殖民地是有利有弊的,至少是利弊各半。持这种意见的主要有比尔、吉普森等人。比尔认为,《航海条例》至少从三个方面促进了北美殖民地的商业繁荣:第一,殖民地货物在英帝国内部获得了市场保证;第二,殖民地商船可以参加英帝国的利润优厚的航运系统;第三,殖民地的贸易可以得到英国军队、海军和商业垄断的保护。

第三种意见认为,英国重商主义对北美殖民地没有产生明显的影响,也没有引起殖民地的反对。只是在1763年以后,英国才改变了政策,增加税收,同殖民地的经济利益发生了直接的冲突。

事实上,殖民时期,英国是根据自己的需要来决定对北美殖民地的各项政策的。凡是同英国经济利益有抵触的工业部门都受到抑制和打击,凡是同英国经济利益有关联的工业部门都得到了鼓励和发展。例如,英国为了从北美殖民地取得造船材料,于1722年取消了北美殖民地木材的进口税,并从1705年开始对树脂和焦油、大麻发放津贴:每吨树脂和焦油补助4英镑,每吨大麻补助6英镑。②又如,英国为了限制和打击北美殖民地的家庭毛纺业,曾经通过《毛呢法》,禁止殖民地毛纺织品在产地以外销售,并于1700年取消英国毛纺织品的出口税,向北美殖民地倾销毛纺织品。③

但是,除去英国政府的政策以外,对殖民地工商业发展起作用的还有殖民地地方政府的政策和措施。有些法令和措施是同英国政府的政策针锋相对的。1640年,马萨诸塞地方当局为了鼓励家庭毛纺业,给用本地羊毛纺织毛布的人发补助金。后来,弗吉尼亚也采取同样办法,每

① Gerald N. Grob and George Athan Bielias, *Interpretations of American History*, Vol. 1, p .128.

② Victor S. Clark(ed.), *History of Manufactures in the United States*, Vol. 1, p. 25.

③ Victor S. Clark(ed.), *History of Manufactures in the United States*, Vol. 1, p. 21.

码①毛布奖励5磅烟草。马萨诸塞还在1655年通过一项法令,要求每个城镇的市镇管理委员调查每家住户中能够纺纱的人员,规定每户每年用一定时间生产纱线,每星期生产3磅麻纱、棉纺或毛纱。对完不成定额的住户罚款,每短缺1磅棉纱罚款12便士。这些措施对殖民地纺织业的发展都是有促进作用的。

除此以外,许多市政当局还采取向资本家贷款的办法,帮助他们解决资金短缺的困难。早在1638年,塞勒姆城就曾经向该城的玻璃制造商提供30英镑的贷款。1725年,罗德岛帮助威廉·博登建立帆布厂,贷给他500英镑,三年后又贷给他5000英镑。②

在北美殖民地,木材业和造船业是最早发展起来的两个重要工业部门。

还在殖民初期,木材已经成为欧洲市场,特别是英国最短缺的原料。在英国,侠盗罗宾汉时期的莽莽丛林已经消耗殆尽,波罗的海沿岸国家所提供的木材越来越少,而且价格昂贵。在英国,当严冬降临的时候,只有富裕人家的壁炉才能够吐出温暖的火舌,平民百姓对这种取暖用的木柴也是不敢问津的。至于英国迫切需要的优质造船木材更是价值连城,而且来源枯竭。然而北美殖民地森林密布,木材资源十分丰富,沿大西洋海岸有一条绵延不断的巨大的林带,盛产橡木、白松、黄松等优质木材。木材是最早的移民们一登上美洲大陆所发现的能够向欧洲,特别是向英国提供的最有价值的商品。1608年从詹姆斯敦,1621年从新普利茅斯运往英国的第一批货物,主要就是木材和木制的船舶用具。从此,木材成为开赴英国的航船上经常大量装载的货物。北美殖民地的木材业随着木材销售量的增大而兴旺起来。在缅因、新罕布什尔等曾经是樵夫们野营的地方逐渐出现了一批木材加工场和经营砍伐、运输、销售木材的部门。

---

① 码,英美制长度单位,1码合0.9144米。

② Victor S. Clark(ed.), *History of Manufactures in the United States*, Vol. 1, p. 43.

造船业的发展比木材业的发展具有更大的规模。在北美殖民地建造的船舶比在英国建造的便宜一半,而且质量更好。在北美殖民地建立和发展造船业对英国政府和商人是极为有利的,因此这里的造船业是在英国政府的直接提倡和命令下发展起来的。最早建造的船舶是一批内河航运使用的小船。1631年7月4日,马萨诸塞总督温思罗普出资建造的能够装载80人的中型船舶在新贝德福下水。两年后在梅德福又建成一艘排水量为60吨的船。当时这种型号的船只已经可以用于沿海航行。17世纪40年代以后,造船技术日趋完善。1642年,在波士顿造成了150吨的船5艘;经过四年又在这里造成了排水量300吨的大船。[1]到18世纪初,新英格兰的造船业已经发展为这个地区的主要工业部门,波士顿成为造船业的中心。1675年到1716年,仅在波士顿一地就造船300艘,其中1/5的船只销售出口。1720年,波士顿拥有14个造船厂,造船能力大大提高。此外,在塞勒姆、纽伯里波特、新贝德福德、索尔兹伯里等地也有相当发达的造船工业,1770年左右,北美殖民地每年卖给英国将近400艘船。英国船只的1/3,是在北美殖民地、用当地的木材、由当地的工匠造成的。[2]

在殖民地最早出现和最发达的另一个工业部门是纺织业。在殖民时期,大多数农户都从事纺纱织布,并且逐步种植棉花来保证棉纺业原料的供应。在北美殖民地种植棉花的最早时间大概是在1621年。17世纪中叶,棉花种植先后在新英格兰、南卡罗来纳、马里兰、特拉华等地得到推广。但是殖民时期棉花始终未能成为北美殖民地的重要出口商品。一直到1787年,南卡罗来纳的查尔斯顿城才第一次向英国出口300磅棉花。

在整个17世纪,棉纺业主要是家庭手工业,只有少数规模很小的手工工场。1643年,从英国约克郡迁移来的一批熟练的纺织工匠在马萨

---

① C. D. Wright, *Industrial Evolution of the United States*, pp. 30–31.

② J. R. H. Moore, *Industrial History of the American People*, p. 38.

诸塞的一个地方建立一些规模很小的手工工场,除工场主外往往只有两三个雇工和一两名学徒。年轻的棉纺织业曾经受到殖民地政府的鼓励和保护。有一些殖民地政府为发展麻纺业颁发补助金。1671年,马里兰规定,每生产1磅大麻补助1磅烟草,1磅亚麻补助2磅烟草。接着在弗吉尼亚、西卡罗来纳、宾夕法尼亚、纽约、新泽西等地,都陆续颁布了类似的法令和规定。马萨诸塞、罗德岛和弗吉尼亚政府为了保证纺织业的原料供应,禁止羊群、棉花、羊毛、亚麻、大麻出境。

这样,北美殖民地的纺织业就在各殖民地政府的扶持下迅速发展起来,到18世纪初已经出现了一批较大的手工工场。1719年,爱尔兰人在新罕布什尔等许多新英格兰的地区和城市建立了一批麻纺厂。为了满足日益增长的对纺织工人的需要,18世纪20到30年代在波士顿和纽约都开办了纺织学校,培养年轻的纺织工人,纺织技术和生产能力都得到提高。1769年,一个工匠和一个童工就可以生产36680支质量优良的棉纱,可以织出7320码女用衣料。

在殖民时期,毛纺织业比棉纺织业占有更为重要的地位。1607年,有一批掌握养羊技术的移民到达弗吉尼亚。后来弗吉尼亚移民最先从荷兰的殖民地新尼德兰引进绵羊。继弗吉尼亚之后,马萨诸塞殖民地于1633年,普利茅斯于1634年也引进了绵羊。毛纺织业逐步发展起来。

北美殖民地毛纺织业的基础大致是在1632年到1642年间奠定的。[①]1638年,英国人帕斯特·依齐基尔·罗杰斯和他的伙伴被驱赶出英国约克郡。他们带着一笔钱在马萨诸塞的罗列镇建造了毛纺工厂,开创了马萨诸塞的毛纺织业。1643年,皮尔逊在这里创建的漂洗厂是北美殖民地最早的一个漂洗厂,这个小小的工厂一直存在到1809年。1640年,在塞勒姆也出现了漂洗厂。当时,北美殖民地的毛纺织业已经开始向市场提供相当数量的商品了。由于英国政府对每一块出口的宽幅毛布征收3先令4便士的关税,并禁止出口绵羊、羊毛和纱线,北美殖民地

---

① C. D. Wright, *Industrial Evolution of the United States*, p. 46.

政府不得不加紧发展自己的毛纺织业。1656年，马萨诸塞政府命令城镇居民注意发展毛纺织业。弗吉尼亚、宾夕法尼亚、新泽西和罗德岛等殖民地政府也都采取了鼓励毛纺织业的措施。到17世纪末，北美殖民地生产的毛呢不仅能够自给自足，而且开始在国际市场上同英国竞争，引起英国毛呢商的严重不安。1699年，英国政府为了保护毛呢商的利益通过《毛呢法》，禁止北美殖民地的毛呢在织造地和种植园以外销售。

捕鱼也是殖民时期发展起来的一个工业部门。早期捕鱼主要为了解决食物来源问题捕鱼地区在河口和近海一带。三个人驾着一叶小舟，用一个星期时间就可以捕获十桶鲜鱼。随着造船业的发展，沿海渔业逐渐兴盛起来，新英格兰沿岸、塞勒姆、波士顿一带成为重要的沿海渔场。以后，渔场又逐步地向远洋延伸。1700年左右，仅新英格兰一个地区每年就可以输出干鱼1000万磅。北美殖民地不仅完全控制了西印度群岛的鱼产品销售市场，而且还开始把它的鱼产品向欧洲推销。

北美殖民地的采铁和冶铁业也是在殖民时期发展起来的。英国工场手工业比较发达，对铁的需求量很大，每年都要从瑞典等欧洲产铁国家进口大量生铁，因此对北美殖民地的铁矿非常注意。1610年，伦敦市政会议得到在弗吉尼亚发现一个优质大铁矿的消息。据说这个铁矿的藏量十分丰富，以致有些地方的矿苗都露出了地面。1619年，150名铁匠和工人被派往詹姆斯河一条支流流经的某个地方建造熔铁炉和冶铁工厂。但是这个工厂和其设备在1622年殖民者同印第安人的战争中被彻底摧毁。

1630年，在马萨诸塞的一些地区也发现了铁矿，但一直到十五年以后才开始出产生铁。林恩和布仑特里是最早建立冶铁工厂的两个地方，但是究竟在哪一个地方建立了马萨诸塞的第一家冶铁厂，一直是历史上一个有争议的问题。林恩的一位历史学家刘易斯认为，第一家冶铁厂是在1643年或1644年在索格斯河西岸建立起来的。马萨诸塞总督温思罗普在1648年的报告中谈到这些冶铁厂的生产情况时说，这些工厂每星期可以生产7吨生铁。

康涅狄格的铁矿发现比较晚,在这个地区的西北部,靠近纽约、马萨诸塞、沙伦和索尔兹伯里一带有具有开采价值的铁矿。康涅狄格政府为了探寻铁矿、发展冶铁业曾经颁布了许多奖励办法。1651年,温思罗普得到在康涅狄格建立一个殖民点和铁工厂的许可。康涅狄格议会还通过一条专门法令,规定温思罗普及其伙伴所发现和开发的任何矿山周围2英里或者3英里以内的土地、树木、河流均归他们所有。1663年,康涅狄格政府又把上述规定推广到所有人。1655年5月30日,纽黑文议会曾经发布奖励冶铁工业的命令,规定:"凡是在本辖区内的任何地方修建铁工厂,受工厂长期和短期雇用的人员和团体均可免缴一切赋税。"同年,纽黑文议会又颁布了免税十年鼓励炼钢的法令。到18世纪,康涅狄格的钢铁业得到了很快的发展,在许多河流沿岸出现了星罗棋布的熔铁炉和铁工厂,在南部地区锻铁炉不断增加。康涅狄格成为一个出产小件铁制品的基地。

除此以外,宾夕法尼亚、纽约、特拉华、马里兰、南北卡罗来纳、佐治亚等地区都陆续建立了自己的冶铁业,并且发展到相当规模。1728年到1729年度,宾夕法尼亚出口了274吨生铁。从此以后,生铁和铁制品的出口量稳步增长。

英国冶铁业集团希望从北美殖民地进口生铁,并防止北美殖民地的铁制品的竞争,于1750年促使英国议会取消对生铁和棒铁所课征的英国关税,同时又禁止在北美殖民地建立新的切割铁工场、使用掣动锤的镀铁冲压工场或钢工具熔炼炉。但是殖民地政府对这项法令不予理睬,继续发展制铁业。宾夕法尼亚、新泽西、马萨诸塞政府甚至规定为建立制铁厂颁发奖金。到独立战争前夕,北美殖民地的熔铁炉总数已经超过英格兰和威尔士,平均年产量(每个熔铁炉产生铁300吨,每个铸铁炉产铁条150吨)则相当于英格兰的水平。从北美殖民地转往英国的铁,1750年已经达到3000吨。

总的说来,工业革命前,在美国的各个工业部门中,家庭手工业和分散的、小型的手工作坊和工场仍然占优势,高级形式的大规模集中生产的手工工场还比较少。但是，这种高级形式的手工工场却是在不断发展和壮大的，它代表着美国工业的发展趋势。在宾夕法尼亚的曼海姆和塞勒姆都出现了较大的玻璃厂。美国的第一块燧石玻璃可能就是在曼海姆玻璃厂生产出来的。宾夕法尼亚费城附近一家锯木厂，于1705年每天已经可以生产墙板1200到1500英尺。殖民时期，英国资本开办的工厂规模最大，独立战争后都成为美国人的财产。英国一家公司在马里兰开办的炼铁厂拥有4个熔铁炉、2个锻压车间和3万多英亩土地。独立战争后，马里兰政府拍卖这家工厂，售价24万美元。另一家英国人在新泽西北部开办的铁工厂，拥有6个熔铁炉，其中有3座每周可生产60到75吨生铁。这个工厂开办后三年投资总额达到25万美元。

同小手工业相比较，集中手工工场的最大优点就是使生产环节专门化。工场的整个生产过程被分解为许多专门的工序，每个工序都可以由固定的工人操作。专门工序的出现也促进了工具的专门化。在生产过程中，每一个工序的生产者都可以创造和改进最适合自己需要的专门工具。这样不仅改进了工具，提高了操作技术和劳动生产率，而且为机器的使用创造了物质技术前提。

北美殖民地的商业随着各个工业部门的发展而发展起来。它最初主要是围绕出口贸易进行的。刚刚来到大西洋岸边的移民们，迫切需要用北美大陆出产的物品换取从欧洲运来的各种商品。最初的贸易物品几乎都是以出口为主要目的生产的毛皮、皮革和木材。随着时间的推移，各殖民地之间的贸易也逐步开展起来。新英格兰殖民地的中部和南部殖民地销售鱼类和甜酒，中部殖民地的其他地区销售谷物和面粉。到17世纪末18世纪初，工业品在殖民地内部贸易中占有日益显著的地位。新英格兰生产大量木制品、小船、鞋、衣服供应其他殖民地。宾夕法尼亚成了铁和铁制品、农具的重要产地。1752年，曾经从费城运出4600多吨扁铁供应美洲殖民地、西印度群岛等地。

总的来看，北美殖民地的工商业在殖民时期将近结束的时候已经有了相当的发展，出现了林恩、威尔明顿、海佛希尔等工业中心和波士顿、纽约、费城这样的工商业城市,殖民地的人口也增加到200万人,资本主义关系日益成熟。正如恩格斯所说,美国在"一开始有历史的时候就已经有了17世纪形成的现代资产阶级社会的因素"[①]。新兴的北美殖民地的资产阶级在经济上、政治上都具备了一定的力量。他们的利益同宗主国的殖民政策发生了越来越尖锐的冲突。彻底摆脱英国的控制已经成为北美殖民地经济、政治发展的迫切要求。

五、雄厚的农业基础

美国是世界上最大的农产品输出国之一。早在殖民时期,农业就是美国国民经济中的首要部门。在独立以后的一段时期,从事农业的人口占全国人口总数的90%以上。甚至在北部工业革命基本完成以后,农业比重仍然超过工业比重。1859年,美国工农业比重是36.2%∶63.8%。一直到19世纪80年代,工业比重才超过了农业比重。[②]

美国生产的粮食不仅能够养活迅速增长的城市人口和满足工业发展的需要,而且能够大量出口换取资金。早在殖民时期,北美殖民地的粮食已经开始运往西印度群岛和西班牙、葡萄牙等欧洲国家。到18世纪末,美国取得独立后,进一步扩大了农产品的输出,成为当时主要粮食输出国之一。1791年,美国出口面粉619681桶,1793年猛增到10007万多桶。马克思曾经说过:"世界市场范围内的面粉贸易正是美国首先进行的。"[③]1817年前后,美国每年输出农产品的价值达到5700万美元。[④]美国的工业革命就是在这样雄厚的农业基础上开始和完成的,因此它能

① 《马克思恩格斯选集》第四卷,第257页。

② 中国科学院经济研究所世界经济研究室编:《主要资本主义国家经济统计集(1948~1960)》,第14页。

③ [德]卡尔·马克思:《机器,自然力和科学的应用》,中国科学院自然科学史研究所译,人民出版社,1978年,第67页。

④ J. R. H. Moore, *Industrial History of the American People*, p. 306.

够取得顺利的发展。

美国的农业是从拓荒者开始的。当他们踏上北美殖民地土地的时候,展现在他们面前的是无穷无尽的森林和沼泽。在森林里繁衍着数不清的飞禽走兽,在沼泽地带,野鸭和各种水鸟麋集如麻。但是,单靠猎捕鸟兽为生是不能持久的,拓荒者必须用自己的双手披荆斩棘,开垦荒地,种植庄稼,几乎每一个人都要从事耕种。所以有人把这个时期的农业叫作"养生农业"。

17世纪后半期到18世纪,殖民地农业有了显著发展,不仅能够"养生"而且开始向西印度群岛和欧洲国家输送越来越多的粮食和其他农产品。

北美十三个殖民地的自然条件不同,农业具有各自不同的特点,大体上可以分为三种类型:第一,北部殖民地,又称新英格兰,包括马萨诸塞、新罕布什尔、康涅狄格和罗德岛四个殖民地;第二,中部殖民地,包括宾夕法尼亚、纽约、新泽西和特拉华四个殖民地;第三,南部殖民地,包括弗吉尼亚、马里兰、南北卡罗来纳和佐治亚。

北部殖民地气候寒冷干燥,冬季漫长,不适宜农作物的生长,土壤也比较贫瘠,大多是混有漂石、沙砾的黏土地,只有沿海一带有狭长的平原,不适宜大规模耕种。这个地区的主要农作物是玉米,也种植黑麦、荞麦、燕麦和大麦。只有康涅狄格河流域地区出产小麦。新英格兰地区的畜牧业比较发达,到1650年左右开始向西印度群岛等地输出马匹和猪只。

中部殖民地平原广阔,土地比较肥沃,可耕地面积很大,适宜于种植小麦、裸麦、大麦、亚麻等农作物。这个地区盛产小麦,不仅能满足殖民地内部的需要,而且大量出口,素有面包殖民地之称。

南部殖民地的自然条件特别优越,大西洋沿岸一带有辽阔的平原,土地肥沃,经常受到潮水的浸润,有潮水地带之称。这个地区最适宜于种植烟草、大米、蓝靛等经济作物,在17世纪就发展成为以输往欧洲市场为目的的经济作物基地,并且出现了许多经营烟草、大米、蓝靛的大种植园。

弗吉尼亚是种植烟草的基地,在这里居民很早就学会种植烟草。据传说,1613年印第安人酋长波瓦坦的女儿波卡·洪塔斯的丈夫罗尔夫,从西印度群岛弄来了优质烟草种子,出产的烟草深受英国人和欧洲人欢迎。1616年,弗吉尼亚开始向英国输出大约2500磅烟草,1617年增加到两万磅,1618年达到5万磅。马里兰和北卡罗来纳也是烟草的重要出产地。南卡罗来纳出产大米和靛青,同时也种植粮食作物。畜牧业在南部各殖民地也有发展。

不过,这一时期美国农业在耕作方法上和种植技术上并没有发生明显的变化,粮食和其他农作物的增产主要是依靠扩大耕地面积来取得的。18世纪的欧洲旅游者曾经责备北美殖民地的农民在"毁坏土地",因为他们年年耕种土地,既不施肥,又不采用两圃制或三圃制以恢复地力。事实上,对于一个有广阔未开垦土地而劳动力又十分缺少地区的农民来说,采取休耕的办法并不是非常切合实际的,他们不可能拿出那样多的劳动力来多开垦荒地,所以宁愿把一块已开垦出来的耕地的地力耗尽然后再换一块耕地,而绝不把开垦出来的土地闲置起来。移民们使用的农具也是十分粗陋和原始的。他们用木犁耕地,用带齿的木耙耙碎和耙平翻起的泥块,用镰刀收割庄稼,用笨重的打禾棒打场。可以说,在整个殖民时期,北美殖民地的农业都是在使用古老的生产工具和种植技术的情况下发展起来的,只有新英格兰的一部分地区使用鱼粉和石灰作为肥料。如果能够采用欧洲的,特别是英国的先进农业技术,那么美国农业的巨大潜力就会更加充分地发挥出来。

然而同欧洲国家相比较,美国在发展农业方面有两个明显的优越条件。第一,由于美国不存在根深蒂固的封建关系,农民可以自由迁徙,生产积极性比较高。许多移民为了建立自己的理想家园,都先在人烟较密的东部沿岸地区经营一段农业,积累一点钱财,然后披荆斩棘,深入内地,在新的移民区建立一个又一个的农牧业基地。第二,美国拥有广阔的未经开发的西部地区,无穷无尽的草原和处女地吸引着广大的移民。美国独立后滚滚的移民洪流不断向西部涌去,一直延续到19世纪后半期。中西部和西部地区逐渐成为农产品的主要产地,农业中心从东部向西部移动。

以小麦生产和面粉业为例,最初主要是在北部和中部大西洋沿岸一带。后来,谢南多厄河流域和附近高地,以及詹姆斯河一带移民迅速增加,小麦产量也随之增长。里士满和彼德斯堡都成了新的面粉业中心。差不多在同一个时期,田纳西河流域也成为一个新的产粮区,这个地区的重要城市罗切斯特增添了许多磨坊和面粉厂。

小麦产地从哈德逊河一直延伸到切萨皮克。这个地带在1850年以前是美国的主要小麦产区。1840年,大西洋沿岸各州,从纽约到弗吉尼亚生产了全国47%的小麦,65%的面粉。[①]

同一时期,俄亥俄流域和大湖区也显示了生产小麦和谷物的巨大潜力,但是由于运费过高,不能大量运往沿岸港口,当地所产小麦和谷物主要用来酿酒。据1850年统计,俄亥俄生产烈性酒的数量居全国第一位。如果把俄亥俄和密苏里两州生产的烈性酒加在一起,超过了全国产量的一半。

60年代,随着交通运输的发展,粮食中心向阿列根尼山以西转移。根据1860年的统计,尽管大西洋沿岸产区的小麦产量不断增长,但是在全国产量中的比重已经迅速下降。面粉产量所占的比重下降到39%。[②]

新农业地区的不断出现和农产品产量的激增,使美国的农产品能够持续地大幅度增长,为工业革命的迅速开展奠定了雄厚的基础。

六、殖民时期的教育和科学

教育和科学也是工业革命的重要前提。英国在发生工业革命前一百年就建立了皇家学会,形成了全国的科学中心,并且出现了像牛顿这

---

① Victor S. Clark (ed.), *History of Manufactures in the United States*, Vol. 1, p. 318.

② Louis Ray Wells, *Industrial History of the United States*, New York: The Macmillan Company, 1922, Vol. 1, p. 318.

样的大科学家。牛顿的力学三定律为后来工业上的许多发明奠定了理论基础。具有悠久历史和优良传统的英国教育事业,为英国工业革命准备了相当数量的人才。

美国在殖民时期没有出现过像牛顿这样伟大的科学家,但在发展科学方面,特别是在发展应用科学方面也做出了自己的贡献。1713年至1733年有13名殖民时期的美利坚人,由于在科学上取得了成就而被选为伦敦英国皇家学会的成员。美国殖民时期和建国初期最杰出的科学家是本杰明·富兰克林(1706—1790)。

富兰克林出生在一个手工业者的家庭,兄弟姐妹很多,他排行十五,家庭根本不可能供他上学读书。富兰克林的知识是完全靠自学得来的,他刚十几岁的时候,就在他哥哥詹姆斯·富兰克林的报馆里当印刷工。那时的印刷工又是排字工,有时还要担当著者和编辑的工作。富兰克林在报馆工作时期,撰写了许多不署名的文章,这为他后来的科学研究工作打下了良好的基础。

富兰克林是一位十分注重实用的科学家,他曾经留下一句名言,"既然我们享受着别人的发明给我们带来的巨大益处,我们也应该乐于用自己的发明去为别人服务"。他在一项研究热能的实验中发现,深色布吸收热量多、浅色布吸收热量少,并且建议说:"在阳光多的炎热地带穿黑色衣服不如穿白色的合适。无论男女,夏天戴的帽子应为白色,以减少热量吸收。"

富兰克林最大的贡献是在研究电能方面的发现。他所进行的风筝与闪电的冒险试验最负盛名,在世界科学史上已经成为一段佳话而广为流传。他想通过这些实验弄清楚人造电荷与自然闪电之间的关系,并根据风筝线上的金属片能够在雷雨天吸住电花的启示,发现了避雷针的原理。1752年,富兰克林制成了一根实用避雷针,为人类社会做出一项重要的贡献。他发明的避雷针至今仍在全世界被广泛采用。

富兰克林不仅是一位伟大的科学家,而且是科学知识的传播者和科学研究工作的组织者,对于发展美国殖民时期的科学事业起到了巨大的推动作用。1728年，富兰克林在费城组织了一个由手工业者和商人参加的研究团体，即所谓的"皮围裙俱乐部"，或者叫作"共读社"，这个团体奠定了后来成立的美国哲学学会的基础。富兰克林还组织了美国第一个公共图书馆、医院和大学，并曾担任董事会董事。

美国哲学学会的成立，是富兰克林的又一个重大贡献。学会是根据富兰克林的建议于1743年建立起来的，其目的是鼓励"有益知识"的研究和传播。学会包括了当时的几乎全部科学部门，特别侧重于农学、医学和天文学。1769年，这个学会同富兰克林在费城建立的美国科学研究会合并，并逐步扩大，合并后的团体沿用了美国哲学学会的名称。就在合并这一年的6月3日，会员利特豪斯运用从英国购置的仪器和自己设计的时钟，观察了金星在太阳和地球之间的运行，获得了测算太阳和地球之间距离的准确资料。学会的其他会员也用自己的珍贵的研究成果为学会增加了光彩，使学会在世界上崭露头角。学会的刊物《著作》也从1771年起开始出版。

但是，美国哲学学会并不是美国最早的科学组织。早在1683年，在波士顿就曾经建立过哲学学会，尽管存在的时间不长，但它毕竟是殖民地科学组织的先驱。除美国哲学学会以外，还存在着一些其他科学组织，它们在美国科学史上也有一定的地位。

殖民时期，美国的教育事业也有相当发展。新英格兰的清教徒移民对教育事业比较重视，在每一个移民聚居的殖民点都有自己的初等学校。1642年，新英格兰地区的政府当局明文规定，父母和师傅必须教其子女和学徒掌握技术，为发展制造业准备条件。1647年，马萨诸塞政府规定每住有50个家庭的市镇应设立一所学校，违者罚款5英镑。康涅狄格、新罕布什尔和普利茅斯也相继颁布了类似的法令。

在中部殖民地区，以纽约一带的教育事业发展最快。1664年，在这个区域的各个重要地方都设立了公立学校。

在发展普通教育的同时，高等学校也开始建立。1636年，北美殖民地的第一所大学——剑桥大学在新英格兰的马萨诸塞殖民地成立。该校的监护人哲·哈佛在建校两年后去世,给学校留下一笔赠款和300部书籍。为了纪念哲·哈佛,剑桥大学遂改名为哈佛大学。在哈佛大学成立后,殖民地的高等教育出现了一个短暂的停顿时期,一直到17世纪末18世纪初才又建立了几所大学。1693年,威廉·玛丽学院建立,1701年著名的耶鲁大学也宣告成立。大约经过半个世纪,又建立了一批高等学校。1746年,纽约学院即后来的普林斯顿大学建校,接着在1754年又成立了英王学院,即后来的哥伦比亚大学。1755年,建立费城大学,后改名为宾夕法尼亚大学。1764年,在普罗维登斯创办了罗德岛学院,后改名为布朗大学。1766年,在新泽西布伦瑞克成立女王学院,后改名为拉特格斯大学。1769年又建立了达特默思大学。

但是,殖民地的高等学校,除费城学院以外,都是由各个教派直接创建或者在它们的资助和影响下建立起来的。学校的领导职务往往由有关教会分派僧侣担任。学校一般设置有经典语言、古欧洲语、逻辑学、演说术、古代史、数学等科目,但神学是主要科目。殖民地的高等学校最初也是以培养神职人员为主。17世纪40年代,哈佛大学的毕业生中约有2/3的人担任神职,一百年后这个比例就降到1/2以下了。从18世纪中期起,在高等学校里法学开始取代神学这门主要科目的地位。

殖民时期高等学校的规模都是很小的。在校学生人数最多不超过200人。学院毕业生人数最多的一个班也只有63人。就是在独立战争爆发的1775年,哈佛大学的毕业生总共才有40人,耶鲁大学有35人,哥伦比亚大学有13人,达特默思大学有11人,宾夕法尼亚大学有8人。

尽管殖民时期美国的教育事业还处在初步发展阶段,但已经为科学技术的发展和工业革命的到来打下了基础。

同科学教育事业有直接关系的印刷业在殖民时期也有所发展。早在1619年,弗吉尼亚移民就曾经计划开办一个供学院使用的印刷所,但这个计划未能实现。美国的第一个印刷所是1639年在马萨诸塞建立起来的,当年1月出版了一本小册子《自由人的誓言》,以后又陆续出版了几本神学小册子和书籍。1674年,约翰·福斯特在波士顿创办了第二个印刷所,并且出版了那个城市自己印刷的第一本书。不久,费城和纽约也相继建立了各自的印刷所。

起初,印刷所以承印宗教神学书籍为主,后来逐渐印刷一些法律、历史、科学方面的读物。例如马里兰的印刷所就出版了马里兰的法律汇编。

报纸期刊的出现,对于活跃文化政治生活,推广科学知识也都具有重要意义。1690年9月25日,《国际和国内公众事务》这一定期刊物在波士顿的出版,是美国筹办期刊报纸的第一次尝试。但是,这一刊物只发行了第一期就被政府禁止了。这一时期创办的一些期刊都是短暂的,一般都只出了第一期就宣告停刊,只有1704年4月24日出版的波士顿《时事通讯》的寿命超过了一期。

本杰明·富兰克林这位伟大的美国科学家也是一位热心的出版家,1741年由他编辑和出版的一种12开本的月刊,是美国的第一份带有学术性质的杂志——《综合杂志和在美国的所有英国种植园的编年史》。可惜这份杂志一共只出版了六期。[1]

在费城发行的《宾夕法尼亚时报》是美国的第一份日报,它的前身是1771年11月创刊的同名周刊。在独立战争爆发的时候,整个北美殖民地共拥有37家报纸。[2]

美国早期的出版商一般都兼售书籍,而且经常从外国进口一些有关医学、历史学和其他学科的图书。在独立战争以前,这样的书商在波士顿有92家、纽约有12家、费城有38家。他们的活动对于推广科学知识也曾经起过一定的作用。

---

① C. D. Wright, *Industrial Evolution of the United States*, p. 66.

② C. D. Wright, *Industrial Evolution of the United States*, p. 67.

第二章　独立战争与早期工业化的发轫

一、独立战争

北美殖民地的移民大部分来自英国,对英国的情况比较熟悉,在经济上也有比较密切的联系,因此18世纪60年代在英国发生的工业革命对北美殖民地产生了强烈的影响。但是,北美殖民地的工业革命迟迟没有开始,其根本原因就在于北美殖民地的经济发展没有独立自主的统一的国家政权的保护。英国的殖民政策对北美殖民地日益发展的经济越来越成为严重的障碍。还在1749年,一位曾经游历美洲的瑞典旅行家曾经这样写道:"英国各殖民地的财富和人口事实上增加得那么快,它们不久即将和英国竞争。为了维护宗主国的贸易和富强,英国便禁止各殖民地开设那些会跟英国竞争的手工工场。除了少数规定的地方外,各殖民地不得在不列颠领土外贸易,外国人也不得和美洲各殖民地贸易。诸如此类的限制多得很。"①

在17世纪末18世纪初,特别是在1750年以后,英国政府曾经颁布过许多禁止在殖民地设立手工工场和制铁厂的法案。虽然像1699年、1732年和1750年所颁布的限制北美殖民地毛纺织业、制帽业和制铁业这样的法案并没有得到遵守,因而也没有对北美殖民地的经济发展造成严重恶果,但是这些法案却引起了殖民地的工商业者和移民的强烈反

---

① [苏联]叶菲莫夫:《美国史纲》,苏更生译,生活·读书·新知三联书店,1962年,第98页。

对。1761年，英国政府责成美洲法院颁发所谓"协助令状"，要求殖民地所有居民在税吏为了破获走私案件而对任何堆栈、店铺和住宅进行搜查时予以协助。这个法令刚一颁布，塞勒姆和波士顿的商人立即聘请律师对这个缉查私货法令的殖民地最高法院提出申诉，宣称由于英国国会内没有殖民地人民的代表，因而它所通过的向各殖民地课税的法令都是非法的和无效的。

在财政问题上，英国政府所采取的政策给北美殖民地的经济造成了很大的困难。当时北美各英属殖民地都不生产贵重金属，而它们同宗主国的贸易又经常有逆差。英国政府既不准许北美殖民地用所获得的外国金银自铸硬币，也不准许把英国的硬币输送到那里去。这样，就使得各北美英属殖民地政府经常缺乏硬币，不得不采用某种其他形式的通货。这就不可避免地造成殖民地的通货膨胀。例如，罗德岛由于滥发纸币竟使物价按纸币计算上涨了约三十倍。[①]

英国的土地政策，也直接损害了北美殖民地各社会阶层的利益。1763年，英王下令禁止向阿列根尼山以西移民，以便阻止北美殖民地商人和冒险家到西部地区抢夺英国商人的利润丰厚的毛皮贸易，并且消除自由佃农随意离开大地主的土地迁居西部的可能性。因此，它不仅遭到北美殖民地一部分商人的反对，同时也遭到农民的反对。这个禁令还触犯了南部种植园主的利益，使他们不能向西部扩张土地，也引起了他们的强烈不满。

英法七年战争结束后，英国对北美殖民地采取的税收政策使双方之间的矛盾更加激化。1763年，英国的国债达到了1.3亿英镑，为1754年国债数字的两倍。同时，英国的军费和行政管理支出也急剧增加，单是在美洲，这两项开支就从1748年的每年7万英镑增长到1764年的35万英镑以上。英国政府为了弥补亏损，进一步加重了北美殖民地的税收，

---

① S. E. Morison, H. S. Commager and W. E. Leuchtenburg, *The Growth of the American Republic*, New York: Oxford Unicersity Press, 1960, p. 103.

给北美殖民地的经济发展造成了困难。

在七年战争中，北美英属各殖民地已经为了进行战争而负债250万英镑以上，除去英国同意承担的一部分，有很大一部分需要由殖民地偿清。例如，人口只有约30万的马萨诸塞，每年需要偿还战债3.75万英镑。在这种情况下，任何一项新的征税法令都毫无例外地会遭到强烈的反对。1764年英国政府颁布的《糖税法》，规定对输入美洲殖民地的外国食糖、英国或欧洲的酒、丝、麻等奢侈品课征各种附加税，过去免税输入的马德拉酒，现在每2豪格海①须缴纳7英镑税款。这项税收法令一公布，立即在北美殖民地激发了一场激烈而广泛的抵制运动。运动先从纽黑文开始，1764年11月22日《纽约公报》曾经报道说："耶鲁学院的青年绅士们一致同意不饮用任何外国酒类……该学院的绅士们树立了如此可嘉的榜样，实应受到无上的称赞。"

1765年英国国会通过的《印花税法》遭到了更为激烈的反对。这是英国政府第一次向殖民地征收的内部直接税，触动了北美殖民地社会各阶层的利益。根据这个税法，北美殖民地的每一份买卖单据、凭证、合同，每一份报纸，每一份大学文凭、学校的毕业证书、大幅印刷品、广告、历书都要附贴0.5便士到20先令的印花税票。这样就使得北美殖民地的居民在每一个经济和文化活动中都要缴纳赋税。英属北美各殖民地几乎在同一个时候，举行各种集会来抵制《印花税法》的施行。

北美殖民地的大小商人、律师、新闻记者、牧师和许多居民都卷入了抵抗运动。成立了许多拒绝输入商品的联合会，向英国施加压力，使得同英国的贸易额在1765年夏天减少了30万英镑。在抵制《印花税法》过程中组织起来的"自由之子社"，到处举行集会，发表言辞激烈的演说，并且强迫印花税票代销人辞职，鼓动人们对那些积极维护《印花税法》的人采取暴力行动。征收印花税的税吏们往往被涂上沥青、粘上羽毛，游街

---

① 豪格海（Hogshead），英美制液体容量单位，1豪格海等于52.5加仑，约为238.7升。

示众。他们的住宅被抄查,家具什物和印花税票均被焚烧,他们的模拟像也被推上了绞刑架。

1765年10月在纽约召开了英属北美各殖民地代表大会,出席这次大会的有来自九个殖民地的代表。这次大会在历史上叫作"反《印花税法》大会"。大会认为,只有在取得殖民地人民同意或者取得他们代表同意的情况下,才能征税,而英国的《印花税法》根本没有取得这种同意,具有"破坏殖民地居民的权利和自由的明显倾向"。这次大会还强调了各殖民地人民的共同立场,是联合北美各殖民地的一次尝试。南卡罗来纳的代表克里斯托弗·加兹登强调说:"这个大陆上不应当有人被称为新英格兰人、纽约人等,我们所有的人都是美利坚人。"反《印花税法》大会把运动推向新的高潮。

1765年11月1日,《印花税法》开始生效的那一天,船主艾萨克·西尔斯带领一群纽约人,把副总督科尔登从他的官邸赶上一艘英国军舰,并且冲击伯特利要塞,捣毁总督的马车,强迫经管印花税票的官员把税票焚毁。

在哈德逊河畔一个乡间住宅里,人们还惩罚了一个声称要"把《印花税法》从人们的喉咙里塞下去"的守备队军官。他们冲进住宅,把里面的家具、书籍和瓷器全部捣毁,并把花园铲平。最后他们还把保存在那个军官家里的军旗作为战利品带走。

在查尔斯顿,愤怒的群众冲进了皇家海关税吏和首席法官哈钦森的官邸,焚毁了他们的家具,抄走了他们的书籍文件。

在强大的抵制运动面前,英国政府不得不于1766年3月中旬撤销了《印花税法》,但同时声明英国仍然保留在北美殖民地征收新税的权利,强调英国国会是"在任何情况下……均对各殖民地具有约束力"的不列颠帝国最高立法机构。1767年,英国国会又通过《汤森税法》,对玻璃、纸张、颜料等产品征收关税。1773年通过《茶叶税法》,为东印度公司的存茶向北美殖民地倾销开辟道路。结果使得英国政府同北美殖民地的矛盾达到十分尖锐的程度,一场反殖民主义的革命战争犹如箭在弦上,一触即发。

　　北美殖民地人民争取摆脱英国政府的压迫和剥削,建立独立自由的国家,充分发展自己的经济,是这次独立战争的根本原因。这就决定了这次战争的进步性,对于美国的历史发展具有划时代的意义。所以列宁说:"现代的文明的美国的历史,是由一次伟大的、真正解放的、真正革命的战争开始的。"①由于美国是美洲的第一个独立国家,因此独立战争的胜利直接影响到美洲民族解放运动的发展。如果说17世纪的英国革命开始了资产阶级革命的时代,那么18世纪的美国独立战争进一步支持和推动了欧洲的反封建革命运动。马克思曾经写道:"18世纪美国独立战争给欧洲中产阶级敲起了警钟。"②

　　但是,美国资产阶级史学家对独立战争的原因和性质却有不同的说法。一种意见认为,独立战争是一场争取自由的革命,英国的专制统治是引起这场革命的主要原因。美国19世纪的史学家大多数持这种观点。例如,浪漫主义学派的代表人物乔治·班克罗夫特(1800—1891)认为,美国的独立战争是一场伟大的民族斗争。③美国革命有着崇高的目的。"美国革命的发动者公开宣布,他们的目的是谋取人类幸福,并且相信他们是在为自己和后代人造福。"④

　　第二种意见认为,美国革命是英帝国的内部问题,英帝国本身的分裂是导致革命的原因。美国帝国学派史学家主张这种看法。他们不同意把北美殖民地的独立战争说成是自由和专制的冲突,不主张美国独立。帝国学派的代表人物乔治·路易斯·比尔认为,独立战争造成了"盎格鲁-撒克逊民族"的解体,并表示惋惜,甚至在第一次世界大战期间还

---

①《列宁全集》第28卷,第43页。

②《马克思恩格斯全集》第23卷,第11页。

③ Gerald N. Grob and George Athen Bielias, *Interpretations of American History*, Vol.1, p. 128.

④ Harvey Wish, *The American Historian*, New York: Oxford University Press, 1960, p. 79.

号召英国与美洲讲英语的国家重新联合起来。

比尔也不同意美国独立战争是英国的殖民政策所引起的。他强调，同当时其他国家相比较，英国的殖民政策要"自由得多，是建立在宗主国和殖民地经济利益互惠的基础上的"[1]。

第三种意见认为，美国革命是一次社会经济改革运动，宗主国和殖民地的经济冲突导致了独立战争的爆发。哥伦比亚大学经济学教授路易斯·M.哈克认为，独立战争是英国和美国两个经济体系互相矛盾的结果。英国的资本主义是重商主义，其目的是向北美殖民地销售商品和取得贵金属货币。"（美国革命）的作用就是把美国商人和种植园资本主义从英国重商主义制度枷锁下解放出来。"[2]

第四种意见认为，独立战争不是革命，而是一次维护殖民地既得权利的运动，引起战争的原因是英国政府侵犯了殖民地的权利。持这种观点的主要是第二次世界大战以后成长起来的新保守主义学派的史学家。他们强调美国社会在殖民时期就基本上是民主的社会，不存在封建专制统治。除去少数贫穷移民以外，大部分移民都属于中产阶级。拥有相当数量的财产，享有选举权。所以美国人搞革命的目的是为了捍卫已经取得的民主权利，而不是创造新的社会。从根本上说，独立战争是一场保守的运动。

新保守主义学派的代表人物丹尼尔·J.布尔斯汀认为独立战争"是近代时期少数保守的殖民地暴动之一"[3]，《独立宣言》也是一个保守性的文件。他写道："它的严格遵照法律的、墨守成规的和保守的特点——这一点我想特别加以强调——同法国的类似文件相比较，立即表现

---

[1] Gerald N. Grob and George Athan Bielias, *Interpretations of American History*, Vol. 1, p. 89.

[2] Gerald N. Grob and George Athan Bielias, *Interpretations of American History*, Vol. 1, p. 91.

[3] John A. Garraty, *Interpreting American History*, New York: The Macmillan Company, Vol. 1, p. 144.

出来。"①

第五种意见认为,独立战争是一次激进的社会运动,英国对殖民地政治权力的威胁是革命的主要原因。20世纪60年代兴起的思想史学派和新左派史学家持这种看法。思想史学派的代表人物哈佛大学历史教授贝纳德·伯林认为,独立战争首先是一场思想革命。它使"一个新的、精神焕发的、生气勃勃的,而且首先是精神上获得再生的民族从朦胧中苏醒过来,奋起捍卫自由阵线,并在取得胜利后,挺身而出,到处鼓励和支持自由事业"②。

新左派史学家杰西·莱米希认为,美国从来就不存在上层和下层的协调一致。上层领导人物是被迫走上革命道路的,而且还力图向英国政府说明他们不是"无理取闹"的反叛者。在独立战争中,下层贫民公开反对英国,反对殖民地的首脑人物。正是他们推动革命取得胜利。他写道:"只要美国人在继续战斗,英国人就不可能赢得战争……英国人确实不可能取得胜利,因为美国人是在打一场人民战争。"③

关于独立战争的原因和性质还存在着一些其他的不同看法。值得注意的是:在当代美国资产阶级史学思想中出现了一种否认独立战争的必然性和必要性的倾向。如果继续发展下去就会把这场革命战争说成是一个偶然的无足轻重的事件。

美国独立战争是在1775年4月打响的。4月19日凌晨,列克星敦的枪声揭开了战争的序幕。1776年7月4日《独立宣言》的公布标志着年轻的美利坚合众国在革命战争的烽火中庄严诞生。经过差不多六年的激战,美国人民终于迫使英国殖民军队缴械投降,取得了战争的胜利。1783年9月,英美签订《凡尔赛和约》,英国被迫承认美国独立,并将阿巴

---

① Gerald N. Grob and George Athan Bielias, *Interpretations of American History*, Vol. 1, pp. 151–152.

② John A. Garraty, *Interpreting American History*, Vol. 1, p. 144.

③ Gerald N. Grob and George Athan Bielias, *Interpretations of American History*, Vol. 1, p. 198.

拉契亚山和密西西比河间的大片土地划归美国。

独立战争的胜利，为年轻的美利坚合众国取得政治上和经济上的独立创造了必要的前提。战争前夕和战争时期所采取的抵制英货的政策，对于发展美国的民族工业也起到了推动作用。1774年和1775年，大陆会议先后通过了两个决议。第一个决议号召各殖民地停止直接或间接从英国进口货物。第二个决议禁止向英国出口烟草和大米以外的美国货物。

抵制英国货的政策促进了家庭手工业和手工工场，以及许多工业部门的发展，使它们的产品不再遭受英国货的激烈竞争。美国的炼钢工业在革命前基础十分薄弱，一共只有5家小厂，分布在马萨诸塞、康涅狄格、新泽西和费城。革命时期，罗德岛、纽约的许多地方都开始生产钢，1776年，在特伦敦还建立了新的炼钢厂。军需工业取得了更为迅速的发展，从纽约到南卡罗来纳出现了许多制造来福枪的工厂和冶铁厂，有些地方的冶铁业就是在这个时期发展起来的。例如新英格兰的斯普林菲尔德和沃特伯里，后来就在这个基础上发展了自己冶铁业。在安多弗、斯汤顿、布雷德福、莫里斯城等地建立了火药厂。单是宾夕法尼亚在独立战争时期就拥有21家火药厂，年产火药量可达到625吨。[1]

一些民用工业也取得了相当进展。北美殖民地的食盐过去几乎全部依靠进口，战争时期来源被切断，公家出资和私人开办的盐场纷纷建立。美国的纺织工业迅速提高产量，扩大生产来供应北部和南部所需的布匹。据统计，弗吉尼亚奥古斯塔地区生产的粗布可以满足整个弗吉尼亚的需要。

然而，停止同英国贸易也给美国的一些工业部门带来暂时的困难。例如，冶铁业由于失去了英帝国的广大市场，以及英商和美国托利党人停止在美国的铁工厂的生产，产量有所下降，主要依靠军事订货和政府支持才能继续维持下去。北卡罗来纳为了租用和购买吉尔福德地区已

---

① Victor S. Clark(ed.), *History of Manufactures in the United States*, Vol. 1, p. 222.

经停工的冶铁工厂,曾经拨款 5000 英镑。康涅狄格的安全委员会也花费了 1400 英镑才使被托利党人抛弃的铁厂重新开工,铸造大炮,生产弹药。

新英格兰、费城、宾夕法尼亚和新泽西的情况却不一样,这些地方的冶铁厂从战争开始就为美国政府生产了大量军需品。纽约的工厂为第一批战船铸造锚链。斯特林的工厂在六个星期内制造了 180 吨铁链,用来在哈德逊河中设置障碍,阻止英国军舰进入内河。新英格兰东部的工厂专门制造子弹和弹壳。总之,凡是那些能够继续开工的冶铁厂都有机会充分发挥自己的潜力。

过去,北美殖民地不能生产铁钉,全靠从英国进口。战争期间,罗德岛的铁钉制造业从无到有,迅速发展为美国钢铁业的一个重要部门。

应当指出,在战争条件下,美国的工业只是在独立发展的道路上迈出了第一步,真正的突飞猛进是在联邦政府成立以后。

二、联邦政府的主要经济措施

美利坚合众国成立后经过一个松散的、效率不高的邦联时期。邦联是根据大陆会议于 1777 年 11 月 15 日最后通过的《邦联和永久联合条例》(下称《邦联条例》)建立起来的。这个条例在 1779 年得到除马里兰外其他各州的批准。一直到 1781 年 3 月 1 日,马里兰州才批准了《邦联条例》。从这一天起《邦联条例》开始生效。

《邦联条例》赋予各州充分的独立自主权。邦联政府只拥有与大陆会议基本相同的权力,即与战争、和平有关的权力。根据《邦联条例》规定,全国设立 3 个权力和执行机构:邦联国会、五个部和诸州委员会。邦联国会由每州选派出 2 至 7 名代表组成,有宣布战争、缔结和约、任命总司令,以及决定国家大事的权力。5 个部是外交部、财政部、陆军部、海军部和邮政管理局。诸州委员会由每州一名代表组成,在国会休会期行使权力。

《邦联条例》的重大缺点之一是没有赋予国会征税和管理贸易的权力。国家机构完全靠向各州征摊费用来维持开支,根本没有力量来保护和促进合众国的工业发展。詹姆斯·麦迪逊曾经对邦联做过这样的比喻:"制裁对于法律观念说来是必不可少的,正如同强制对于政府这一观念说来必不可少一样。邦联制度既然没有这两者,它就缺少政治结构所必需的那些重大原则。处在这样一种结构的形式下,它实际上只不过是各独立的主权国家之间的一个友好通商和同盟的条约而已。"①

邦联政府在处理西部土地问题上是个例外,曾经通过了两项比较重要的法令。当时由于许多州把公有土地让予了国会,国会很快就拥有加拿大以南、俄亥俄河以北、阿勒格尼山以西、密西西比河以东的广阔领地,对于这片土地需要确定一个管理办法。1785年,国会通过一项法令,规定将公共土地划定为36平方英里的镇区。每个镇区划分为36个地段,每个地段640英亩。每个镇区应当保留5个公用地段,其余地段按每英亩不少于1美元的价格出售。由于每一地段售价为640美元,普通移民是付不出这笔款项的。所以公有土地大量落到了资本家手里。1785年《土地法令》开创了向私人出售公有土地的先例,成为美国土地政策的基础。

1787年7月13日,国会又通过了《西北土地法令》。法令规定,将西北领地组成一个特区,由国会任命一名总督和若干名法官暂时负责管理。该特区将来可以分成三到五个州,其中任何一州拥有自由居民人数达到6万时,就可以"在一切方面均与原有诸州平等的地位上"加入邦联。这项法令规定了新州加入邦联的条件,并且行之有效,使合众国得以不断扩大自己的版图。

一个软弱无力的邦联是不能满足美国新兴资产阶级的需要的。反对邦联的情绪日益滋长。1787年2月21日,国会在社会舆论的压力下

---

① S. E. Morison, H. S. Commager and W.E. Leuchtenburg, *The Growth of the American Republic*, New York: Oxford University Press, 1960, p. 229.

向各州发出通知,准备当年5月在费城举行各州代表会议,修改《邦联条例》。但是,这次会议超出了原来的限定,变成了制定《联邦宪法》的会议。经过十六周的激烈争论,1787年9月17日终于通过了一部新的《联邦宪法》。

1788年底,绝大多数州都批准了宪法,邦联国会也宣布新宪法开始生效,并且着手筹备第一任总统和国会的选举。

1789年4月30日,华盛顿在纽约华尔街宣誓就任美国第一任总统,美国联邦政府宣告成立。但是,联邦政府从旧政府手中接受的只是空虚的国库、巨额的债务和十几个办事员,问题堆积如山。而最严重的问题是经济混乱,联邦的公共信用处于破产的边缘。

过去,邦联政府完全依赖各州的摊派款项应付各种开支,由于这笔款项数量很少,结果弄得债台高筑、经济困难。美国所欠的内债外债利息越累越多。据统计,在1781年到1786年间,各州向国库缴纳的摊派款平均每年不过50万美元,政府不得不依靠向荷兰银行家借款来度过危机。邦联政府财政部长罗伯特·莫里斯由于感到前途暗淡而于1783年辞去职务。他叹息说:"再也无可怀疑……我们的公共信用已经丧失殆尽了。"

面对这种情况,联邦政府采取果断措施:建立了正规税收制度和机构;设立了偿还国债基金,挽救了美国的财政信用;建立国家银行,实行保护关税,稳定了经济,促进了工商业的发展。联邦政府还设置了专利局,鼓励科学教育事业的发展,为开展工业革命创造了必要的条件。

1789年,第一届联邦国会首先讨论建立正规的税收制度问题,通过了第一个《关税法》,对所有进口货物征收关税,确定按件计算的税率为5%到10%,并对30种货物征收特别关税。这个法令从1789年7月4日开始生效。

通过这个法令的目的本来有三个:1.向政府提供经费;2.偿还债务;3.保护和促进制造业。但是,实际上只解决了向政府提供经费的问题,第二个和第三个目的根本不可能达到。从1791年到1794年间,联邦政府先后对酿造甜酒、威士忌酒、制糖、拍卖货物征课货物税。1798年,联邦政府又向一些州征收了第一次按人口分摊,总数为200万美元的直接税。

联邦政府成立之初负有约1200万美元外债和更大数量的内债。为了偿清债务,国会于1790年通过了《基金法》,授权总统通过财政部发行足够数量的新债券以偿清旧债,由政府保证按票面价值支付本息。这项措施取得了显著的效果,到1791年8月,年利6厘的合众国债券在伦敦和阿姆斯特丹市场的售价都比票面价值高,美国政府的公共信用得到恢复。华盛顿曾经高兴地写道:"我们的公共信用现在的立足之地若在三年前有人预言,准会被认为是疯人胡说。"

1791年,国会决定设立合众国银行,协助政府调整金融。期限规定为二十年,资金为1000万美元。政府投资200万美元,其余800万美元向私人开放。私人股份在立账四小时内即被抢购一空,约有72%的私人股份落到了外国人手里。1792年成立造币厂,铸造美国自己的金币和银币,按照15:1的比例在市场上流通。

美国政府从1889年颁布第一个《关税法》到1808年,差不多颁布了12个《关税法》,税额大约提高三倍。[1]但是这些关税法的主要目的还是增加国库收入而不是保护工商业。

1812年至1814年英美战争结束后,英国货物像潮水一样涌入美国市场,廉价倾销,使美国比较幼弱的制造业面临破产的危险。据统计,1814年进口英国货1200万美元,1815年猛增至1.13亿美元,1816年又增至1.47亿美元。1816年,美国进口货物量几乎为历史上最高年代的两倍。在这种情况下,美国政府于1816年通过了第一个可以称之为保护关税的法案,对一般进口货物平均征收20%的关税。这个《关税法》对于需要加以保护的工业的进口产品征收较高的关税或者征收特别关税。例如,对棉

---

① L. C. A. Knowles, *Economic Development in the Nineteenth Century*, London: Routledge, 1958, p. 289.

毛纺织品征收25%的关税,对粗棉布征收每码6.25美分的特别税。

1816年《关税法》通过以后,美国对外贸易状况并没有好转,预期的效果未能达到。1819年又提出新的《关税法》,但直到1824年才开始生效。根据1824年的《关税法》,毛纺织品的进口税提高到货物价格的30%,第二年又提高到33.3%。其他货物的进口税也有所提高和调整。

1824年《关税法》实行了四年。1828年通过了一个更高的《关税法》,羊毛进口税提高到50%,毛纺织品的进口税为45%,第二年又增加到50%。棉纺织品、棒铁的进口税也都大幅度上升。①但是这个《关税法》遭到不少人的反对,被叫作"令人憎恨的关税"。事实上,对一些消费品征收高关税也给人们生活造成一些困难。因此在这个《关税法》生效两年后,不得不降低食盐、糖浆、茶叶、咖啡、可可等货物的进口税。

强烈反对这个高关税法案的主要是南部一些同英国商业联系密切的地区。南卡罗来纳企图通过州的活动来取消这个法案,北卡罗来纳议会则认为1828年《关税法》是"为了促进新英格兰的公司组合而精心策划出来的"。1833年,国会通过了一个《折中关税法案》。法案规定的各项货物的进口税逐步减低到货物价格的20%。每两年减少超出部分的10%。这样在1842年7月30日以后,各种进口货物的关税最高不超过20%。不过,货物的价格按照进口港牌价计算,而且要支付现金。

总的来说,降低关税对当时美国工业的发展是很不利的,特别是在1837年经济危机以后问题更为突出。1842年,国会又通过了新的《关税法》,提出了一份需交付特别关税货物的长长的清单。毛纺织品的进口税提高到40%,棉纺织品的进口税至少不低于30%。需要受到保护的棉花、羊毛和铁的关税上升到33%,工业制品的税额也比较高,一般货物的税额则保持在20%左右。

这个《关税法》只实行了四年。由于南部和北部的矛盾日益尖锐,南

---

① Victor S. Clark（ed.）, *History of Manufactures in the United States*, Vol. 1, pp. 278-279.

部取消保护关税的活动日益激烈。1846年,南部控制联邦政府以后取消了1842年的《关税法》。从此以后一直到内战,美国的关税又成为一种主要是为国家提供收入的税收。

联邦政府还十分重视鼓励科学技术的创造发明。1790年4月10日,国会通过的《专利法》开始生效,联邦政府成立了专利委员会(专利局的前身)来注册发明项目和向发明人颁布专利状。以后这个《专利法》又经过不断地修改和完善。1836年通过了一个新的《专利法案》,决定建立一个更大的、由更多的工作人员组成的专利局,并且建立了对发明项目的严格检查制度。

所有这一切措施,对于美国工业的发展都具有非常重要的意义。

三、工业革命的开端

工业革命是资本主义生产方式从工场手工业阶段向机器大生产阶段过渡的转折点,也就是说在生产过程中,简单工具开始被机器所取代。任何一种完整的机器都包括动力、传动装置、工作机三个部分,工业革命究竟是从哪一个部分开始的? 在历史上曾经存在过不同看法。一些资产阶级学者认为,工业革命是从动力革命开始的。这种说法遭到了马克思、恩格斯的驳斥,是不符合事实的,因为畜力、风力和水力被人们用来作为强大的动力已经有好几千年,但一直没有发生工业革命。所以动力变革不是工业革命的开端,只有工作机的发明才是工业革命的开端。在工业革命的发源地英国,小小珍妮纺纱机的发明引起了一连串的连锁反应,使英国社会生产力和社会关系经历了伟大的变革。恩格斯曾经说:"使英国工人的状况发生根本变化的第一个发明是珍妮纺纱机。"[①]

在英国,工业革命首先从棉纺织部门开始,绝不是偶然的。棉纺织部门是一个比较年轻的部门,容易采用新设备,同时棉纺织业又是许多

---

① 《马克思恩格斯全集》第二卷,第284页。

农户的家庭副业,涉及千家万户的切身利益,技术革新有广泛的群众基础。同时,纺织机器的发明和改进只需要少量资金就能够完成,而且可以在较短时间内取得显著的成果。一架可以在家庭中使用的珍妮纺纱机就能够把劳动生产率提高十几倍,甚至几十倍。

美国的工业革命也是从棉纺织业开始的。殖民时期,棉纺织业一直是北美殖民地的家庭手工业,使用的是旧式纺轮和织布机。虽然18世纪60年代,英国已经发明和推广使用新的纺纱机,但是由于英国政府采取禁止输出技术和技术人员的政策,使得美国的棉纺织业不能分享先进技术,一直处于落后状态。

1774年,英国政府通过法令禁止输出阿克莱和哈格里夫斯的发明,对于违法输出的纺织机罚款200英镑。1781年,英国国会为了保护英国棉纺织业的领先地位,决定不让外国人得到英国的纺织机器,因而扩大了1774年所规定的禁止出口的范围。凡是准备运往国外的机器装备,一经查出即予以没收,并罚款200英镑,对经办人判处一年徒刑。[①]1782年英国政府又把罚款提高到500英镑,同时还通过了禁止技工外流的法令。1785年又下令禁止输出制铁工具、机器、动力机、模型和蓝图。

美国纺织界人士力图打破英国的技术封锁,改革纺织机械。他们一方面自己试制新纺纱机,一方面通过各种非官方渠道引进英国的纺织机械。1775年,费城展出了英国的珍妮纺纱机,这可能是美国历史上最早的一部珍妮纺纱机。1775年3月,北卡罗来纳州曾经募集捐款80英镑,奖励开办纺织工厂。在这以后,费城和马萨诸塞的伍斯特的棉纺织业都有了相当的发展,建立了一些小型工场。1786年,马萨诸塞州议会为了鼓励研制纺织机,曾向罗伯特和亚历山大·博尔颁发200英镑奖金,资助他们制造梳棉梳毛机、棉毛卷条机和棉毛纺纱机。博尔制造的纺纱机可能是美国第一架采用阿克莱技术成果的机器。1787年,费城建立了最早使用珍妮纺纱机的工厂,不过该厂在建成后的第三年厂房着火,被迫

---

① C. D. Wright, *Industrial Evolution of the United States*, pp. 121−122.

关闭。1787年，马萨诸塞州的贝弗利建立了真正的使用阿克莱技术的纺织厂，并得到马萨诸塞议会的赞助。起初，这个厂的纺纱机和织布机在运转过程中不断得到改进，产量有所增长，1793年以后可以年产褥套布2.4万码。但是到1807年，拿破仑对英国实行封锁，英国和美国的关系也日趋紧张，英美之间的贸易受到影响，同海运业有直接利害关系的塞勒姆和纽伯里波特损失最大。由于这个原因，贝弗利纺织厂也停止生产。

1787年，伦萨姆、纽波特、普罗维登斯、诺威奇、伯利恒等地都曾经开设过类似的棉纺织厂。但是这些纺织厂都是好景不长，在1794年以前相继关闭。

这些工厂的开办和关闭表明，美国纺织界对纺织业的技术改革做出了巨大的努力，但是这些努力都没有获得成功，需要进一步解决技术上和组织管理上的许多重大问题。虽然美国真正的工业革命还没有开始，但是已经是近在眼前的事情了。可以说，当时美国正好处在工业革命的前夕。

1790年，在美国的工业发展史上，出现了一个重大的转折。被美国人称作"美国制造业之父"的塞缪尔·施莱特，成功地引进了英国的先进技术，在美国造成新型纺纱机，并在罗德岛的波特基特建立了仿照英国管理体制的纺纱厂。美国的工业革命从此开始。

塞缪尔·施莱特生于1768年6月9日，是英国德比郡贝尔珀人，幼年在斯特拉特的工厂里当学徒。斯特拉特曾经是理查德·阿克莱的合伙人，他的工厂和阿克莱的工厂是同一个类型的工厂。因此，施莱特在学徒期间有充分机会接触和掌握英国新式纺纱机的每一个部件。后来，他还参加了一段时间的工厂管理工作，对于英国的工厂体制也有相当深入的了解。

施莱特在学徒期满的时候，偶然看到报纸上登载美国各地正在奖励和资助研制新式纺织机的消息，就决定到美国去寻找自己的前途。但是，他非常清楚，英国政府是不允许像他这样的技术工匠到美国去的，更不允许他把机器、模型、蓝图随身带走。于是他就利用一切机会跟随斯特拉特，把机器结构和工厂管理的每一个细节都记忆在脑子里。1789年9月13日，施莱特化装成农家子弟，携带随身行李在伦敦上船，悄然离开英国。

1789年11月，施莱特在纽约上岸，并立即同那里的纺织界人士接触，但是他期望已久的鼓励和帮助并没有来到。幸好普罗维登斯的阿尔梅布朗公司同他签订了试制新纺纱机的合同，施莱特才终于得到了发挥自己才能的机会。1790年1月，试制工作开始在波特基特进行。1790年12月20日，一共可以带动72枚纱锭的三部新式纺纱机在新建的工厂内开始运转。英国新式纺纱机的仿制成功，使美国的棉纺织业进入了一个新的发展阶段。

如果说在革新纺织机械方面英国走在前头，那么轧棉机的发明却是年轻的美国纺织业的一项重大贡献，它使脱棉工序的效率大为提高，从而能够充分满足日益增长的纺纱环节对棉花的需要。造成第一台新式轧棉机的是美国东北部马萨诸塞州的著名发明家伊莱·惠特尼（1765—1825）。

伊莱·惠特尼一家世代都经营农业。他的父亲是一个小农场主，惠特尼的幼年时期就是在离波士顿城大约40英里的惠特尼农场度过的。惠特尼从小就不喜欢农活，对作坊里的劳动特别感兴趣。他的姐姐伊丽莎白曾经回忆说："我们的父亲有一个作坊，有时制作各种轮子。他有一台车床和好多种工具，这使我的弟弟在非常小的时候就学会使用工具，他能抓紧一切时间干这些事。当他学会使用工具时，他常在作坊里制作些东西，但却不乐意在农场干活。"后来，惠特尼渐渐成为一个技艺高超的制造师。1789年，惠特尼到耶鲁大学学习，毕业后当过短时间的中学教师，但很快就辞去职务，在弗吉尼亚格林夫人的种植园里当家庭教师。正是在这个时候，惠特尼开始研究轧棉机，他写信告诉父亲说："我常听说把棉絮跟棉籽分开极为困难。格林夫人这里有一些非常有名望的士绅也说，如果能够发明出一种快速将棉籽从棉花上脱下来的机器,那么无论对国家或对发明者都将是一件了不起的事。"

1793年,经过苦心钻研,惠特尼终于在格林夫人的种植园里发明了轧棉机。第一台轧棉机是手工操作的,可以使脱棉工效提高50倍。后来惠特尼又设计了水力轧棉机,每人每天可以轧棉花300至1000磅,使工效提高一百倍以上。惠特尼对自己的发明非常满意。1794年3月,他写信告诉他的父亲说:"我已如愿以偿。听到美国的人们称道我的机器是有史以来最完美、最有价值的发明,我感到欣慰。"但是,惠特尼的机器图纸在没有任何报偿的情况下被大量复制和到处流传。轧棉机不仅在美国南部广泛制造使用,而且传到英国。这对惠特尼个人是一件不幸的事情,曾经使他资金拮据,几乎破产,但对于美国的经济确实产生了极为深远的影响。由于轧棉机的推广,棉花成为南部庄稼之王,产量急剧上升,美国棉纺织业得到一个新的推动力。

1803年,塞缪尔·施莱特的兄弟约翰·施莱特也从英国来到美国,并且带来了关于克隆普顿"缪尔纺纱机"的知识。1806年,施莱特兄弟同阿鲁美·布朗合资在罗德岛建立纺纱厂。

斯莱特的成就对英国的许多纺织工匠产生了巨大的吸引力。他们当中的一些人纷纷向新英格兰移民,使这个地区成为美国最早的纺织业基地。1800年到1804年间,罗德岛、马萨诸塞和康涅狄格的纺纱厂数量都增加了两倍多。在新罕布什尔、格林尼治和纽约先后成功地建立了一批新型纺纱厂。

1809年到1815年是新英格兰和中部州棉纺业迅速发展的时期。1809年大约有50家棉纺厂在新英格兰同时开工兴建。南部新型纺纱厂的建造比较晚。根据记载,最早的新型纺纱厂是1811年在佐治亚的威尔克斯建成的。接着南、北卡罗来纳也分别建立了自己的纺纱厂。1812年,西部已有两家使用蒸汽动力的纺纱厂开工生产。

纺纱环节的技术革新在美国发展比较快,在19世纪头十年就已经取得了显著的成就。于是织布环节的落后状态越来越显得突出。当时,美国的织布工厂还是使用的老式织布机。英国人卡特莱特发明的先进的织布机，在1812年美英战争以前一直没有传到美国。美国纺织工业出现了纺和织两个环节严重不平衡的状态，因而影响了发展速度。于是革新织布机成为最紧迫的问题。波士顿商人弗朗西斯·C.洛维尔顺利地解决了这个问题，推动纺织工业技术革命的继续发展。

1811年，洛维尔访问英国，在爱丁堡看见卡特莱特的强力织布机，他当时就产生了要把这种织机引进美国的念头。后来他又在曼彻斯特住了一段时间，细心观察强力织布机的结构和运转情况，并且把所看到的一切牢牢记住。1813年，洛维尔学成回国，决定在美国复制这种织布机。在一些能工巧匠的帮助下，洛维尔终于造成了新式强力织布机，并在马萨诸塞州沃尔塞姆开办了一个工厂。1814年秋天，这个厂里安装了洛维尔自己设计制造的强力织布机、纺纱机，有1700个纱锭在运转，这是世界上第一个从梳棉纺纱到生产布匹的综合工厂。就这一点来说，美国走到了英国的前头。有人曾经比喻说："英国奠定了工业结构的基础，即所谓的生产的工厂制，而美国则砌完了形成圆拱门的最后一块石头。"①到19世纪初，美国新兴的棉纺织业已经初具规模。根据美国国会报告，1815年末在罗德岛有99家纱厂、75678枚纱锭，在马萨诸塞有57家工厂、45650枚纱锭，在康涅狄格有14家工厂、12886枚纱锭。整个美国共有170家纱厂，134214枚纱锭。其中最大的工厂是施莱特最初创办的纱厂，拥有纱锭5170枚。②到这个时候，可以肯定无误地说，美国工业革命已经取得了初步的成就。

---

① C. D. Wright, *Industrial Evolution of the United States*, p. 131.

② [美]格罗弗、[美]康乃尔：《美国实业发展史》上册，第188页。

第三章　工业化的动力

一、移民和工业投资

　　缺乏劳动力和缺乏资金是美国开展工业革命过程中经常面临的两个严重问题。

　　1790年,美国工业革命开始的时候,每平方公里平均只有0.6人,到19世纪初也不过1.6人,而且大部分居住在大西洋沿岸。沃野千里、矿藏丰富的内陆地区荒无人烟,覆盖着连绵不断的森林,只是间或有几处稀疏的移民点,如同点缀在大海当中的几个小岛。1790年,美国共有393万人口,而居住在阿巴拉契亚山脉以东的就占94%以上。工业革命开始以后,向西部流动的人口不断增加。1820年,美国人口增加到964万。居住在阿巴拉契亚山脉以西的人口达到300万人,约占32%。美国西部人口的增加是同移民人数的增加分不开的。从独立战争到内战爆发,移民总数约500万,其中1820年以后迁到美国的占多数。

　　美国的移民大部分是精壮人口。就1820年至1860年的情况来看,男性移民占60%,其中十五到四十岁的青壮年占67%。

　　移民提供了大量廉价劳动力,为美国的工农业发展做出了重大贡献。美国历史学家姜宁曾经这样写道:移民"多赤贫,所恃者唯粗工,而美国此时需工正急,于北部则建城市、筑轨道,于西部则垦川万亩、广植五谷,皆此辈任之"[①]。列宁充分肯定了贫苦移民对美国经济发展所起

[①] [美]姜宁:《美史纪事本末》第6卷,章宗元译,上海1903年,第15页。

的巨大作用。他指出,"美国在输入工人的国家中占首位","美国从世界各国得到了最刚毅、最能劳动的工人而日益迅速地向前发展"。①

移民还提供了相当多的技术力量。来自德国、法国、荷兰和英国的工人移民随身带来了先进的冶铁、纺织和其他工业部门的知识和技术。例如,19世纪初,新罕布什尔机械工匠乔治·基奔发明的美国最早使用的新式水轮机就是按照法国传来的技术设计的。无烟煤炼铁法则是由德裔美国工匠盖森·海默尔首先试验成功的。工业革命的带头人施莱特本身就是英国的移民。

中国移民也是移民洪流中的一支劳动大军。他们多半是在19世纪中叶,美国大力开发西部,加利福尼亚州发现金矿和开始修建联结两洋、横贯中西部大陆铁路的时候到达美国的。当时美国需要大批劳动力,美国资本家为了赚取最大的利润,远涉重洋到香港设立招工据点,用极其低廉的代价,招收中国沿海贫苦百姓到美国去充当苦力。1850年,经香港到美国的华工约有500人。1851年,在美华工共有2.5万多人,1858年激增到9万人。

华工同其他移民共同从事工业、农业,开发金矿,修筑铁路,对美国太平洋沿岸地区的建设事业做出了重要贡献。例如,修筑中央太平洋铁路的1万名工人中,华工就占0.9万人。美国工人领袖威廉·福斯特在1958年12月19日给毛泽东同志的信中指出:"中国人,主要是工人,在美国西部的历史中,起很大的作用",他们"铺修了美国第一条横贯大陆的'中央太平洋铁路'的西半段,这是一个英雄的成就"。②

华工最能吃苦耐劳,经常担负着繁重而危险的工作。恩格斯曾经指出,中国移民"生存能力远远超过其他所有的人,什么东西都能用来充饥"③。

---

①《列宁全集》第19卷,第453—455页。
②《福斯特给毛泽东同志的信》,《新华半月刊》1959年第3期。
③《马克思恩格斯全集》第38卷,第316页。

来自世界各地的移民，在新的国土里，在艰苦的谋生和创业过程中，不断克服意想不到的种种困难，形成了讲求实际、革新进取的风尚。这对于美国整个民族的精神面貌产生了良好的影响。斯大林曾经说过："美国是一个……'自由移民者'的国家。""美国在生产中的风气是健全的和比较朴实的。""我们尊重美国在各方面——在工业、技术、文学和生活方面的求实精神。我们从来没有忘记美国是一个资本主义国家。但是……这种求实精神和这种朴实作风我们是赞成的。"[①]

美国工业革命时期的资金来源主要有三个。

第一，工业部门本身积累的资金。最早建立的一批小棉纺厂、小毛纺厂和小型炼铁炉、锻压厂的主人把所赚取的利润用来不断扩大再生产，使工厂的规模迅速扩大。在新英格兰、纽约和宾夕法尼亚等工业发展较早的地区，一些大型工厂就是通过这条途径发展起来的。

第二，商业向工业提供的资金。新英格兰和中部各州对外贸易比较发达，商业资本相当雄厚。在某些工业部门有利可图和商业不景气的情况下，往往有一部分商业资本转化为工业资本。在独立战争时期，格拉斯哥的一些商人就放弃经商，用自己的资金建立了棉纺织厂和冶铁厂。

1812年美英战争开始以后，从经商转为经营工业，或者贷款给工厂的情况比较普遍，主要原因是当时的海运事业和对外贸易都遇到了困难。例如新英格兰的商人阿普尔登和洛维尔就是在第二次美英战争中创立了规模巨大的工业公司，新英格兰的船主和船长在福尔河和罗德岛一带建立了一批棉纺工厂。1816年，新英格兰的商人还贷款给路易斯维尔的工业资本家，建立了希望酒精工厂。

美国国内工业投资的大部分是由以上两个资金来源构成的。在工业革命期间投入工业资金的准确数字现在还无法知道，但可以找到一个估计数字，大致是：1820年为0.5亿美元，1840年为2.5亿美元，1850年为

---

① 《斯大林全集》第13卷，人民出版社，1956年，第101—102页。

5亿美元,1860年为10亿美元。①

第三,引进外资。美国在工业革命期间引进了大量外资,据统计,1839年以前美国共引进外资1.5亿美元,1854年达到2.22亿美元,1860年外资总数约4亿美元。19世纪60年代以后,由于工业发展速度加快和铁路建设进入高潮,外资急剧增长。1880年增加到20亿美元,1890年又增加到30亿美元。②在外资中,英国所占的份额最大,而且集中在盈利最大的铁路部门。直到1907年,美国铁路总值的1/4以上还掌握在欧洲国家手中。斯大林曾经指出:"甚至资本主义国家中最强大的美国,在内战以后也不得不费了整整三四十年的工夫,靠着外国的借款和长期信用贷款以及对邻近国家和岛屿的掠夺,才把自己的工业建立起来。"③

二、交通运输先行

美国地大物博,各种工农业原料极为丰富,国内也具有广大的销售市场。这对于发展经济是极为有利的。但是,如果没有发达的、便利的水陆交通运输网,这些有利的因素就不能真正发挥作用。由于英国的殖民统治,美国的交通运输畸形发展,留下了深刻的殖民地烙印。同英国的经济联系比较密切的海运事业极为发达,而殖民地内部各地区和各城镇间的交通运输却完全依靠崎岖道路、印第安人的羊肠小道和不多的几条水路来维持。

这种情况在殖民时期就已经严重地影响着各地经济的发展。由于交通不便,在大部分地区,运输费用要占去货物售价的相当部分,甚至高达1/4。同样自然条件的地区往往由于交通运输条件不同,经济发展出现很大的差别。纽约和宾夕法尼亚的情况就是这样。纽约是个河流密

---

① Victor S. Clark(ed.), *History of Manufactures in the United States*, Vol. 1, p. 369.

② Robert W. Dunn, *American Foreign Investment*, New York: Viking Press, 1926, p. 1.

③《斯大林全集》第9卷,第158页。

布的地区,水路交通比较便利。在这个地区,任何一个农场的产品都可以通过水路在三天之内运到纽约。而在宾夕法尼亚,从偏僻地区把农产品运到费城要花费更多的时间。在纽约两三个人就可以运送的货物,在宾夕法尼亚要用40辆篷车、160匹马和80个人才能运走。在纽约运送100蒲式耳小麦,每100英里运费为6便士,而在宾夕法尼亚则为1先令。因此纽约的农产品利润要比宾夕法尼亚高30%。[①]这种情况有利于纽约商业和农业的发展,使它成为殖民时期的商业和农产品输出中心。农产品无法同纽约竞争,为了节省运费,降低成本,宾夕法尼亚就发展自己的农产品加工工业,输出制成品和半制成品。

在整个殖民时期,由于内地交通不方便,各个殖民地之间的贸易不多,国内市场狭小,各地生产的商品多半是供应当地和附近地区的需要。各殖民地之间的商品交往经常是通过沿海航线来运送的,各个殖民地之间的联系,还不如它们各自同牙买加、巴巴多斯或者英国的联系密切。所以它们的主要市场是国外市场。殖民地的国外市场有两种类型:一种类型是近海的,以西印度群岛及其附近岛屿为主;另一种是远洋的,以欧洲国家和英国为主。

独立战争取得胜利后,特别是在工业革命前夕,美国的国内交通运输问题显得特别突出。工厂的建设、原料的供应和产品的运销都遇到了很大的困难。于是,改进交通运输工具、改造和兴建道路成为能够顺利开展工业革命的关键问题。

改造和兴建道路的工作,在殖民时期就已经开始,不过规模不大,而且缺乏整体规划,进展不快。大约到18世纪中叶,美国境内的驿道和重要道路都逐步经过修补、填平,出现了许多新建的乡间道路,大城镇中也垒筑了一些可与英国和欧洲国家媲美的铺石路和半铺石路。在波士顿至普罗维登斯、纽约至费城、费城至巴尔的摩的道路上行驶着定期的邮车。坚固而宽大的四轮大马车逐步取代了旧式马车成为当时陆路运输

---

① Victor S. Clark(ed.), *History of Manufactures in the United States*, Vol. 1, p. 88.

的重要工具。1771年，一辆叫作"飞车"的新型大马车用一天半时间跑完了费城至纽约的全部路程，创造了纪录。

工业革命开始前后，一些私人企业取得所在州的特许状，修筑了相当数量的所谓的纳税道路。这种路在投入使用后，由私人企业在途中设立若干税卡，向路上行驶的车辆征收行车费。第一条纳税路是长66英里连接兰开斯特和费城的碎石路，它于1792至1794年间落成，耗资46.5万美元，有良好的排水系统，可以同素负盛名的苏格兰筑路工程师麦克·亚当所修筑的道路相比。经营这条道路的费城兰开斯特纳税道路公司，从征收行车费中获得了很大的利润。于是在这条道路落成后不久，就掀起了一阵筑路狂潮。到1811年前后，已有拥有资本总额750万美元的137家公司取得了纽约州颁发的特许状。在新英格兰各州也有约200家公司取得了特许状。1838年，仅宾夕法尼亚州就拥有纳税道路2500英里，耗费筑路资金3700万美元。[①]纳税道路一般都是短途的，但是在发展美国陆路交通运输事业中曾经起过积极作用。

由联邦出资修建的昆布兰大道，也在19世纪上半期筑成通车。这条大道是1806年，美国国会通过法令准备拨款修建的，1811年开工修筑，一直到19世纪中叶才最后建成，全长600英里，耗资700万美元。它以马里兰州的昆布兰为起点，伊利诺伊州的范代利亚城为终点，途经马里兰、宾夕法尼亚、弗吉尼亚、俄亥俄、印第安纳、伊利诺伊等州，是从大西洋沿岸通往西部的一条交通要道。由于道路平坦、宽阔，行车速度提高，旅程时间大为缩短。例如从巴尔的摩到惠林的旅程，就从8天缩短为3天。在这条大道上，四轮大马车川流不息，疾驶而过，把大量的供应品运往西部，又从那里运出农产品和其他物资，货运量大幅度增加，运价下跌。

运河是联结内地水路交通的重要渠道。早在1760年美国哲学学会就曾经建议，在宾夕法尼亚、特拉华、马里兰一带沿着瀑布线开凿运河，

---

① ［美］毕宁：《美国经济生活史》，商务印书馆，1947年，第158页。

沟通流入大西洋的河道。但是由于当时还不具备必要的条件,这个建议就被搁置起来。直到1789至1802年间,才由一些私家公司根据需要陆续完成了这些小型运河的建造工程。

纽约的西部内陆公司建成了一个不大的运河和水闸系统,沟通了几条河流的航道,使载重15吨的船舶可以从莫哈伍克通达安大略湖。这样,大湖区的移民就可以通过这条水路,从阿尔巴尼和特罗依获得廉价的工业品。阿尔巴尼和特罗依及其附近地区的工业因而也得到迅速发展。乔治·华盛顿创建的一家公司建立了一系列运河和水闸,扩大和改进了波托马克河的航道,使这条航道从9月到第二年6月畅通无阻。1800年到1822年间,这条水道每年通过633条船,运载7400吨货物。[①]差不多在同一个时候,詹姆斯河的水道得到改进,里士满的工业也因此得到发展。

但是随着西部的开发,更为迫切的是打开一条把大西洋沿岸同俄亥俄河流域、密西西比河流域及大湖区连接起来的通道。伊利大运河就是为了实现这个目的而开始建造的。伊利运河由纽约州拨款兴建,于1817年动工,1825年完成,全长363英里,有83道水闸,是一项极为艰巨的工程。运河落成的时候,克林顿州长在布法罗集会上发表演说,然后偕同运河委员及一些其他官员一起乘坐"塞内卡酋长号"船沿运河而下,驶往哈德逊河,途中两岸礼炮轰鸣,乐声不绝。船上载有两桶伊利湖水,在到达终点后倾入大西洋,表示伊利湖水已经同大西洋海水汇合在一起。伊利运河确实成为美国东北部和西部各州间行旅货运的交通纽带。从布法罗到纽约货运所需的时间从20天减到6天,运费从每吨100美元减到10美元。运河也给纽约和沿河的城镇带来了经济繁荣。大约到1850年,纽约的人口和财富均已超过费城、波士顿、巴尔的摩等大城市而居于首位。

由于伊利运河沟通了阿尔巴尼到布法罗的水道,汽船可以从哈德逊

---

① Victor S. Clark(ed.), *History of Manufactures in the United States*, Vol. 1, p. 338.

河直达大湖区。过去,从纽约到路易斯维尔,需要先经水路到阿尔巴尼,然后舍舟登陆乘车到斯克内克塔迪,从那里再乘船航行,途中经过尼亚加拉瀑布和从伊利湖进入阿利根尼水系的时候,要两次上岸换乘船只,全程1500英里。伊利运河通航后路程缩短500英里,而且中途不必经由陆路转运。西部移民点的农产品、木材、矿石、铁产品,可以通过方便的水路源源不断地输往大西洋沿岸港口。俄亥俄河流域的生铁和铁制品,在纽约和其他东部沿岸城市找到了广大市场。1826年,从俄亥俄河流域开来的汽船中就有一艘专门运载生铁的货船"俄亥俄狮子号"。在内地,谷物加工业、木材业、冶铁业都得到了迅速发展。伊利湖南部沿岸的铁矿也得到开发,在赫得森河上游出现了铸造炉子和铁管的铸造厂。1826年,在伊利湖附近的佩恩斯维尔有三座炼铁炉投入生产,正在建造的还有三座以上的炼铁炉和同样数量的锻铁炉。西部移民点所需要的长筒靴、鞋袜、布匹等日用品,也可以及时地从东部沿岸城市运来,这对西部的开发也是十分有利的。

汽船的发明和使用,使得美国国内逐渐形成的水路交通网,发挥越来越大的作用。运河在美国国内交通运输部门的重要地位,直到19世纪中期才开始被铁路所取代。

在美国,制造汽船的试验开始于19世纪70年代末80年代初。约翰·菲奇、詹姆斯·拉姆奇、奥利弗·伊文斯、亨利·沃伊特等发明家,都曾经从事这项研究工作。1786年,菲奇在费城造成一台可以安置在小船上的机器,开动机器就可以同时划动12支桨。这艘原始的汽船行驶缓慢,曾经在特拉华河上表演,逆流行驶的速度每小时只能达到2.5英里,没有什么实际使用价值。1790年夏,菲奇的汽船曾经每天在费城与特伦敦之间航行。但由于缺乏资金,菲奇不能继续进行实验来改进自己的汽船,最后破产。菲奇在绝望之余被迫自杀,但他深信,一定会有人在他死后造成一艘经过改良的真正汽船。他生前曾经在自传中这样写道:"不久将有比自己幸运的人,会因改良一只成功的汽船而得到人家赞美,以及荣誉、财富和名声。"

不出菲奇所料,在他死后不久的1807年,富尔敦发明了真正实用的汽船"克莱蒙特号"。这是一艘长150英尺、载重160吨的侧轮汽船。"克莱蒙特号"在哈德逊河试航成功,用32小时走完纽约到阿尔巴尼的150英里航程。从此,美国开始了汽船航运时期。但是由于美国各州都给当地的汽船航运颁布特许状,使得内河航运变成了地方性的产业,受到极大的限制。一直到1824年,经美国最高法院判决,各州颁布的汽船交通专利权才被取消,汽船开始大量使用。据统计,1846年左右,在西部诸河道航行的汽船约有1200艘,每年运货量达到1000万吨以上。①

同内河航运相比,美国的海运业发展较早,在殖民时期已经具有相当规模。独立战争胜利后,美国的海运事业被置于国家的保护下,有了进一步发展。自1789年至1830年,美国国会至少颁布了50项有关贸易和航运的法令,降低了美国船只所缴纳的关税,而对外国船只则征课较高的关税,这就提高了美国海运业的竞争能力。自1789年至1828年间,美国海运业经历了蓬勃发展时期。进出口货物运载量,从1789年的123893吨增加到1810年的981019吨。其中由美国船只运载的货物的百分比,从1789年的24%增加到1810年的92%。②

1818年以前,航行大西洋的船只是不定期的,从这年开始,开辟了名为"黑球航线"的定期航线,每月1日和15日开出往返于纽约和利物浦之间的班船。班船的载重量均在400吨以下,每次航行需要25天至40天。1819年,第一艘装有蒸汽发动机的帆船"萨凡纳号"首航大西洋,曾到达利物浦和圣·彼得堡,然后返回美国。在航行途中由于装载燃料不足,只有一小部分路程是利用蒸汽机航行的。这次试航以后又经过十九年,英国汽船"西里亚斯号"和"大西号"才又开始定期航行于大西洋上。但是,在美国航运史上,大规模使用汽船航海是19世纪后半期的事情。

---

① [美]毕宁:《美国经济生活史》,第170页。

② Anthony Bimba, *The History of American Working Class*, New York: Internatioanal Publishers, 1927, p. 61.

在这以前,帆船一直是航海的主要工具。19世纪40到50年代制造的一种名为"飞剪快船"的新式木制帆船更是风行一时,为国内外所乐于采用。

交通运输的最大变革是铁路的兴建和火车的发明使用。1795年,波士顿一家砖厂建造和使用的木制轨道是美国的第一条路轨。后来在一些矿山里又陆续修建了许多条同样类型的路轨。1826年,宾夕法尼亚州派遣威廉·斯特里克兰到英国研究那里的铁路建筑问题。斯特里克兰回国后极力宣传铁路的好处。于是一些私家公司开始设计铁道和车辆。

1830年,美国开始按照英国标准建造自己的铁路。这一年一共建成铁路40英里,其中可以通车的有23英里。最早承建铁路的两个公司是巴尔的摩俄亥俄铁路公司和南卡罗来纳运河铁路公司。前一个公司于1830年5月24日修建了巴尔的摩至埃利科特密尔的14英里铁路。后一个公司于1830年1月开始建造自查尔斯顿至汉堡,并跨越萨凡纳河长达130英里的铁路。

可是,兴建铁路触犯了运河、公路公司的利益。也引起了传统偏见的反对。伊利运河沿岸城镇曾经集会反对颁发修建铁路特许状,有的地方政权甚至对铁路征课吨位税。有些人嘲笑火车,认为火车不如驿车安全可靠,甚至鼓动驿车同火车赛跑。一个颇有声望的波士顿医学团体公开告诫人们说,火车的高速旅行将会引起脑震荡。许多人还指责说,铁路是魔鬼引诱灵魂下地狱的手段。俄亥俄州一所学校的董事会拒绝向铁路界的一次辩论会提供校舍,并声明说,欢迎借用校舍辩论除有关铁路外的一切正当问题。

尽管这样,从1830年到1840年的十年里,美国的铁路建筑事业仍然能够克服一切阻力,取得迅速发展。在这段时间里,短程铁路如雨后春笋,遍布大西洋沿岸地区。波士顿到洛维尔、波士顿到纽伯里波特、波士顿到普罗维登斯、波士顿到伍斯特、费城到雷丁、费城到巴尔的摩、巴尔的摩到华盛顿都有长度不超过55英里的铁路相通。在南部由于人烟稀少、城镇间距离较远,铁路线稍长一些。到1840年,美国铁路的总长度已经达到2818英里[①],仅仅次于英国而居世界第二位。

1840年以后,T形铁轨被广泛采用,铁路的优越性越来越明显,逐渐取代了运河的地位。19世纪40年代只开挖了400英里运河,运河的总长度不过4000英里,而兴建的铁路却达到6000英里。到1850年,美国的铁路总长度为9021英里[②],超过英国跃居世界第一位,美国成为世界上铁路交通最发达的国家之一。

机车的研制和改进是发展铁路运输的另一个重要环节。18世纪末,美国已经开始研制在陆地行驶的蒸汽车。1786年,费城的伊文斯曾经向宾夕法尼亚州议会请求制造蒸汽车的专利权。但是,那时候没有人想到轨道对于蒸汽机车是必不可少的。一直到英国人史蒂芬逊在狭轨铁道上试验蒸汽机车以后,人们才认识到铁路和火车不可分离的关系。

1803年,奥利弗·伊文斯在费城马尔斯工厂试制美国自己的第一台蒸汽机。第二年蒸汽机试制成功,为制造蒸汽机车和汽船铺平了道路。不久以后,其他地方的工厂也开始生产蒸汽机。根据1820年的统计,在利奇菲尔德、纽约、匹兹堡、斯托本维尔、辛辛那提和路易斯维尔等地,都有蒸汽机制造厂。1828年,仅匹兹堡一地就有6家铸造厂专门生产蒸汽机,约拥有工人100名,每年可以生产20到30台蒸汽机。

机车的制造和投入使用是在英国人史蒂芬逊发明蒸汽火车以后。美国一方面从英国购买机车,一方面加紧国产火车头的研制工作。1829年,特拉华哈德逊运河公司从英国引进两台机车,其中一台叫作"斯突勃里治狮子号"。这台机车从1829年8月8日开始在该公司所属煤矿专用铁路线上行驶。同年,彼得·科杨在巴尔的摩制造了第一台试验性蒸汽机车。1830年,纽约彼得科柏工厂制造成功美国自己的小型机车"陶森号"。同一年,另一辆蒸汽机车"查尔斯顿良友号"也在纽约西点翻砂厂

---

① ② U. S. Bureau of the Census, *Historical Statistics of the United States: Colonial Times to 1957*, Washington: Government Pringting Office, 1960, p. 427.

制造成功。随后约克、宾夕法尼亚等地开始生产蒸汽机车。从1832年到1834年,鲍德温、莫里斯都建成了蒸汽机车车辆厂。1835年,阿列根尼山以西的第一家蒸汽机车厂在匹兹堡落成。到19世纪30年代末和40年代,美国已经可以生产相当数量的蒸汽机车,并且开始向欧洲出口。这一时期,美国的机械师还在俄国开设了第一家铁路工厂。圣·彼得堡到莫尔斯科的铁路就是美国的工程师建造的。美国的一家商行向这条铁路先后提供了162台蒸汽机车、2700辆货车和客车。[①]1850年以前,单是诺里斯蒸汽机车厂每年就可生产40台。那家工厂到1857年一共制造了937台。1860年美国生产了将近470台蒸汽机车,其中有3/4的蒸汽机车是费城和帕特森两地制造的。

美国的蒸汽机车不仅在数量上有大幅度增长,而且质量也有显著提高。第一批蒸汽机车是由许多木制部件和较小的铸锻件构成的。本身的重量不过10吨到25吨。不久以后,美国的蒸汽机车采用了大功率的蒸汽机,用较大的铸锻件代替了较小的铸锻件,用铁制部件取代了木制部件。美国的机械师在使机车结构简单化、部件经济耐用方面取得了显著成绩。1850年到1860年间,蒸汽机车的部件采用标准化方法生产,不仅降低了成本,提高了产量,而且改进了产品的质量。由于蒸汽机车牵引力的加大,1859年在伊利铁路上使用了铁制的旅客车厢。

随着机车和车辆的不断改进,到19世纪中叶,美国的铁路不仅在交通运输事业中起着举足轻重的作用,而且成为整个国民经济中极其重要的部分。不过在1850年以前,铁路主要集中在东北部,而且都比较短。最长的一条是伍斯特到阿尔巴尼的西方铁路,造价为800万美元。在这以后,修筑铁路的规模越来越大,仅1849到1854年间就有30多条比西方铁路更长的铁路建成。大东铁路、伊利铁路、宾夕法尼亚铁路、巴尔的摩铁路、俄亥俄铁路和纽约中央铁路的投资额都在1700万美元到3500万美元之间。西部的主要铁路密歇根中央铁路、密歇根南方铁路和伊利

---

① Victor S. Clark(ed.), *History of Manufactures in the United States*, Vol. 1, p. 363.

诺伊中央铁路的造价也超过了西方铁路,在1000万美元到1700万美元之间。到1856年,已经可以从纽约乘火车直达密西西比河。这时,主要铁路干线改筑双轨的工程也在迅速发展。

交通运输事业的发展同美国工业革命的进程是密切相关的。工业革命初期,铁路尚未建设,货物运转完全依靠运河和邮路。1811年,美国有各种能够通车的道路约3.7万英里。通过这种道路运货,运费高昂,又耗费时间。每一吨货物从阿尔巴尼运到布法罗需要20天,运费达100美元。[1]经过运河运载货物比邮路经济,运载时间也大为缩短。从阿尔巴尼至布法罗的行程可以缩短10天,运费减少到每吨3美元。但是这种运输能力仍然远远不能满足工业革命迅速发展的要求。只有铁路这个强大的交通运输手段才能及时输送发展工业所需要的大量原料和制成品。《美国制造业史》一书的作者曾经这样写道:"没有哪一个别的国家,工业状况像美国这样受到这种变化的影响。"[2]庞大的铁路系统不仅促进了美国各州的工业发展,加快了工业革命的步伐,而且源源不断地把大批移民输送到边远的西部,使西部地区同工业发达的地区联结起来,对美国的整个经济发展产生了极其重大而深远的影响。

三、动力革命

使用蒸汽机是工业革命深入发展的重要标志。但是,在美国由于水力资源十分丰富,工业革命开始后相当长一段时间,工厂动力仍然以水力为主,而且还有所发展。

美国的第一任财政部长亚历山大·汉密尔顿提倡开发水力,发展制造业。在他的支持下,1791年新泽西州组织了一家公司开发帕塞伊克瀑布的水力资源。这家公司从州政府得到6平方英里土地和在那块土

---

① [美]格罗弗、[美]康乃尔:《美国实业发展史》下册,第646页。

② Victor S. Clark(ed.), *History of Manufactures in the United States*, Vol. 1, p. 351.

地上建设城镇的权利,后来在这个地方建起了帕特森城。经过几年的开发,1807年这里已经建成12家棉纺织厂、3家毛纺织厂、3家机器制造车间和几家翻砂厂。①

稍晚,梅里马克工业公司制订了开发梅里马克水力资源的庞大计划。开头几年,梅里马克公司负责整个新城市的建筑和水力资源的开发管理。后来专门成立一家船闸和运河公司来管理水力。梅里马克公司虽然只有60万美元的资本,但是经营有关水利的直接项目和间接项目,范围很广,利润很高。它以每英亩20到30美元的价格购进土地,却以每平方英尺1美元的高价卖出。这家公司通常同时向厂方出售土地和水力。平均一家占地4英亩使用54.5马力②的工厂,需要付出14336美元。③到1835年,已经有2500马力投入使用。在这块荒凉的土地上出现了一个新兴的工业城市——洛维尔。

从洛维尔沿梅里马克河顺流而下,在不远的地方又出现了一个更大的工业中心——劳伦斯。这里建立了一个1629英尺长,35英尺厚,水的落差为26英尺的堤坝,可以向工厂提供9000马力。沿海两岸在很短的时间内建立了许多大型工厂。

随着工业革命的发展,利用水力的技术也不断提高。1840年以前,工厂主要使用旧式木制水轮机推动机器,水流的力量没有充分利用。富兰克林研究所和一些机械工匠对水轮机进行了多次改进,新型的改良水轮机不断出现。政府曾经为这个项目颁发了大约300张专利状。

1843年,新罕布什尔的一个机械工匠乔治·基奔在福克河上,为一家印刷厂安装了第一台新型水轮机。1844年,尤赖亚·博伊登为洛维尔的一家公司设计了一种75马力的大功率水轮机。两年后他又为这家公司制造了3台190马力的水轮机。这种水轮机比以前所使用的水轮机都

① Victor S. Clark(ed.), *History of Manufactures in the United States*, Vol. 1, p. 404.

② 马力,功率的常用单位,1美制马力约合735瓦特,1英制马力约合746瓦特。

③ Victor S. Clark(ed.), *History of Manufactures in the United States*, Vol. 1, p. 405.

优越,因而得到迅速推广,劳伦斯的大型工厂里也装上了这种水轮机。

然而,使用水力毕竟要受到地区的局限,在缺乏水力资源的地区和水力资源开发较早已经达到饱和状态的地区,都不得不寻求和采用新的廉价动力。例如,大约到19世纪30年代,新英格兰的所有能够提供水力的小河流两岸均已遍布工厂,几乎找不到可以设置新厂的合适地点。1840年,在伍斯特和普罗维登斯之间的布莱克斯通地区,就有94家棉纺织厂、22家毛纺织厂、34家机器制造车间和铁工厂,共约有1万工人。①

根据毕晓普的《美国工业史》的记载,美国最早使用蒸汽作为工厂动力是在1801年。在此以前,新泽西和罗得岛的矿山上曾经使用蒸汽机抽水而不是作为动力。最早用来带动机器的蒸汽机,很可能就是在纽约一家锯木厂和费城一家颜料厂投入使用的蒸汽机。那种蒸汽机的结构很不完善,许多重要部件是用木头制造的。1804年,费城奥利弗·伊文斯造成了美国自己的瓦特式蒸汽机。同瓦特的蒸汽机相比较,伊文斯的蒸汽机结构简单,容易操作,但燃料消耗量较大。这同当时美国缺少技术力量和燃料来源丰富的特点是相适应的。所以伊文斯制造的蒸汽机很快受到厂家的欢迎,各地工厂都希望能够得到这种机器。但是,在当时的技术条件下,生产蒸汽机的过程是十分缓慢的。1812年,由伊文斯制造的10台蒸汽机投入使用,简直供不应求。因此,机器虽然很少,分布面却很广。分布情况如下:佛罗里达1台,路易斯安那2台,密西西比1台,马里塔1台,列克星敦1台,匹兹堡2台,米德尔城1台,费城1台。②接着普罗维登斯的一家毛纺织厂安装了蒸汽机,康涅狄格最大的毛纺织厂也采用伊文斯的蒸汽机带动全部纱锭。南部和西部地区开始使用蒸汽机带动木锯和打场机具。这种蒸汽机一般具有10到20马力的功率,在12小时内可以锯木板5000英尺,打谷240蒲式耳,每台价值6000美元。

① Victor S. Clark(ed.), *History of Manufactures in the United States*, Vol. 1, p. 404.

② Victor S. Clark(ed.), *History of Manufactures in the United States*, Vol. 1, p. 409.

伊文斯蒸汽机的发明和使用是美国动力革命的一个重要里程碑。不久以后,在匹兹堡、路易斯维尔、辛辛那提以及东部的一些城市开始生产这种蒸汽机。美国的动力结构因而发生了重大变化。内战前,没有工厂使用蒸汽动力的准确统计数字。根据1820年的统计材料,大约有12家使用蒸汽动力的工厂,其中包括纽约的1家毛纺织厂,宾夕法尼亚的1家毛纺织厂和2家造纸厂、1家铁工厂。1831年,在新英格兰地区马萨诸塞、罗德岛两州以外的124家工厂都在使用水力。马萨诸塞的169家工厂中有39家使用蒸汽机,但这39家中有32家是印刷所。在罗德岛,有128家纺织厂使用水力,总共提供1.2万马力,4家纺织厂使用蒸汽,总共提供800马力。

在新英格兰地区由于水力资源丰富、价格低廉,蒸汽机的推广使用比较迟缓。在宾夕法尼亚的情况就不同了。在161家工厂中有57家使用蒸汽机,其中包括4家棉纺织厂、2家毛纺织厂和大量的锻压铁工厂。1833年,在匹兹堡共有90台蒸汽机在运转,可以提供2600马力。纺织厂拥有7台、玻璃厂拥有6台、木材厂拥有10台,其余大部分蒸汽机都是属于冶铁工厂的。

19世纪第一个三十年的情况表明,水力仍然是美国工业的主要动力,但是蒸汽机已经得到初步的运用,而且保持稳步上升的趋势。这种趋势在冶铁业、玻璃业、漂染业和印刷业中表现最明显。

成本过高是进一步推广蒸汽机的严重障碍。据1839年统计,宾夕法尼亚伊斯顿城的工厂使用水力和蒸汽力的年耗费,按马力计算为23美元比105美元。而在洛维尔则为12美元比90美元。所以,首先推广使用蒸汽机的是那些产煤地区。1850年以前,在匹兹堡和圣·路易斯之间的地带有1万到2万纱锭是靠蒸汽运转的,北卡罗来纳和亚利巴马也使用匹兹堡生产的蒸汽机带动纱锭和织布机。

19世纪40年代曾经在新英格兰掀起一场关于在纺织业中使用蒸汽机的经济价值的争论。结论是使用蒸汽机带动的纺织机速度均匀,产品质量好。这段时间,在纽贝里波特、塞勒姆、普罗维登斯等地兴建了一批使用蒸汽动力的大型纺织厂。

不过在 19 世纪上半期，美国蒸汽机的数量还是比较少的，一直到南北战争以后才普遍推广。

第四章　工业化的深入与完成

一、工业革命领域迅速扩大和钢铁业的技术革新

纺织工业的技术革命,推动了其他一系列工业部门的变革,并且开辟了一些崭新的工业部门,扩大了工业革命的领域。据统计,从1790年联邦专利局成立到1860年,共颁发了3.6万份专利证书[①],涉及工农业许多部门的技术革新。

服装工业是在纺织工业技术革命的直接影响下发展起来的一个轻工业部门。工业革命以前,美国还没有自己的服装工业,只是在东北部一些城市里生产少量供水手和工人穿用的粗陋的工作服。1800年至1820年间,服装业开始发展起来,在纽约、波士顿、费城、巴尔的摩、纽瓦克等城市都出现了一批制作服装的小型店铺。但是服装业真正成为一个重要的工业部门,是在发明缝纫机以后。

最早设计缝纫机的是英国人托马斯·塞恩特。他是一个细木工。1790年7月17日,他凭借自己提出的设计而得到制造缝纫机的专利状。1830年,一个法国人发明了真正有实用价值的木制缝纫机。第二年他制造了80台缝纫机为法国军队缝制衣服。

从19世纪30年代开始,许多美国发明家都在研制缝纫机,并且陆续取得了专利状。沃尔特·亨特在1832年到1834年间最早造成了现代意

---

① S. E. Morison and others, *A Concise history of the American Republic*, New York: Oxford University Press, 1977, p. 362.

义上的缝纫机,其中有些重要零件同现代的缝纫机很近似。亨特只制造了2台机器,没有取得专利状。另外一位有才能的发明家伊莱亚斯·豪从1843年开始研制缝纫机,1845年制造成功。他曾经将这台机器向公众展览,证明这台机器比手工的缝制优越得多。1846年9月10日,他得到了专利状。但是他的缝纫机没有在美国推广使用,于是他离开美国到英国去推销自己的机器,1849年才又回到美国,继续改进缝纫机。密歇根州艾德里安的细木工艾伦·B.威尔逊在1849年初,用60天时间也造出一部缝纫机模型,并于1850年12月12日获得专利状。此外还有艾萨克·M.辛格、威廉·O.格罗弗和贝克等人都由于研制缝纫机成功而获得专利状。当时一般使用的缝纫机每分钟可以进针900次,比手工缝纫的效率高三十倍。

最早的缝纫机厂是在波士顿筹建的辛格工厂。该厂从1848年开始经过两年试制,于1850年迁往纽约,并在这一年生产了第一台可以实际使用的缝纫机。1851年,惠勒和维尔逊公司在沃特敦小批量生产缝纫机。五年后,这家公司在康涅狄格的布里奇波特建立了世界上最大的缝纫机工厂。[1]当时美国的第三家大缝纫机工厂是格鲁弗和巴克尔公司在波士顿创办的。这三个城市生产的缝纫机在全国产量中占很大比重。1860年,全国共生产11.1万台缝纫机,纽约和康涅狄格各生产2.4万台,马萨诸塞生产2.2万台。[2]

由于缝纫机的发明和推广使用,19世纪50年代成为美国服装工业迅速发展的年代。服装工业在几乎所有大城市里都占有相当重要的地位,年产值达到73219765美元。[3]

美国的制鞋业也由于制鞋机的发明而得到迅速发展。美国的第一个鞋匠是从英国迁来的移民托马斯·比尔德。1629年,他从英国带来了

---

① Victor S. Clark(ed.), *History of Manufactures in the United States*, Vol. 1, p. 521.

② Victor S. Clark(ed.), *History of Manufactures in the United States*, Vol. 1, p. 522.

③ C. D. Wright, *Industrial Evolution of the United States*, p. 139.

皮革和制鞋工具，在北美殖民地开始了制鞋生涯。早期的鞋铺规模很小，只有三四个人做工，叫作"十英尺"，因为这种鞋铺只有10平方英尺的面积。由于地方狭窄拥挤，鞋匠们终日坐在固定的地方，无法挪动座位，就是同顾客说话也不能转动身体。在小城镇上，鞋匠们夏天种庄稼，冬天制鞋。在19世纪40和50年代，托马斯·布兰查德（1788—1864）、伊莱亚斯·豪（1819—1867）、莱曼·里德·布莱克（1835—1883）相继发明几种类型的制鞋机以后，这种小型的鞋铺才逐渐被大生产排挤，关闭歇业。制鞋业也成为一个新兴的重要工业部门。到1860年，它的年产值已经达到91891948美元。①

　　在新兴的工业部门中，橡胶工业、石油工业的兴起和电报的广泛应用最为引人注目。

　　天然橡胶被人们发现，至少有四五百年的历史。15世纪末，哥伦布在第二次远航美洲的时候，偶然发现当地居民用一种实心的橡皮球玩一种游戏。16世纪初在西班牙人关于拉丁美洲的记载中也曾经提到过橡胶。但是，真正的橡胶制造业是从19世纪初才开始出现的。最早的橡胶厂是19世纪初，法国人在巴黎附近修建起来专门制造松紧带、橡皮绳的工厂。1811年，维也纳也出现了一家橡胶工厂。英国的第一家橡胶工厂是1820年托马斯·汉考克在伦敦创建的。

　　1800年以后，美国才开始橡胶贸易，从巴西进口一些天然橡胶。波士顿约翰·哈斯金斯专利皮革工厂的一个叫作爱德华·M.查菲的工头，从橡胶贸易中看到生产防水皮革和橡胶雨衣是一桩有利可图的买卖，就在1833年建立了罗克斯巴利橡胶厂，专门制造雨衣和防水材料。这是美国最早的一家橡胶厂。

　　但是，由于当时橡胶遇热变软、遇冷变硬的技术问题没有解决，橡胶制品的品种很少，不能适应交通运输、各种工业部门和人们日常生活的需要。那时，橡胶制造业在美国经济生活中是微不足道的。1839年1

---

① C. D. Wright, *Industrial Evolution of the United States*, p. 139.

月,查尔斯·古德伊尔发明橡胶硫化法,使橡胶不受气候和温度的影响,始终保持坚固性和弹性,从而极大地扩展了橡胶的用途,使它成为交通运输和许多工业部门不可缺少的物资。从此橡胶工业进入了飞速发展时期。

1842年,在马萨诸塞州斯普林菲尔德建立了第一个采用硫化法生产的橡胶工厂。1844年,古德伊尔得到了美国颁发的专利状。就在这段时间,在新英格兰地区出现了美国早期的橡胶工业。这使美国成为世界上发展橡胶工业最早的国家之一。到1849年,美国年轻的橡胶工业已经拥有职工2602人,橡胶制成品的年产值达到3039735美元。后来美国强大的橡胶工业就是在这个基础上形成的。19世纪末20世纪初,全世界有8家大橡胶公司,美国就拥有其中的四家,英、法、德、意各有1家。美国的4家大公司就是人们所谓的橡胶"四巨头"。这就是1870年成立的古德里奇公司、1892年成立的美国橡胶公司、1898年成立的古德伊尔橡胶轮胎公司和1900年成立的费尔斯通轮胎橡胶公司。他们的产品在世界上占有最大的份额。

石油工业是一个比橡胶工业更年轻的工业部门,但也是美国国民经济中最重要的部门之一。早在殖民时期,宾夕法尼亚西北部印第安人和白人移民已经发现渗出地面的石油,并且知道用这种油照明和调制药剂。大约在1850年,匹兹堡药剂师塞姆伊尔·M.基尔发现蒸馏石油的方法,并且将所获得的产品向居民出售。1855年,小本杰明·西利曼曾经撰写关于宾夕法尼亚石油的科学报告。1857年,在纽黑文成立宾州石油公司。康涅狄格宾州石油公司、塞内卡石油公司继之而起。1859年,艾德温·L.德雷克上校带领一个钻井队在泰特斯维尔开钻油井,钻到69.5英尺的深度时,达到油层,每天大约可产油25桶。

开凿第一口油井获得成功的消息,立刻把成群结队的石油商人、钻井队、运输工人和形形色色的小商贩吸引到泰特斯维尔来。石油产地的人口像用魔法从地底下呼唤出来的一样,转眼之间就增加了几倍、几十倍。例如,油城的人口在1865年1月还不满100人,那年9月便达到1.4

万人。

美国石油工业的发展是极为迅速的,1859年石油年产量不过2000桶,1869年就猛增到421.5万桶,超过了当时世界各国产量的总和。从此以后,美国的石油产量在资本主义世界中一直处于遥遥领先的地位。

最早设计电报机的构思是从磁力原理出发的。在公元前2000年以前,中国已经发现天然磁石,并利用它制造磁性指南针。1558年,波特用两根带磁钢针分别装在两个刻有字母的圆盘上,他转动其中的一根钢针,另一根钢针也跟随转动。波特认为利用这个发现可以进行远距离通讯,并就这个问题发表一篇论文。

后来随着电学知识的发展,1823年,英国人罗纳尔兹试图通过电流来传递信号。他把电线两端连接在两个刻有字母的转盘上,然后在每一个转盘上面安装一个只能显示一个字母的套子,通上电流以后,两盘同时转动,显示出相同的字母。他想用这个办法制造一部实用的电报机,但是没有成功。

第一部实用电报机是塞缪尔·弗·伯·莫尔斯发明的。莫尔斯是一位职业画家,曾经担任美国国家图案学校的校长。一件偶然的事情使他对研制电报机产生了深厚的兴趣,并为之奋斗终身。

1832年10月1日,莫尔斯搭乘"萨利号"班船前往纽约市。他在一次进餐的时候,听到波士顿医生查利·T.杰克逊关于电磁学上种种新发现的演说。杰克逊强调指出,许多实验表明,缠绕在线圈上的电线越多,电流通过电线时,电磁的吸引力也就越强,而且无论电线的长度如何,电的传导都能瞬息即至。杰克逊还兴奋地说:"先生们! 先生们! 请记住,我们就要启用一种无穷的力量。"杰克逊的演说对莫尔斯产生了强大的感染力,莫尔斯当场就失声说道:"如果电能够在线路上任何部分存在,我就不懂,信息为什么不能通过电来传递。"于是他离开座位,走上甲板,苦苦思索着这个问题。

莫尔斯首先想到切断电流发生电火花是一种信号,通上电流不发生电火花是另一种信号,通电流时间的长短是第三种信号,这样就可以得到点、线和空间三种书写符号。莫尔斯根据这三种符号编制了电码，并且在旅途上精心钻研绘制了一个收报机简图。他在下船以前告诉船长："如果以后你听到电报成为世界上的一个奇迹，请记住，这个奇迹是在萨利船上发明的。"

莫尔斯家境清寒，全仗教书画画维持生活，没有多余的钱和足够的时间来全力研制他的电报机。他只能挤出有限的一点业余时间在家里用手工制造电报机的模型，而且还经常处于绝粮断炊的困难境遇。1835年，莫尔斯被聘为纽约大学设计艺术学教授，生活稍稍安定。于是他就在华盛顿广场自己的住宅里加紧电报机模型的制作。莫尔斯在将近五十岁的时候制成功一部简陋的电报机，于1838年1月向公众公开表演，曾经轰动一时。

但是，对于莫尔斯的发明，在美国社会上却存在不同的看法。有人表示赞赏和钦佩，也有人抱着嘲讽的态度说这不过是一种"玩具"，并且声称不准备把钱投资在这个玩具上，甚至还有人说："用电线传送信息？为什么不发明一个能飞到月球去的火箭呢？"

莫尔斯为了架设一条长途电报线奋斗了六七年，并曾向国会请求拨款。1843年午夜，就在国会即将闭会的时候，莫尔斯坐在旁听席上听到了参议院通过《拨款3万美元建设电报线议案》的消息。

莫尔斯利用国会的拨款同卫尔和康奈尔三人筹设华盛顿至巴尔的摩的第一条电报线。1844年5月24日，莫尔斯当着许多前来参观的显贵和宾客拍发了第一个公开的电文："上帝创造了什么？"在这以后，电报业逐渐发展起来。1851年，电报开始在铁路上使用。在伊利铁路公司使用电报调度车辆成功以后，几乎所有铁路沿线都架设了电报线，在各个车站都有电报局。

在电报得到推广之前，铺设水底电报线的试验就已经开始。1842年10月28日夜晚，有两个人划着一叶轻舟向纽约市曼哈顿岛南端巴脱雷公园驶去。他们一面划船一面将电报线抛入水中。当时旁观者都以为这二人是神经病患者，其实这是莫尔斯和他的助手在试验水下电报线装置。不过,这一次试验由于一只船在起锚时损坏了水下电报线而没有获得成功。以后又经过多次试验,1856年开始铺设横贯大西洋的水下电报线,几次都因为电报线中途折断而宣告失败。一直到1858年8月,大西洋水下电报线才正式投入使用。英国女王维多利亚同美国总统布坎南曾经互致贺电。但是这条电报线也只通报400次,共拍发4358字就发生故障,无法继续使用。真正实用的水下电报线在19世纪60年代中期才敷设成功。从此电报不仅成为美国国内的重要通信工具,而且成为国际上的重要通信工具。

上述各个轻工业部门和新兴工业部门的发展,一方面为冶铁、机器制造业等重工业部门积累了资金,一方面也要求重工业部门制造更多的精良设备和机器,推动了美国重工业部门的发展。

钢铁工业的发展是重工业发展的基础。机器制造业、造船业等重工业部门都离不开钢铁。这些部门的不断革新,对钢铁的质和量都提出了越来越高的要求。

还在殖民时期,由于英国需要从北美殖民地获得生铁,对殖民地的冶铁业采取鼓励的态度,殖民地的冶铁业因而得到较大的发展,具备了一定的规模。在大西洋沿岸,交通方便,铁矿藏量丰富的地带建立了美国最早的冶铁基地。从地理分布情况来看,大致包括马萨诸塞的拉特兰、佛蒙特,康涅狄格的索尔兹伯里地区,纽约,莫里斯,以及新泽西一带。宾夕法尼亚和马里兰也有相当规模的冶铁业。

殖民地生铁的产量不仅能满足本身的需要,而且还可以向外出口。独立战争前三年,每年从费城出口的生铁连续超过1000吨。1772年为2358吨,1773年为2205吨,1774年为1564吨。[①]

独立战争后,冶铁业得到进一步发展。在纽约州的香普兰湖,宾夕法尼亚的米里阿塔和西部的匹兹堡一带,逐步形成了新的冶铁中心。特别是香普兰地区冶铁厂的产品,由于铁矿质量优异而负盛名,在市场上

---

① C. D. Wright, *Industrial Evolution of the United States*, p. 94.

具有相当的竞争能力。在田纳西州中部和东部、肯塔基、弗吉尼亚西南部、佐治亚和亚利巴马都陆续有熔铁炉和锻压设备投入生产。产铁基地逐渐向西部移动。1791年，联邦财政部长亚历山大·汉密尔顿报告说："美国的冶铁工厂增加很快，而且获得了比过去多得多的利益。"①根据1810年的统计材料，全国有153座熔铁炉，年产生铁53908吨。但是，在这个统计数字中，有32座专门熔化生铁供浇铸铁件使用的熔炉，所以实际产量低于这个数字。

美国生铁的产量虽然有所增加，但冶铁的技术仍然是落后的木炭冶炼法，生铁的质量和产量都受到影响。因此，进一步发展冶铁业的关键在于冶铁技术的革新。

采用无烟煤、焦煤炼铁是一种先进技术，英国已经采用了几十年。美国冶铁业由于森林资源丰富，木炭供应充足，迟迟没有引进这种先进技术。1819年，宾夕法尼亚的阿尔蒙斯特朗地方的冶铁厂第一次采用烟煤炼铁成功。六年后，又在宾夕法尼亚试验了无烟煤炼铁法和混合使用无烟煤、木炭冶铁法。这两种试验虽然都获得成功，但还没有解决大量生产的问题，所以没有商业价值。

1830年，德裔美国人弗雷德里克·W.盖森海曼继续进行使用无烟煤炼铁的试验。他在纽约的一座试验熔铁炉上，设法使逸出炉体的热气变为热风重新吹进炉体，使炉内温度升高，达到使用无烟煤炼铁所需的高温。试验取得了圆满的结果，可以投入生产。1833年，他得到使用无烟煤炼铁的专利状。在此后不久，无烟煤冶铁技术被运用于生产，并逐渐成为南北内战前美国广泛采用的主要炼铁方法之一。到1855年，使用无烟煤冶炼的生铁产量已经超过了木炭冶炼的生铁产量。

焦煤炼铁法也是在19世纪30年代才开始试验的。1835年，宾夕法尼亚亨廷登县的玛丽·安妮号熔铁炉第一次使用了焦煤炼铁的方法。大约在1837年到1840年间，在许多地方都进行了使用焦煤炼铁的试验，在

---

① Victor S. Clark(ed.), *History of Manufactures in the United States*, Vol. 1, p. 500.

马里兰西部的一些熔铁炉成功地采用焦煤炼铁方法进行生产。但这种方法一直到19世纪后半期才得到推广。在俄亥俄地区,多半采用直接用烟煤炼铁的方法。

用煤代替木炭炼铁是冶铁业的一项重大技术革新,它使冶炼出来的生铁在质量上和数量上都有显著的提高,同时也使冶铁工厂摆脱了对木材产地的依赖,扩展到更多的地区。

使用热鼓风方法是冶铁技术的另一项重大革新。1834年,威廉·亨利吸取英国的经验在新泽西的牛津号熔铁炉上使用热鼓风方法。这是热鼓风方法在美国的第一次实际运用。当时的热鼓风装置还是比较简陋的。以1836年设计的热鼓风装置来看,它主要利用熔铁炉烟道口的火焰加热空气,然后再鼓进炉体。这种方法可以使温度增高到500度,使熔铁炉增产40%的生铁,节约40%的燃料。

1839年以后,热鼓风方法推广到宾夕法尼亚,在那里出现了一批安装热鼓风装置的熔铁炉。1840年以后热鼓风装置得到改进,燃料消耗继续下降。热鼓风炉得到普遍推广。过去皮制的和木制的风箱在较短时间内几乎被完全淘汰,只有个别地区还在使用。在香普兰湖和亚利巴马一带,甚至土法炼铁炉也安装了热鼓风炉。

随着冶铁方法的改进,轧制铁板的技术也有迅速发展。早在1783年,在特拉华的威尔明顿修建了一家轧铁厂,专门轧制从瑞典和俄国进口的生铁。1809年,马萨诸塞有12家轧铁厂在进行生产,年产3500吨铁件。根据1810年统计材料,当时全国大概有50家轧铁厂。除去马萨诸塞以外,宾夕法尼亚有18家,其他各州约有14家。

19世纪20和30年代,当蒸汽机锅炉逐步改用生铁制造以后,对铁板的需求量急剧增加。厚度为1.5英寸的铁板和厚度为0.25英寸的铁板,先后轧制成功。30年代,美国轧铁业进入了一个新的发展阶段。在匹兹堡等靠近西部的地区建立了一些规模较大的轧铁厂。匹兹堡在三年当中轧铁能力增加了三倍。当地有8家工厂,每年可以轧制6000吨铁块和1500吨生铁。其中最大的一家轧铁厂使用两台100马力的蒸汽机,每年可以轧制1500吨棒铁、铁板和锅炉铁。[①]

　　从19世纪30年代铁路建筑开始以后,轧铁业获得了新的巨大的推动力。1845年以后,美国开始大规模轧制国产重型铁轨,轧铁技术进一步提高,轧制铁轨成为美国冶铁制铁工业的一个重要部门。许多铁轨工厂都有自己的炼铁炉,用自己熔炼的生铁轧制铁轨。由于铁轨需求量不断扩大,铁轨工厂的数目也日益增加,产量大幅度上升。1844年,马里兰阿勒格尼县的一家轧铁厂开始生产U型铁轨和每码重50磅的T型铁轨。1845年,宾夕法尼亚丹维尔一家最大的铁轨厂投入生产,可以轧制熟铁T型铁轨。十年后,在宾夕法尼亚试制30英尺长重型铁轨成功。1846年,在新英格兰、新泽西和宾夕法尼亚也出现了一些生产重型铁轨的工厂。三年之间,全国已经建成了16家重型铁轨厂,年产量超过10万吨。

　　19世纪50年代,生产铁轨的工厂已经成为当时规模最大的铁制品厂,一般都有两三个热鼓风熔铁炉,并且逐渐发展为综合性工厂。到1860年左右,出现了一批规模相当庞大的综合性工厂。其中最大的4家除生产主要产品铁轨以外,还生产铁丝、铁条和条铁,每一家工厂都拥有100万美元以上的资金,而且雇佣的工人人数也相当多。丹维尔的芒特尔铁工厂雇佣了差不多3000工人,约翰斯敦的坎布里阿铁工厂雇佣了1948人,菲尼克斯维尔的菲尼克斯冶铁公司雇佣了1230人,新泽西的特伦敦铁工厂雇佣了786人。

　　在工业革命期间铸锻技术的发展也是引人注目的。工业革命开始以前,美国只有一些小型的翻砂厂,大多分布在东部沿岸。1805年在匹兹堡建立了一家规模较大的铸铁厂,专门为美国军队生产大炮铸件。随着轮船的发明和蒸汽机的投产,铸锻件的需求量越来越大。在匹兹堡、惠林和俄亥俄沿岸陆续建立起一批铸造厂,开始铸造比较大的部件。大西洋沿岸的老铸造厂,规模也有所扩大。

---

① Victor S. Clark(ed.), *History of Manufactures in the United States*, Vol. 1, p. 512.

1828年,匹兹堡的工厂铸成了4吨重的部件。几年以后,惠林的翻砂厂已经可以铸造30到40吨重蒸汽机底座了。19世纪中期纽约的工厂为"北极号"轮船铸造了60吨重的蒸汽机底座。

锻压能力比铸造能力发展稍为缓慢一些。1828年,康涅狄格的工厂锻造出了5吨重的船锚,后来在巴尔的摩锻造了6.5吨的机器部件。在此以后的二三十年间,一直没有出现大型的锻压机器。60年代才开始锻造20吨左右的大部件。

美国炼钢的历史是比较短的,而且在相当长时期没有显著的进展。直到19世纪前半期情况才有所变化。

美国的第一座炼钢厂,是于1725年到1728年间在康涅狄格的锡姆斯伯里建立起来的。这是一个利用老式碳化法炼钢的工厂,产量极微。1734年,在新泽西的特伦敦又出现了第二座炼钢厂,该厂生产的钢主要供制造刀具使用。1750年前后,在宾夕法尼亚、新泽西、康涅狄格,至少建立了6家炼钢厂,不过钢的产量还是微不足道的。就是在工业革命开始以后,由于碳化法炼钢成本高、产量低,钢的产量也没有显著增长。1810年,钢的年产量只有917吨。二十年后,美国全国的炼钢炉共有14座,年产钢1600吨。1832年,美国炼钢业又从英国引进坩埚冶炼法,但仍然不能解决成本高、产量低的问题。

19世纪50年代,英国人亨利·贝西默(1813—1898)发明一种新的炼钢方法,可以直接用生铁炼钢。他把空气吹进熔化的铁水,使铁水保持很高的温度,利用高温去掉铁水中过多的碳和其他杂质,从而得到有一定纯度的钢水。钢水出炉浇铸成型,冷却后就得到钢材。

差不多在同一个时候,1846年到1857年间,美国肯塔基州的威廉·凯利也采用同样的方法试验炼钢,并获得成功。19世纪50年代末,美国开始在生产中采用贝西默炼钢法,钢的产量和质量都有显著提高。

冶铁和炼钢技术的不断改进使美国钢铁工业迎来了蓬勃发展时期。

生铁产量一翻再翻，1830年达到16.5万吨，1850年达到50万吨。①新的钢铁基地陆续出现，美国钢铁工业的布局也发生了变化。19世纪上半期，虽然主要钢铁基地还是分布在大西洋沿岸的老基地，但是向西移动的趋势越来越明显。许多企业家已经开始在内地和西部地区寻找新的铁矿。1844年9月16日，威廉·A.伯特在密歇根北部发现苏必利尔湖大铁矿。这个铁矿蕴藏量极为丰富。1855年，查尔斯·T.霍基开挖了连接苏必利尔湖和休伦湖的运河，使铁矿的矿石能够大量运出。

虽然，19世纪前半期，苏必利尔湖大铁矿还处于开发阶段，对美国钢铁工业影响不大，但在19世纪后半期却产生了巨大作用。有人认为，19世纪前半期，美国钢铁工业史上发生的两件重大事情就是苏必利尔湖大铁矿的发现和连接苏必利尔湖和休伦湖运河的落成。

到1860年以前，美国形成了10个主要钢铁基地。情况大致如下：

纽约州北部包括佛蒙特在内的地区，拥有40多座炼铁炉，其中有少数冶炼高质量生铁的熔炉。这个地区主要使用阿迪龙达克的铁矿石。伯克夏宾夕法尼亚高地，包括老利奇菲尔德、莫里斯等地在内的地区，有44座老式木炭炼铁炉、22座无烟煤炼铁炉和60座土法吹炼炉。这个地区主要使用附近生产的赤铁矿和磁铁矿。宾夕法尼亚东部和马里兰东北部地区，有98座无烟煤炼铁炉、103座木炭炼铁炉；弗吉尼亚西北部和宾夕法尼亚西南部有42座木炭炼铁炉。宾夕法尼亚西北部和俄亥俄东北部地区，有66座焦煤和烟煤炼铁炉，主要为匹兹堡的锻压厂提供生铁。横跨俄亥俄河的坡谷地区共有62座混合使用煤和木炭的熔铁炉，使用当地矿石炼铁。弗吉尼亚中部和东部旧产铁区拥有各种炼铁炉66座。田纳西东北部和北卡罗来纳西北部地区拥有各种炼铁炉50座。田纳西州西部和肯塔基州靠近克拉克斯维尔地区拥有45座炼铁炉和锻铁

---

① Louis Ray Wells, *Industrial History of the United States*, Vol. 1, p. 318.

炉。密苏里州铁山地区拥有 7 座炼铁炉。①

钢铁工业的发展为机器制造业、交通运输和各个轻工业部门打下了雄厚的基础,推动了工业革命的深入发展。

二、北部工业革命的完成

列宁在研究有关资本主义发展的新材料时曾经指出,像美国这样一个庞大的国家,由于各个地区经济发展差别很大,至少需要分为北部、南部和西部三个地区进行研究。在这样三个不同的地区,工业革命的进程也是不大相同的。其中北部和南部之间的差别最大。首先,它们所遵循的发展资本主义的道路是迥然不同的。北部是在清除封建残余的基础上,迅速地发展资本主义的工农业。南部则是在采用落后的奴隶制度的情况下,来满足种植园主的经济要求。从经济制度上讲,南部绝对地落后于北部。就经济发展的速度来看,南部也被北部远远地抛在后面。1810 年,北部的工业产值为 9600 万美元,南部的工业产值为 4900 万美元,相差大约一倍;四十年后,即 1850 年,北部的工业产值猛增到 8.45 亿美元,而南部的工业产值则只有 1.28 亿美元,相差大约五倍。

19 世纪 50 年代,从北部的经济和技术发展状况来看,工业革命已经完成,具备了两个重要的标志。

第一,当时在各个工业部门中处于领导地位的纺织工业得到了迅速发展,并且基本上实现了机械化。纺织部门,特别是棉纺织业,是美国工业革命最先开始的一个工业部门。它的一切变革和变化对于美国的经济生活都具有重大的影响。

从 1815 年到 19 世纪 50 年代,美国的棉纺工业经历了几次挫折和发展交替时期。每次挫折之后都会迎来一次大发展。

---

① Victor S. Clark (ed.), *History of Manufactures in the United States*, Vol. 1, pp. 498-499.

第一次挫折是在1815年。那时1812年开始的美英战争刚刚结束，英国的棉纺织品开始大量在美国市场上倾销，美国许多棉纺织厂或者暂时停工，或者完全倒闭。美国棉纺织业为了加强自己的生存能力，安全渡过难关，从1816年开始建立了一种新的体制，把梳棉、纺纱、织布各个生产环节都集中在一个工厂里。这种工厂只生产一种或两种适应国内需要的素色粗布。由于采取了这个措施，美国的棉纺工业保住了自己在南部和西部的市场，迎来了20年代的飞速发展。

　　19世纪20年代，出现了两个推动纺织业发展的重要因素：政府的保护关税政策和私家集团的大量投资。波士顿的资本家最先在洛维尔和新罕布什尔的多弗、萨默斯沃思投资建立大型纺织厂。1822年，拥有60万美元资本的梅里马克公司成立。这家公司在洛维尔建立了自己的纺织厂。1825年，梅里马克公司由于同时经营水利和城市建设，财政发生困难。两年后这家公司又增加了大致同原来投资额相等的专门用于发展纺织业的资金。这大大加速了公司经营的纺织工厂的发展。从这家公司的第一批产品运往波士顿算起，大约经过十年的时间，它已经发展为拥有3万纱锭和1000台织布机的大企业。

　　1825年，汉密尔顿公司成立，也拥有60万美元资本。这家公司专门生产斜纹布和花布。三年后，专门生产粗布的阿普尔顿和洛维尔两家公司相继成立。1830年，又组成了萨福克、特蒙特和劳伦斯三家公司。这些公司的生产规模在当时来说都相当庞大。到1834年，这六家公司在洛维尔共拥有19个纺织厂、11万纱锭和4000台织布机。[①]

　　与此同时，在其他几个纺织中心，也出现了庞大的纺织公司。多弗的科奇科公司拥有270万美元资本，萨默斯沃思的大瀑布城公司拥有75万美元资本。这两家公司都是生产印花布的。

　　总的来说，19世纪30年代前半期纺织工业的发展速度是比较快的。但是1836年到1839年又出现了一次严重的萧条，使发展速度减慢下来。

---

　　① Victor S. Clark(ed.), *History of Manufactures in the United States*, Vol. 1, p. 546.

从40年代开始,才又恢复了原来的发展速度。

工业革命使得美国的棉纺织业在半个多世纪里取得了惊人的发展。从棉纺织工业生产总值和工厂数目的增长都可以看出这个问题。1790年,美国制造业生产总值刚过2000万美元,到1835年美国制造业之父施莱特逝世的时候,仅棉纺织业的生产总值即达到4700万美元。1860年,棉纺织业的生产总值为115681774美元。[1]其中新英格兰各州占79359900美元,中部各州占26534700美元,南部各州只占8460337美元。[2]

纺织工厂数目的增加和规模的扩大也是十分显著的。以美国制造业之父施莱特的纺织厂为例,1790年该厂初建的时候只有72枚纺锭,在1817年美国总统门罗参观该厂的时候已发展到5170枚纺锭,规模扩大了几十倍。[3]美国全国棉纺织厂的数目,1831年为801个,1840年为1240个,1850年为1074个。1850年的数字虽然比1840年少,但这是合并以后工厂规模扩大的结果,生产能力和纺锭数却是稳步增长的。纺锭数量从1831年的1246703枚增加到1860年的5235727枚,跃居世界第二位[4],仅仅次于英国而与法国并驾齐驱。在同一时期,织布机也从33433台增加到126313台,投入棉纺织业的资金则从40612984美元增加到98585269美元。[5]1860年,在棉纺织厂工作的工人约为12.2万人。美国的棉纺织品不仅可以满足国内大部分需要,而且还开始向国际市场输出棉纱、被单布和粗印花布。家庭手工业生产的棉纱和棉布在整个棉纺织品生产总额中所占的比重已经微不足道,棉纺织业基本实现了机械化。

第二,19世纪50年代,美国已经开始使用机器制造机器,初步奠定了机器制造业的基础。

美国机器制造业发展比较晚,是一个后起的工业部门。殖民时期,

---

① ④ ⑤ C. D. Wright, *Industrial Evolution of the United States*, p. 134.

② C. D. Wright, *Industrial Evolution of the United States*, pp. 134–135.

③ John A. Garraty(ed.), *Historical Viewpoints: Notable Articles from American Heritage*, New York: American Hiritage Publishing Co., 1970, p. 242.

虽然在新英格兰等经济比较发达的地区有一些制造机器的工场,但一直到19世纪中叶,美国使用的大部分机器是从英国进口的。美国国内只有一些用手操作的简陋的车床。

美国的机器制造业发展虽然比较晚,但它从一开始就同先进的标准化生产方法密切联系在一起,创造了机器制造业中的"美国体制"。标准化生产方法,同过去的单机制造方法比较起来有很大的优越性。用旧方法制造的机器,机器的部件和零件不能互相更换,如果有损毁,就只能由制造机器的工厂配制,既浪费时间,又花费较高的成本。用标准化方法生产的机器部件和零件,规格一致,可以互相替换,在修理毁损机器的时候,可以很容易地找到相应的备件替换,而不需要重新配制,同时在装配机器的时候,装配工人可以随意从许多部件和零件中取出相应的部分组装成机器,可以节省时间,提高工效。这种方法为大规模生产开辟了广阔的前途。

最早试验标准化方法的是法国的军火生产部门。美国驻法公使杰弗逊了解到这个方法以后,给予了充分重视,他在给约翰·杰伊的信中报道说:"对于短枪的制造,此间已有显著进步,值得国会参考,所有相同的零件,已经按照完全相等的规格造成,因此一支短枪的零件,可以同军械库中任何一支短枪的零件相配合。"他还建议美国国会将这个方法引进美国的军火制造业。虽然他的建议没有被立即采纳,但后来由轧棉机的发明者惠特尼完满地实现了。1798年,他写信给美国财政部长说:"从国会的辩论中,我注意到政府正要拨款为国家购买武器……我愿意承包1万至1.5万件武器的制造任务。"这里所指的武器就是带有刺刀的滑膛枪。惠特尼在得到国会订货的时候,还根本没有制造滑膛枪的工厂和机器,一切都要由他设计和制造。这样大批量的军事订货怎样才能完成呢?惠特尼决定采用在美国从来没有试验过的标准化生产方法,使用机器大批生产枪支的各个部件,他使用钻孔和镗磨部件的夹具,并且设计制造了一部比较精确的、效率较高的铣床,用来切削金属。据说,这台铣床由于质量优良使用了一个半世纪而没有经过改装。惠特尼第一次在美国试用标准化生产方法获得成功，只用十年多一点的时间完成了大批枪支的制造任务，为美国的机器制造业创造了良好的开端。1822年，当时的陆军部长卡尔霍恩对惠特尼标准化生产方法的经济效果做过估计。他认为，惠特尼的发明，每年可以为政府节省2.5万美元。

在惠特尼之后，美国的机器制造业虽然没有立即发展起来，但是已经有一些先驱者着手经营这个部门。1828年，第一个生产蒸汽动力机和其他设备的机器制造公司里士满港口公司正式成立。1838年，又新建了摩根的大型机器制造厂。在为数不多的机器制造厂里，逐步研制和装备了一些美国自己的机床和设备。1820年，托马斯·布兰查德在惠特尼的工厂里设计和制造了一种镟床，可以镟制木头部件。惠特尼承造枪支的部件就是用这种镟床制造出来的。1827年，在哈珀斯费里第一次使用落锤和模具。第一台刨床在美国出现的时间已经无法查考，但是可以确定，1838年美国至少拥有4台刨床。使用这种刨床可以把部件表面刨平，制造出比较精密的机器。在美国的著名发明家F.W.豪和E.K.鲁特的不断努力下，在1848年到1852年间靠模铣床的结构经过重大革新，性能大为提高。1854年，斯通制造成功第一台六角车床，以后又不断加以改进。1857年，威廉·塞拉斯发明制造螺丝的机器，这种机器利用所安装的模具和刀具，一次就可以制成螺丝，而且规格一致，可以互相替换。这种机器由于性能良好，不但受到美国国内使用工厂的欢迎，而且畅销国外，甚至输往号称"世界工厂"的英国。这一时期，比较精密的机器制造业所必需的量具也有很大改进。相当于1英寸的1/20000的长度已经可以迅速地、准确地测量出来。

机床和量具的不断改进使得标准化生产方法能够迅速推广。1848年，这种方法在沃尔瑟姆的钟表制造厂首先采用。1850年到1851年间，缝纫机制造厂也按标准化生产方法进行大规模生产。不久以后，这种方法又推广到许多轻重工业部门。

标准化生产，使得美国的机器制造业能够大批量地生产精密度较高的，可以互相替换的各种机器部件，生产效率大幅度提高，成本显著下降,显示了巨大的优越性。这引起了欧洲一些工业国家的重视,它们纷纷派遣考察团到美国研究标准化生产,并且购买有关工厂的专利权。1854年,在哈特福德的自动手枪工厂建成后不久,英国就派遣一个代表团到美国,通过谈判,从这家工厂购买了用标准化方法制造来复枪的成套设备。

19世纪50年代,美国北部已经能够用机器制造机器。这是美国北部工业革命业已完成的又一个重要标志。可以说,美国北部地区的工业革命是在19世纪50年代完成的。

三、重建南部和工业革命的完成

内战结束后,美国全国各地的政权都转入了北部资产阶级手中,阻碍资本主义发展的奴隶制度被废除了,种植园主妄图夺取整个联邦的野心也被粉碎了,全国又重新统一起来。统一的国内市场逐步形成并不断扩大。北部实力雄厚的工业不仅本身取得了重大的发展,而且成为全国工业革命的巨大基地。北部和西部的农业已经广泛使用农业机械,内战结束的那一年,美国拥有的收割机达到25万台。

但是南部诸州却是另外一番景象。在那里,种植园遭到破坏后还没有建立起新的经济生活,到处都有战争留下的痕迹,疮痍满目,一片荒凉。南部的主要农作物棉花的产量一落千丈。1861年,南部产棉574万包,1866年则仅产棉190万包。耕地面积急剧缩小,在亚利巴马、佐治亚、佛罗里达、南卡罗来纳、得克萨斯、路易斯安那、密西西比和阿肯色八个州的情况尤为严重。这八个州1866年的耕地面积只相当于1860年的一半。在政治上也是一片混乱,已经被打倒的种植园主妄图死灰复燃,重新登上政治舞台。南部的严酷现实向美国资产阶级政府提出了极为严肃的任务,那就是"借助法律来根除那些曾用刀剑砍倒的东西,领导政治改革和社会复兴的艰巨工作"①,对南部实行资产阶级民主改革。

南部的资产阶级民主改革过程从1865年开始一直继续到1877年,美国历史上把这一段时期叫作重建时期。然而重建并不是一帆风顺的,曾经遭遇到种植园主的竭力抗拒。内战结束后,南部奴隶主虽然丧失了政权,但一刻也没有忘记恢复奴隶制度和复仇。南部的一个大种植场主曾经在信中这样写道:"我愿意说,在整个南方,没有一个男人或女人应该是自由的,我们认为他们是被盗走的财产——被该死的合众国政府用刺刀盗走的。"还有人说:"如果没有奴隶制度,就不会有棉花。"南卡罗来纳的一个奴隶主甚至公开发泄他的仇恨说:北方佬"给我留下一个极其宝贵的特惠——恨他们。我在早晨4点钟起床,坐到夜里12点钟,(一天到晚)在一直恨他们"。在南部的许多地区,种植园主仍然使用武力迫使过去的奴隶为他们服劳役。

南部种植园主在反抗资产阶级民主改革中所取得的最大战绩,就是林肯的继任总统安德鲁·约翰逊公开站在他们那边,提出了符合他们利益的反动的重建南部的纲领。约翰逊是民主党的"战争派",林肯的副手。在内战时期,他曾经坚决反对奴隶制度和南部叛乱分子,但在担任总统后突然改变了态度,成为南部奴隶主利益的维护者。

约翰逊反动纲领的实质就在于:在南部叛乱分子和种植场主承认废除奴隶制度,愿意清算南部同盟的军事债务,服从联邦派往南部各州的临时总督的管辖,宣誓效忠联邦政府的条件下,恢复南部大种植园主的政治统治和经济地位,剥夺黑人奴隶的政治权利和经济权利,使他们依旧处于种植园主的残酷统治之下。马克思曾经在1865年6月24日致恩格斯的信里指出:"我不喜欢约翰逊的政策……但是直到现在他实际上还是极其动摇和软弱。反动已经在美国开始了,而且如果不立即结束这种一向存在的松弛现象,这种反动很快就会大大加强。"②后来马克思又

---

①《马克思恩格斯全集》第16卷,第109页。

②《马克思恩格斯全集》第31卷,第129页。

直截了当地指出约翰逊已经变成"前奴隶主们手中的肮脏工具"①。

为了实现自己的反动纲领,1865年5月29日,约翰逊发布《大赦宣言》,纵容南部的绝大部分叛乱分子逃脱法网,并且得到政治权利和参加重建工作的机会。1865年,在前叛乱诸州的地方和国会选举中,奴隶主取得了绝对优势。南部各州选出的国会议员几乎都是过去叛乱分子的首脑和骨干。其中有同盟的副总统亚历山大·斯蒂芬斯、4名将军、5名上校、6名同盟的官员和58名同盟国会议员。

内战期间所没收的种植园主的财产,除去奴隶,陆续归还原主,迄至1867年2月,归还给种植园主的财产达到20亿美元。这就使奴隶主的经济力量得到了迅速恢复。

种植园主势力的增强和反扑引起了美国人民群众和民主力量的重视。约翰逊重建南部的反动纲领遇到了国会的抵制,国会不承认南部诸州选出的议员。1865年12月26日,国会成立一个"十五人委员会"来专门处理南部叛乱诸州的事务。在"十五人委员会"的主持下,国会通过了一系列民主改革法案,推动了南部的重建工作。国会通过了宪法第十三条修正案和第十四条修正案,并经法定州数批准生效。黑人得到了公民权利和选举权,南部叛乱分子的首脑被剥夺担任国家公职的权利。3月2日,国会又通过一项强有力的重建法案,把曾经参加叛乱的各州划分为五个军区,实行军事管制。在军事管制下,叛乱诸州相继通过了民主的新宪法,在1868年到1870年间陆续被重新接纳,加入联邦。

内战使联邦政权转到资产阶级手中,重建则摧垮了南部种植园主的地方政权,为工业革命在全国范围内的迅速开展进一步扫清了道路。战后时期美国工业的增长速度是前所未有的。在1860年到1880年的二十年间,煤产量从1335.8万吨增加到6485万吨、石油产量从2000桶增加到26286123桶,生铁产量从83.4万吨增加到389.1万吨。美国的工业发展水平也超过了法国和德国而跃居世界第二位。

---

① 《马克思恩格斯全集》第31卷,第557页。

战后工业布局也发生了很大的变化。根据1860年联邦的统计材料,各种工业的总投资数是1009855715美元,工业总产值为1885561676美元。[1]工厂企业遍布三十九个州和准州,但是工业中心是在新英格兰和大西洋沿岸中部各州。这两个地区的工业产品占全部产品的67%。战后,由于中西部、远西部和南部的工业日益发展,工业中心线逐渐向西南移动。从1850年到1900年间,工业中心向西移动350公里。有人曾经对西移的情况做了具体说明,指出:它的西移"1850年从宾夕法尼亚的哈里斯堡附近开始,1880年延伸到匹兹堡,北边则在1900年达到了俄亥俄州坎顿以西约50英里的地方"[2]。

　　战后,中西部的密苏里、艾奥瓦和明尼苏达的工业都取得了高速度发展,工业产值从1860年到1870年增加了两倍,从1870年到1890年又增加了两倍。俄亥俄很快发展成为一个重要的钢铁基地。伊利诺伊、印第安纳的钢铁工业也急起直追,在全国钢铁工业中占有重要的地位。

　　内战前,这些州的工业产值同北部和中部各州相比较,微不足道。但是,由于战后形势的急剧变化,中西部、远西部和南部各州在工业中的份额越来越大。1850年大西洋沿岸各州,主要是波托马克河以北地区的工业总产值约占全国的3/4,到1890年,就降到58%。中西部的伊利诺伊州的工业总产值超过了马萨诸塞州,跃居全国第三位。伊利诺伊的农机制造业也取得了可喜的进展,成为全国几个最重要的制造中心之一。

　　芝加哥已经成为中西部的重要工业城市。它拥有先进的炼钢厂、农机制造厂、车辆制造厂、屠宰场和服装厂,据统计,1879年,芝加哥市区内有343家木材加工厂,246家铸锻和机械制造厂,156家铁制品工厂,111家啤酒厂和酿酒厂。总共有2271家工厂,年产值将近2.68亿

---

① C. D. Wright, *Industrial Evolution of the United States*, p. 159.

② Louis Ray Wells, *Industrial History of the United States*, Vol. 1, p. 356.

美元。①

在遥远的西部,一些工业部门从无到有、从小到大迅速发展起来。加利福尼亚、俄勒冈、华盛顿的捕鱼业和木材业都发展成为庞大的产业。在加利福尼亚的南部出现了大批油井,在科罗拉多出现了新兴的钢铁工业。

南部的经济状况也发生了重大的变化。阻碍资本主义工商业发展的种植园经济已经遭到破坏。原来的种植园正在逐步被小农场和资本主义大农场所取代。基础比较薄弱的南部工业越来越多地得到北部的投资和先进技术,逐步恢复和发展起来。但是由于南部工业受到战争的破坏,需要有一段恢复和调整时期。这段时期一直延续到1890年,从1890年开始,南部的工业进入了迅速发展时期,很快就改变了过去的落后面貌。

内战刚一结束,南部丰富的自然资源、低廉的劳动力成本和潜在的广阔市场就吸引着北方的资本家。他们开始把资金转移到南部,同当地的资本家结合起来,恢复和发展南部的工业。

1867年,约翰·T.怀尔德将军创建了罗安特公司。他同印第安纳和俄亥俄的资本家合作,在纳什维尔建立了几座小型焦煤炼铁炉。在亚利巴马,1865年被威尔逊的骑兵踏成废墟的炼铁炉,也在北部资本家的资助下修复开工。靠近伯明翰的那座炼铁炉于1866年第一个投入生产。康沃尔的炼铁厂、布里亚尔菲尔德的炼铁厂也于1867年和1868年相继恢复。其他工业部门的重建工作也在积极进行。

大约经过十年的时间,南部各个工业部门的恢复工作都已完成,并且有所发展。1876年,佐治亚的哥伦布城为该地十二年前被摧毁的铁工厂和棉纺织厂全部恢复举行盛大的庆祝会。这一年,在佐治亚州新建了5家棉纺织厂。其中最大的一家在亚特兰大,拥有2万枚纱锭。这年秋天,佐治亚的所有棉纺织厂全部开工。每一家工厂至少都向它的股东

---

① Victor S. Clark (ed.), *History of Manufactures in the United States*, Vol. 2, p. 185.

支付了 10% 的红利。

在南部工业的恢复和发展时期中,1880 年到 1890 年是关键性的十年。在这十年里,南部不仅获得了大量投资,建成了许多新工厂,而且成为冶铁、木材、棉纺、棉籽油、肥料工业的重要基地。据统计,仅 1884 年一年中,投入俄亥俄以南地区的工业资本就有 1 亿美元。

尽管 19 世纪后半期美国棉纺织业中心在新英格兰地区,但是南部的棉纺织业也有迅速发展,而且占有越来越重要的地位。北卡罗来纳一条小河的变化很能说明问题。有人做了一个有趣的对比,他描写说:内战结束后,北卡罗来纳的一条小河"源源不断地流过美丽的溪谷,它的淙淙歌声只让诚朴的农民聆听"。但是,到 1880 年,这条小河的河水在 6 英里地段内就推动 6 家棉纺织厂的水轮机飞快旋转。

木材业是南部的一个新兴工业部门。尽管两卡罗来纳过去就是木材的主要产区,而且在殖民时期和 19 世纪上半期,南部的松林地带向国内外市场提供了大量的产品,但是南部的广阔硬木林带一直没有开发。因此,内战后南部的木材工业在美国占有重要的地位。

根据当时的统计材料,在 1880 年以后的五年时间里,南部的棉纺纱锭增加了一倍,棉籽油工厂从 40 座增加到 146 座,生铁产量从不到 40 万吨增加到 70 万吨。面粉在南部工业产品中占第一位,木材占第二位。[①]从 1880 年到 1890 年,南部许多州的工业品产值差不多都翻了一番。例如北卡罗来纳的工业品产值从 2000 万美元增加到 4040 万美元,南卡罗来纳的工业品产值从 1670 万美元增加到 3190 万美元,佐治亚的工业品产值从 3640 万美元增加到 6890 万美元。

随着工业的发展,在南部还出现了一些新兴工业地区和城镇。弗吉尼亚的罗阿诺克从一个只有几户人家的公路站,在几年时间内变成一个拥有 3000 人的城镇,在它附近建立起铁工厂、木材加工厂和棉纺织厂。弗吉尼亚的丹维尔城在 1870 年只有 0.35 万人。经过十五年,这里建立

---

① Victor S. Clark(ed.), *History of Manufactures in the United States*, Vol. 2, p. 188.

了3个家具制造厂、2个棉纺织厂和26个烟草厂,居民人数增加到1.3万人。从1880年开始,在亚利巴马不断出现巨大的钢铁企业,伯明翰从一个只有0.3万人的城镇一跃而为拥有17万人口的重要钢铁城市。

在北卡罗来纳沿弗尔角到亚得金谷地一带,仅在18个月内就建成了将近100家工厂。北卡罗来纳的一些地区已经成为工业高度发展的区域,拥有相当现代化的工厂。

南卡罗来纳的棉纺织业取得了显著的发展。虽然它的工业总产值只等于北卡罗来纳的3/4,但是它的34家棉纺织厂比北卡罗来纳91家小棉纺织厂生产的产品更多。

弗吉尼亚也成为一个重要的产铁区。在这个州里形成了罗金汉、林奇堡、罗克布里奇等冶铁中心,生铁产量增长很快。根据1900年统计材料,在十年内弗吉尼亚的生铁产量从第十七位上升到第六位。[①]

田纳西州的查塔鲁加是继伯明翰之后一个很有希望的南部钢铁基地。内战前,查塔鲁加不过是一个地方性的小工业城镇。70年代,由于这里发现了优质煤矿,引起了钢铁企业家的注意。1874年,查塔鲁加铁业公司在这里建立了第一座炼铁炉。三年后,普罗维登斯炼钢厂从金斯通迁来。这家炼钢厂是一座新型的、规模较小的工厂,后来改名为南方钢厂。 1878年,罗昂铁业公司也在查塔鲁加建立一座生产钢轨的炼钢厂。这家工厂采用最新的平炉炼钢法,拥有2座8吨平炉,从12月份开始生产钢轨。查塔鲁加逐渐成为一个具有相当规模的钢铁城镇。到1885年,这里已有9座炼铁炉和14家锻压车间、机器车间、炼钢厂。当地居民曾经骄傲地把查塔鲁加叫作南方的匹兹堡。

内战时期南部同盟的首都里士满也发展成为一个重要的工业城市。据统计,从1858年到1883年间,农业机械和工具的产值增加三倍,筒靴和鞋增加四倍,新建的肥料工业年产值超过100万美元,生铁产值翻了

---

① Victor S. Clark(ed.), *History of Manufactures in the United States*, Vol. 2, p. 212.

一番,纸的产量增加了四倍。①

由于战后美国工业的迅速发展,到19世纪80年代,美国工农业比重发生了根本变化,工业比重开始超过了农业比重。据统计,1884年,美国的工业比重上升到53.4%,农业比重下降到46.4%。工业比重超过农业比重。到这个时候可以说,美国的工业革命已经在全国范围内胜利完成。

四、后来居上

内战为美国工业开辟了广阔的前景,迎来了工业发展的狂飙时期。在不到半个世纪的时间里,美国工业的产值和技术水平迅速赶上和超过了当时世界上最先进的工业国家——英国、法国和德国,后来居上。

就工业总产值来看,1860年英国为28.08亿美元,法国为20.92亿美元,而美国不过19.07亿美元。经过三十多年的时间到1894年,美国的工业总产值猛增到94.98亿美元,为同年英国工业总产值的两倍、法国的三倍多。

美国工业产量约为欧洲各国生产量总和的一半。煤、铁、钢、石油等几种重要产品的产量都名列世界前茅。1890年,煤的采掘量达到14308万吨,超过了法国和德国,居世界第二位。生铁的产量达到935万吨,超过英国132万吨。钢产量达到434.5万吨,超过英国69.5万吨。石油产量达到619.3万吨,居世界第一位。

尤其值得注意的是,美国工业的技术水平已经赶上和超过了世界上其他的先进工业国家。它不仅在电气、化学、汽车等新兴工业部门处于领先地位,而且在钢铁、机器制造等长期落后于英国的旧工业部门取得了优异成绩,赶上甚至超过了世界先进水平。

19世纪50年代,美国的炼铁炉大多是老式的,体积小,炉温低,一般

① Victor S. Clark(ed.), *History of Manufactures in the United States*, Vol. 2, p. 188.

只能达到621℃。内战时期,在中西部和远西部地区新兴的钢铁基地,建造了一批经过改进的新型炼铁炉。炉子使用铸铁底座,安装在密集的铁柱上。炉体的外层是锅炉钢板,里层是砖砌炉壁,底座周围还安装有水箱或水管。这种炼铁炉的结构同20世纪初使用的炼铁炉已经非常接近。

1867年到1868年,英国人约翰·普莱耶设计成功一种更新型的炼铁炉,可以使炉温升高到1000℃到1200℃。由于温度升高,炼铁炉的体积也可以随之增大。1869年,在英国出现了100英尺高、25到27英尺宽的大炼铁炉,最高产量每周为597吨。

美国炼铁技术急起直追。1869年在纽波特建成了同样类型的炼铁炉,高65英尺、宽14英尺,炉内温度可以高达1000℃至1200℃,并且使用起重机向炉口投料。香普兰湖的炼铁炉也在这一年达到同样的高温。1872年,在匹兹堡附近建成一座高75英尺、直径为20英尺的炼铁炉,每周可以生产475吨生铁。①美国炼铁炉同英国的差距不断缩小。

1877年,英国人又创造了一座炼铁炉每周产铁804吨的纪录。三年后,匹兹堡的炼铁炉迎头赶上,达到日产200吨的高水平,1882年,周产量上升到1800吨。但是,在炉压和炉温方面还落后于英国。80年代后期,美国人解决了升高炉温和炉压的问题,使得炼铁炉的周产量达到2500吨到3000吨,赶上了世界先进水平。1892年,英国生铁贸易委员会承认,美国冶铁业已经摆脱了落后状态,实现了现代化。该委员会在一份报告中指出:"1881年,在美国开始了现代化冶铁,长期令人难于置信的传说已经成为现实,威廉·R.琼斯船长和朱利安·肯尼迪采用高温大量鼓风方法,在不改建工厂的情况下使埃德加·汤姆森炼铁炉的产量增加一倍多。"②

19世纪80年代宾夕法尼亚州和俄亥俄州北部开始开采天然气。从

---

① Victor S. Clark(ed.), *History of Manufactures in the United States*, Vol. 2, p. 77.

② Victor S. Clark(ed.), *History of Manufactures in the United States*, Vol. 2, p. 254.

匹兹堡到堪萨斯东部一带地区的工厂大量使用天然气作为燃料。仅在宾夕法尼亚州就有73家使用天然气的钢铁厂,使用天然气冶铁也是冶铁业的重大技术革新。

先进的贝塞默炼钢法在美国推广也正好是19世纪后半期的事情。1865年5月,芝加哥第一次使用贝塞默法炼出的钢材轧制钢轨。接着在特罗伊等地也开始生产这种产品。1867年,产量为0.2万吨多一点。经过五年,钢轨产量猛增至8.4万吨,1873年又上升到11.5万吨。[①]

机车的生产也有很大进展。1867年,在巴黎博览会上一辆美国制造的机车获得金质奖。美国机车在国际市场上的声誉日益增长,产品行销欧洲、亚洲和美洲的许多国家。1873年经济危机发生以前,美国的机车生产量一直稳步增长。仅仅鲍德温机车厂年产量就达到了500台。[②]1866年,东波士顿制造了一台供利哈依谷地铁路使用的三十吨机车,可以拖运200节5吨煤车。这在当时简直是一个"庞然大物",被认为是"美国货运事业的一次革命"。八年后,一种所谓的世界上最大的机车开始在费城雷丁铁路线上行驶,它本身的重量为60吨,有12个直径4英尺的传动车轮。

造船业的发展是同钢铁业的发展密切相连的。美国的造船业有悠久的历史,还在殖民时期就在世界上享有盛誉。据统计,当时英国有1/3的商船是在北美殖民地建造的。美国又是第一个发明汽船和制造汽船的国家,造船技术比较先进。建厂较早的维尔明顿大型造船厂在1836年就建造了第一艘铁制轮船。在这家工厂的产品清单中还记载着许多铁制轮船的名称。不过,在19世纪前半期,由于生铁成本较高,木材价格低廉,美国生产的大部分船只都是木制的。一直到60年代这种情况才开始改变。大约从1868年起,轮船和铁制汽船的生产逐步引起工业界的重视。从1868年到1877年的十年间,造船业有了飞速的发展。

---

① Victor S. Clark(ed.), *History of Manufactures in the United States*, Vol. 2, p. 75.

② Victor S. Clark(ed.), *History of Manufactures in the United States*, Vol. 2, p. 93.

大约在1872年,约翰·罗奇在切斯特附近建造了一家大型船舶和引擎制造厂。费城的克兰普造船厂也开始投入生产。在克利夫兰、底特律、圣·路易斯等地也先后建成了一批造船厂。70年代中期,美国已经拥有15家造船厂。其分布情况大致是:大西洋沿岸9家;特拉华7家;大湖区3家;俄亥俄、密西西比河沿岸3家。其中几家大型船厂已经可以生产3000吨至5500百吨的远洋轮船。

1873年,克兰普和素思造船厂为美国轮船公司建造了4艘供大西洋航线使用的远洋轮。这4艘船的船身各长355英尺,载重3000多吨,有75个头等舱位,1800个二、三等舱位和统舱位。舱内设备舒适合用,质量超过了欧洲客舱。1875年,约翰·罗奇公司为太平洋邮船公司制造了两艘更大的姐妹船"北京号"和"东京号"。这两艘船处于当时世界上最大的和最好的船只之列。船身长423英尺,宽48英尺,载重量分别为5000吨和5500吨。船上有150个房舱和1800个统舱舱位,时速为15到18海里,造价100万美元。①

美国的造船厂还接受大量外国订货,出口大量轮船。约翰·罗奇和索思公司就是出口轮船的大公司。该公司宣称,它在五年内建造的船只比任何一家欧洲造船厂生产的船只都多。从1872年到1877年,这家公司一共建造了32艘汽船,总载重量超过了6.8万吨。其中1/2的汽船是行销国外的。此外,费城等地的造船厂也向巴西、古巴、南美诸国、俄国等国家销售自己的产品。

从1868年到1877年间,美国全国造船厂共建造各种型号的汽船和轮船251艘。其中载重5000吨以上的2艘,3000到4000吨的8艘。②

19世纪80年代到90年代是美国造船业的蓬勃发展时期。太平洋沿岸的旧金山和其他一些地区成为新的造船基地。一批大造船厂接受了联邦政府的军事订货,生产了许多军舰。造船能力迅速提高。美国已

---

① Victor S. Clark(ed.), *History of Manufactures in the United States*, Vol. 2, p. 318.

② Victor S. Clark(ed.), *History of Manufactures in the United States*, Vol. 2, p. 819.

经成为英国在海上竞争的主要对手之一。

机器制造业一直是英国垄断下的一个工业部门。美国的机器制造业主要是在50年代建立起来的,19世纪后半期有进一步发展。1867年,美国生产的机床在巴黎博览会上得到了与会者的好评。一位英国评判员指出,美国并不像一些国家那样简单模仿英国的机床,而是有自己的独特设计和结构。

1873年到1893年间是美国机器制造业的迅速发展时期,在阿列根尼山以西地区开始出现了新的基地。

电力的应用是动力工业的第二次技术革命,它所引起的变化比蒸汽机所引起的变化更加深远。美国的这个新兴的工业部门一开始就走在世界的前列。1876年贝尔发明电话。接着美国的大发明家爱迪生也完成了使电能转化为热和光的实验,于1880年制成电灯。1882年,他在纽约珍珠街兴建了一座900马力的照明发电厂,可以点亮7200盏电灯。1882年爱迪生又发明了电车。接踵而来的就是输电、配电、变压技术的发明和改进。90年代,电力开始运用到一些工业部门中,预示着一个新的电气化时代的到来。

美国是运用电力的少数带头国家之一,是历次国际电力技术展览会的积极参加者和筹办者。美国的电报机和贝尔电话机都曾在1878年的巴黎国际博览会上展出,并且获得好评。1884年,美国在费城举办了一次国际电力展览会,不过,这次展览会上的外国展品不多。1889年在巴黎博览会上,美国代表提出一个长达250页的关于电力应用的报告。它的展品数量仅次于东道主法国而居于第二位。在这次博览会上,美国的展品获得了4个大奖和6枚金质奖章。①

随着电力逐步推广使用,出现了几家大电力公司。1878年,在纽约市组成了以爱迪生命名的爱迪生电灯公司,开办资本为60万美元。从开办到1888年的十年间,一共建立了1500个中心电站,可以点燃73万

---

① Victor S. Clark(ed.), *History of Manufactures in the United States*, Vol. 2, p. 377.

盏电灯。稍晚匹兹堡成立了维斯汀豪斯公司,到1889年,这家公司共装备了1100家电厂和中心电站,可以点燃100万盏电灯。1883年,在波士顿组成了汤姆森-豪斯顿公司。这家公司承建175条电车轨道,可以运行2000辆电车;500家白炽灯厂,可以点燃50万盏以上的白炽灯。它的资本从1883年的50多万美元增加到1050万美元。

工业革命也加速了美国农业近代化和机械化的步伐,大大提高了农业的生产能力,到1890年西部土地的开拓告一段落。这一年,联邦人口调查局宣布,西部土地都已有移民居住,不再存在"边疆"界限。19世纪末,从1880年到1900年的二十年间,美国新开垦的土地面积超过了英、法、德三国土地面积的总和。1900年,美国小麦的产量为世界小麦产量的23%。

随着工农业的发展,交通运输也取得了惊人的成就。19世纪末,美国已经建成4条横跨大陆的铁路,把大西洋和太平洋连接起来。全国铁路线的长度也从1865年的3.5万英里增加到1890年的16.7191万英里。地下铁道也开始在波士顿、纽约等城市兴建。1898年,波士顿地下铁道的第一阶段工程完成。

19世纪末,电车也加入了城市的交通系统。第一条电车线是1884年在堪萨斯城架设起来的。四年后,美国国内的电车线路增加到13条,长48英里。汽车的发明、改进,以及最后投入使用,使美国交通运输事业的面貌焕然一新,对以后交通运输事业的发展产生了巨大的影响。

美国在工农业和交通运输方面所取得的成就,是同大力开展科学研究分不开的。美国重视欧洲工业革命的经验和先进的科学技术成果,并且结合本国的具体情况,认真开展科学研究,逐步形成了具有民族特点的一套完整的制度和方法。1863年,联邦政府建立了国家科学院。70年代到80年代,各州先后成立了工业科学研究所和农业试验站。除此以外,私人和私家公司也建立了一些研究机构。最早的私人研究机构是1876年爱迪生在门洛帕克建立的"爱迪生发明工厂"。在他以后,一些大公司都建立自己的实验室,雇用大批科学技术人员。各州还建立了自己的理工科大学和农业大学,聘请外国专家来美讲学并吸引他们在美定居。

由于科学技术和工农业生产上的重大突破和跃进,美国终于在19世纪后半期,发展成为资本主义世界首屈一指的工业国。

五、一个典型的托拉斯帝国主义国家

资本主义工业化的结果可以使美国成为一个强大的资本主义国家,但不可能缓和和消除生产社会化和生产资料私人占有这一资本主义社会的根本矛盾,也不可能给资本主义制度造成一个世代繁荣的千年王国。恰恰相反,它只会使这种矛盾随着生产的发展和生产规模的扩大而日益激化。变得越来越难于驾驭和越来越不可收拾,并且不断产生灾难性的后果。如果说工业化造成了美国社会的繁荣,那也只是一种危机四伏的繁荣。经济危机就像可怕的魔影一样,伴随着美国的经济发展不断出现。1873年、1883年和1893年每隔十年发生一次。

1873年经济危机使得无数银行倒闭,商业停顿,工业减产,给美国的制造业也带来了严重的影响。工业品价格急剧下降,工厂停工或部分停工,大批工人失业。从1873年4月到1874年4月,匹兹堡市场上的生铁,每吨从42美元降到28美元,后来又降到24美元;铁轨从每吨82美元降到62美元,后来又降到50美元。[①]宾夕法尼亚一家财产价值3.5万美元到4万美元的小型钢轨厂,仅以2500美元的售价成交。1874年,全国约有1/3以上的炼铁炉和1/2的铁轨厂停产,其余工厂也只能部分开工。

1883年的经济危机使美国的经济发展又一次受到挫折。

1893年危机是一次更为严重的经济危机。国家黄金储备从1亿多美元突然下降到0.59亿美元,两年后又降到0.41亿美元。美国政府不得不向摩根和一些银行家商借350万盎司[②]黄金来增加国家的黄金储备。

---

① Victor S. Clark(ed.), *History of Manufactures in the United States*, Vol. 2, p. 157.
② 盎司,英美制质量单位,1盎司合28.3495克。

这一年有600多家银行倒闭,倒闭企业的事件达1.5万起,拥有3万英里铁路的74家公司也难免破产。①大批工人被抛上街头,形成一支庞大的失业队伍。全国各地纷纷出现罢工和群众游行。1894年发生了著名的芝加哥普耳曼铁路工人大罢工。

据统计,119个工业城市中有80万人失业,连同他们的家属在内大约有200万居民受到危机的直接影响。②其他城市和农业人口的失业数字还未统计在内,如果计算进去这个数字将会大大增加。

尽管经济危机还没有使当时美国的国民经济一蹶不振,但已经给资本主义制度勾画出一个并不美妙的前景。

工业革命时期,工农业中已经出现了生产集中的趋势,经济危机又加速了企业兼并和集中的过程,开始出现垄断组织。正如列宁所说:"集中发展到一定阶段,可以说,就自然而然地走到垄断。因为几十个大型企业彼此之间容易建立协定。另外,正是企业的规模巨大,造成了竞争的困难,产生了垄断的趋势。"③

早在19世纪70年代,集中的趋势已经引起人们的注意。1873年,美国国会的公司活动调查委员会曾经报道说:"我国迅将布满庞大的公司,它们掌握并控制着不可胜数的财富,拥有巨大的影响和权力。"80年代和90年代,是美国生产高度集中,垄断组织纷纷出现的时期。1880年,生产农业机器的工厂数目为1934个,十年后减少到910个,而资本和生产量却大大增加。在同一时期,钢铁工厂的数目减少了1/3,产量却增加了将近1/3,制革厂的数目减少了3/4,而产量却增加了4倍。1890年,仅仅在纽约、新泽西和宾夕法尼亚几个工业发达的州,拥有100万美元以上资本的大型工厂企业就有447家。

从纺织业的情况来看,1860年美国有1091家纺织厂,平均每家工厂

① [美]福克讷:《美国经济史》下卷,第211页。

② Victor S. Clark(ed.), *History of Manufactures in the United States*, Vol. 2, p. 166.

③《列宁选集》第二卷,人民出版社,1972年,第740页。

拥有4799枚纱锭,年产值为106033美元;1890年,纺织厂减少到905家,每家平均拥有纱锭数为15677枚,增加了两倍多,年产值为296112元,差一点增加两倍。[①]在新兴的石油工业中生产集中的速度更快。1870年,洛克菲勒等人组织的美孚石油公司在俄亥俄宣告成立,该公司拥有资本100万美元,在当时是一个非常庞大的企业。美孚石油公司利用各种手段逐步控制了克利夫兰地区的许多炼油厂。1872年,洛克菲勒出面组织全国炼油厂家协会,并通过这个协会控制着4/5的石油工业。1879年,美孚石油公司所生产的石油已经占美国全国石油产量的90%至95%。1882年,美孚石油公司改组为托拉斯,成为一个拥有14个公司,控制着26个石油公司的多数股票的庞大企业。接着在1884年、1885年先后建立了"美国棉籽油托拉斯"和"国立亚麻仁油托拉斯"。80年代和90年代,其他行业的托拉斯组织也纷纷出现,到19世纪末,美国的工业、交通运输业和城市公用事业的托拉斯总共达到445个,拥有资本203.79余亿美元。这些垄断组织在美国的工业生产和国民经济中占有越来越重要的地位。据统计,1904年,产值100万美元以上的最大的企业有1900家,占企业总数的0.9%,其产值共有56亿美元,占总产值的38%。五年以后,美国所有企业全部产值的大约50%,集中掌握在只占企业总数1%的3060家大型企业手里。

随着垄断组织的形成和发展,美国的工业资本和银行资本迅速融合成为"金融资本",出现了少数金融寡头干预和操纵美国的经济生活和政治事务的局面。单是摩根和洛克菲勒两个最大的金融寡头在1903年就控制了120家银行、铁路、保险公司和工业企业,成为美国政府对内和对外政策的幕后决策人。

美国的资本和生产集中程度超过了所有的其他帝国主义国家,成为典型的托拉斯帝国主义。在帝国主义阶段,美国的内政外交都发生了重大的变化。

---

① C. D. Wright, *Industrial Evolution of the United States*, p. 162.

19世纪末，民主党和共和党之间的差别越来越小。他们的施政方针都是按照不同利益的垄断组织的需要制定出来的。弗立得立克·马丁曾在其所著《游惰豪富起居注》一书中一针见血地揭示出谁是美国政府的真正决策人。书中有这样一段话："哪一个政党上台和哪一个总统执掌政权，是毫不重要的。我们不是政客，也不是学者，我们是富人，我们统治着美国。我们怎样获得这个地位，只有天知道；但我们决心保持这个地位，把我们的巨大支持力量、我们的影响、金钱、政治关系，我们所收买的参议员、贪婪的国会议员、煽动群众的演说家通通倒向一边去，以反对足以危及我们的财产的任何法律、任何政纲和任何总统的竞选。金融巨头可以利用他们的影响和金钱，在同一个时候选出一位共和党员做太平洋沿岸的州长和一位民主党员做大西洋沿岸的州长。"事实上，无论是民主党还是共和党执政，联邦政府都奉行加强官僚机构，镇压民主运动和工人运动的政策。1894年民主党总统克利夫兰，1901年共和总统罗斯福都曾经调遣联邦军队镇压工人大罢工。

　　1898年，美国发动了美西战争，走上了争夺世界霸权的扩张主义道路。战争结果，美国夺取了西班牙的殖民地菲律宾和波多黎各，把古巴实际上变成了自己的附属国。同年，夏威夷正式并入美国，美国还占有了西属关岛和威克岛，并与德国共同瓜分萨摩亚群岛。

　　美西战争以后，美国进一步加入了帝国主义在远东地区的角逐。1899年，美国国务卿海·约翰宣布了野心勃勃的对华"门户开放"政策，要求在帝国主义国家掠夺中国的宴席上分得一杯羹。美国还在拉丁美洲推行"金元外交"和"大棒政策"，向拉丁美洲进行渗透，企图把加勒比海变成自己的内湖。

　　美国工业革命开始后一百年的历史证明，资本主义国家的工业化和近代化只能使美国成为一个对内剥削和压迫人民，对外进行扩张侵略的帝国主义强国。尽管拥有强大的经济实力和高度的物质文明，但它绝不是美国人民所向往的理想社会。在美国工业革命中曾经做出贡献的科学家和发明家们，大概从来没有想到，他们的辛勤劳动竟然换来了一杯苦酒。

余　论　工业化时期的劳资关系

工业革命的社会后果是工业资产阶级和工业无产阶级的形成,资本主义社会日益分裂出两大对立的阶级——资产阶级和无产阶级。美国工人阶级也是在这种历史条件下形成的,不过它在形成过程中还具有自己的特点。美国工人阶级队伍中有相当大一部分人是欧洲移民。源源不断的移民洪流使美国的工人队伍不断得到补充,形成一支庞大的产业后备军。马克思曾经指出:"逐年涌向美洲的巨大的不断的人流,在美国东部停滞并沉淀下来,因为从欧洲来的移民浪潮迅速地把人们抛到东部的劳动市场上,而向西部去的移民浪潮来不及把人们冲走。"[①]正因为如此,美国工人队伍具有很大的流动性,许多产业工人不断离开工厂加入西进的队伍。在欧洲,乡村把大量无产阶级化的农民抛向城市。在美国,一方面破产的农民走向城市,另一方面城市工人又走向西部,这种状况对于美国的早期工人运动是颇为不利的。美国工人阶级的状况比欧洲好一些,但是在美国工人阶级内部存在着原来的工人与新到的移民工人之间的差别,黑人工人、其他有色人种工人和白人工人之间的差别。这些差别影响了美国工人阶级的内部团结,也削弱了反对资产阶级的共同斗争。

美国资产阶级利用这个情况,提出了"美国例外论",企图证明在美国不存在无产阶级和资产阶级的矛盾,不存在阶级斗争和无产阶级革命运动,这是对历史的极大歪曲,事实上,美国并不是世外桃源。

在美国工人中有相当一部分人过着贫苦的生活,在经济危机时期完

---

①《马克思恩格斯全集》第23卷,第842页。

全失去了保障,听任命运的摆布。按照当时美国的法律,债务不清就得吃官司、坐监牢。迄至1829年,每年因不能偿还债务而被投入监狱的达7.5万人,其中约有一半人的债务不足20美元。这个迫害穷人的法律,在30年代杰克逊总统任职期间才由于工人的强烈抗议而逐步被废除。

大量采用童工和女工是资本家减少工资支出、加强剥削、发财致富的一种残酷手段。在美国,这种情况尤其严重。狠心的资本家把廉价的童工和女工驱赶进工厂去顶替一部分移居西部土地的工人,迫使他们每天工作12至13小时,严重地摧残着他们的身心健康。1825年,有一个委员会对童工的劳动状况做过一次调查。尽管这个委员会的调查远远没有反映出童工遭受的全部苦难,但所透露的一些材料已经足以使人想象当时童工的处境有多么悲惨。据报道,"童工除星期六之外,通常每天工作12至13小时",而且连吃早餐的时间都被剥夺了,几乎完全丧失了接受系统教育的机会,所以"大多数的儿童不会写自己的名字"。女工的状况也是同样悲惨的。一篇登载在十四期《先驱报》上的文章指出:"在罗维尔工厂内住着七八千少女,她们做着繁重的工作","在夏季每天工作13小时,冬季从天亮工作到天黑",体力耗尽,"在资本家强迫她们每天工作13小时之后,她们再不能做什么事了"。在工会全国大会委员会关于1836年女工劳动问题的报告中也曾经这样说:"她们平均每天工作12至15小时,没有为健康所必需的新鲜空气。艰苦不堪的劳动,妨碍了她们生理机能和智力的发育,并且往往损坏了她们的身体。"

整个美国工人阶级的状况在工业革命开始以后都有恶化的趋势。德国经济学家尤·库钦斯基认为:"从1791年至1840年,劳动条件一般有恶化的趋势。总体来说,实际工资降低了……劳动时间更加延长了,妇女和儿童被迫在劳动条件越来越坏的工厂中工作。"

工业革命产生了工人阶级,也产生了工人运动。在最早进行工业革命的英国,工人阶级第一次反对资产阶级的斗争发生在工业革命初期。在美国情况略有不同,由于许多欧洲移民工人已经具有一定的斗争经验,所以在工业革命前就出现过一些临时工会,1776年和1786年,费城印刷工人还举行罢工反对减少工资。不过,这一时期的工人运动仅仅作为一种偶然事件发生在个别城市和个别行业,工会也还不是一种经常性的组织,存在时间都很短暂,所以工人运动的规模很小,影响也不大。

工业革命开始以后,出现了一些比较有影响的工会。1791年的费城木匠工会和巴尔的摩的印刷匠工会、1792年的费城鞋匠工会、1794年的费城制革匠工会、1795年的巴尔的摩成衣匠工会和1803年的纽约造船厂工会,都是具有一定影响的工会。这一时期工会的主要活动是组织互助、救死扶伤、要求保护职工、改善劳动条件和提高工资。1795年和1805年,巴尔的摩成衣匠曾经举行罢工,要求在纽约、巴尔的摩实行统一工资标准,反对扣除出口货物的工资。1796年、1798年、1799年接连发生了几次费城鞋匠罢工。但是这些罢工仍然是分散的,没有超出地方和行业的局限。

1827年以后,在美国工人运动中出现了若干行业和团体进行联合的趋势。例如费城行业团体工会、纽约工会,都是拥有四五十个团体,1万以上会员的工人组织。在一些城市还创办了第一批工人的刊物。1825年,《工人辩护人》在纽约出版;1828年1月,《机器工人自由报》在费城创刊;1830年,创办了《哨兵》和《青年美国》。《机器工人自由报》不仅是第一家美国工会的报纸,而且也是世界上的第一份工会报纸。1828年,美国发生了第一次工厂工人罢工,而在此以前参加工会和罢工斗争的几乎都是手工工人。1828年11月7日,在费城曾经出现失业工人组织纠察队劝阻工人受工厂雇佣的事件。1829年,巴尔的摩法院曾经审理所谓227名纺织工人和短工打算“压服”他们的老板并使他“破产”的案件。1828年7月,美国第一个劳工党在工人运动日益高涨中于费城建立,并且把自己的影响迅速扩大到其他大城市。但是劳工党并不是一个严密的、统一的工人组织,它的奋斗目标仅仅局限于提高工资、争取十小时工作制等日常的最低要求,始终没有突破资产阶级法制的框框。正因为如此,它在工人群众中逐渐失去了影响,到1836年完全停止活动,从政治舞台上消失。

美国的早期工人运动曾经受到空想社会主义者的深刻影响。由于美国有广阔的西部土地,空想社会主义的大师欧文和傅立叶都曾经试图在美国建立共产主义新村。1824年,欧文本人亲自从英国启程前往美国。1825年他到达美国后在美国国会和许多公共场所发表演说,宣传空想社会主义,希望能够得到各方面支持,在美国顺利地建造成一批共产主义新村。欧文和自己的信徒首先在印第安纳购置3万英亩土地,建筑房屋和工厂,举办欧文主义者的公社。接着在1826年到1827年间,在中部各州又成立了大约18处这样的公社。

傅立叶的信徒们也在美国各地大肆活动,曾经先后建立了大约40个法朗吉①。

但是无论是欧文主义者的居留地,还是傅立叶主义者的居留地,在美国这个资本主义的汪洋大海中都是无法生存下去的,很快就纷纷破产崩溃,最多也只能维持几年。

19世纪40年代,德国的"真正的社会主义"流传美国。"真正的社会主义者"海尔曼·克利盖在美国盗用共产主义者同盟的名义鼓吹一种以博爱为基础的,甜蜜的共产主义,声称"要在大地上建立起第一批充满天国的爱的村镇"。他把获得土地说成是消灭工人贫困的唯一手段和一切运动的最终的、最高的目的,并且向富人乞求施舍来实现把土地分给工人的空想。克利盖还主张把当时美国"尚未落入强盗般的投机分子手中的14亿英亩土地保留起来,作为全人类不可让渡的公共财产"。让每个"农民"领到160英亩土地。这样,克利盖就把共产主义和资产阶级的社会改革运动等同起来,对年轻的美国工人运动产生了极为有害的影响。

马克思、恩格斯充分估计了克利盖的活动对美国工人运动造成的严重后果,共同起草了《反克利盖的通告》,对克利盖的错误观点进行了尖锐的批判。这个通告于1846年5月11日在布鲁塞尔共产主义通讯委

---

① 法朗吉,傅立叶空想社会中基层生产和消费单位的名称,大约由1500人至2000人组成。

会上得到通过,作为这个委员会的正式文件公之于世。马克思、恩格斯在通告中首先斥责克利盖"把共产主义变成关于爱的呓语"的宣传,"大大地损害了共产主义政党在欧洲及美洲的声誉",而且这种宣传"如果被工人接受,就会使他们的意志颓废"。[1]马克思、恩格斯进一步指出,无产阶级并不反对它的成员参加土地运动,如果克利盖只是把解放土地的运动看作无产阶级运动在一定条件下的必要的初步形式,那么这种意见就没有什么可反对的了。问题在于克利盖把这种只有次要意义的运动形式夸大为全人类的事业,说成"一切运动的最终的最高的目的",这就把"运动的特定目标变成十分荒唐的胡说"。归根结底,"无非是把一切人变成私有者而已"[2]。

经过马克思、恩格斯的揭露和批判,"真正的社会主义"的影响在美国工人运动中迅速削弱和消失。

马克思主义开始在美国工人运动中传播是19世纪50年代初期的事情。1851年,马克思、恩格斯的战友和学生、共产主义者同盟、著名活动家约瑟夫·魏德迈来到美国,在这里度过了紧张战斗的十五年。他组织和领导了美国的马克思主义者,把科学共产主义思想带给了美国工人。1852年,在他和左尔格的倡导下,在纽约成立了美洲的第一个马克思主义团体——无产者联盟。同年出版了德文版的《革命报》,第二年又出版了《改革报》。

但是由于在美国工人运动中小资产阶级思想影响严重,马克思主义在美国没有得到广泛传播。一直到19世纪80年代在美国工人运动史上才出现了新的转折,进入了罢工运动的高潮时期。1886年5月1日争取八小时工作制的总罢工把运动推到了顶点,5月3日在芝加哥秣市广场发生警察枪杀罢工者的惨案。后来第二国际为了纪念美国1886年的5月总罢工和芝加哥事件,把5月1日定为国际劳动节。这是美国工人阶

---

① 《马克思恩格斯选集》第一卷,第86—87页。
② 《马克思恩格斯选集》第一卷,第94页。

级通过自己的顽强斗争所取得的荣誉,在国际共产主义运动史上留下了
光辉的一页。